Ludwig Burgdörfer

Mein Beileid!

Dasein und Anteil nehmen

Ein Werkbuch für die
Begleitung Trauernder

Dieses Werkbuch ist all den Menschen dankbar gewidmet,
denen ich auf ihrem Trauerweg begegnet bin.

Inhalt

Geleitwort

»Mein Beileid« – schon im Titel weist Ludwig Burgdörfer auf das Ziel seines Werkes hin: Es geht ihm um die nahe Kontaktaufnahme, die persönliche Begegnung zwischen Menschen, die trauern, und Menschen, die sich um Trauernde kümmern. Es geht ihm um diese jeweils einmalige, besondere, besonders emotionale und kognitiv anspruchsvolle Kommunikation an den Rändern des Lebens.

Das Buch liest sich wie ein Lebenswerk, geschrieben in Burgdörfers kreativ-bildhafter, oft verblüffend alltäglicher Sprache. Überraschend auch der Aufbau. Es lädt als Werkbuch in seine große, weite Werkstatt ein, in der er über Jahrzehnte als Pfarrer und Anleiter von Gruppen das Thema Trauerbegleitung bearbeitet und Menschen selbst in unterschiedlichen Widerfahrnissen der Trauer begleitet hat.

Es ist daher so ganz anders als die vielen Bücher zum Thema, die wir kennen. In dieser bunten Vielfaltswerkstatt gibt es zwar auch ein großes Bücherregal, doch das steht im Hintergrund. Ganz am Schluss darf man einen Blick hineinwerfen. Es geht im vorliegenden Buch nicht um theoretischen Diskurs, auch wenn Burgdörfer, wie jeder guter Werkstattmeister, den Entwicklungsprozess seines Arbeitsmaterials, den der Trauerforschung, kennt.

In der über hundertjährigen Geschichte der Trauerforschung gibt es unterschiedliche, einander ablösende Erkenntnisse, die allesamt unser Verständnis von Trauer geprägt haben und prägen. Am Anfang entdeckt Sigmund Freud, dass Trauer eine Reaktion auf einen bedeutenden Verlust ist, die den Menschen in seiner körperlichen, emotionalen und sozialen Existenz trifft. »Trauerarbeit« dient der Bewältigung dieser Verlusterfahrung mit dem Ziel des Loslassenkönnens. Dass dies seine Zeiten braucht, beschreiben die sich daran anschließenden unterschiedlichen und doch auch wieder ähnlichen Phasenmodelle der Trauer, die allerdings in der Folge oft als zu statisch und passiv empfunden werden. Diese Modelle wurden dann durch sogenannte Aufgabenmodelle abgelöst. In diesen Konzepten bewältigen Trauernde und ihre Begleitenden spezifische Aufgaben, um den erlittenen Verlust zu begreifen und sich neuen Aufgaben und Möglichkeiten widmen zu können. Das wiederum wird in der weiteren Entwicklung als zu fordernd erlebt, und wir schauen in der Trauerbegleitung nun in ein buntes Kaleidoskop des Trauerns mit diversen Erlebnisbereichen und Facetten. Aus der Perspektive des eigen schmerzhaften Erlebens entwickelte sich daneben in der hypnosystemischen Trauerbegleitung ein breit ausdifferenzierter Entwurf einer doppelten inneren Bewegung: das Begreifen des Verlustes einerseits und gleichzeitig die Entwicklung einer neuen Beziehungsarbeit mit dem Verstorbenen. Halten und Gestalten ersetzen das zu Beginn der Forschung intendierte Loslassen.

Und das Nachdenken geht weiter und hat das Spielraummodell und das Duale Prozessmodell hervorgebracht. Dies erschließt in einem Schweizer Forschungsprojekt den phänomenologischen Horizont der Trauer- und Empathieforschung. Das alles ist gut zu wissen. Aber die Theorie kann bisweilen spröde und distanziert sein.

Wie wohltuend – Augen, Ohren, Herz und Sinne öffnend – ist dagegen Ludwig Burgdörfers Einladung zum Gang durch seine Werkstatt! Nach kurzen Einstimmungen führt er uns behutsam in diesen Raum mit seinen bald zwanzig Arbeitsecken, alle mit großem Themenschild überschrieben, wohlsortiert, gegliedert und gefüllt mit Texten, Symbolen, Liedern, Geschichten, Gesprächsanregungen, Impulsen zur Gruppenleitung, und was man sonst noch brauchen kann. Dabei hilft das durchgängige Gliederungsprofil den jeweils sieben Schritten durch ein Thema.

Trauer ist ja ein vielfältig komplexer Prozess, der individuell unterschiedlich durchlebt wird, fortschreitet, stagniert, wieder und wieder beginnt. Das vorliegende Werk hat etwas von dieser Struktur. Es beginnt immer wieder neu, geht mit; und ist man durch, will man zurückblättern, wieder beginnen, sich von Bildern, Narrativen und Praxisreflexionen erneut beschenken lassen.

Trauernde werden sich darin auf vielen Seiten selbst begegnen können, tröstende Texte und Symbole heilsam erfahren. Menschen, die Trauernde begleiten wollen, haben hier eine ideenreich sprudelnde Quelle, die in Dürrezeiten Lebenswasser für Leib, Seele und Geist in Fülle ausschüttet.

Ich wünsche diesem Handbuch aus der Werkstatt viele Lesende, die sich gern auf den Weg durch diesen umfassend eingerichteten Werkraum machen. Sie werden daraus reich beschenkt, mit sich selbst und mit andern in Kontakt und ins Gespräch kommen auf dem weiten Feld der Trauer!

Wolfgang Roth, Oktober 2021

Mein Beileid – Dasein und Anteil nehmen

Einführung

Vorbemerkung: Bei Leid

»Mein Beileid!« Menschen geben sich die Hand, umarmen sich, weinen, sind sich nahe. Kleine Geste, große Botschaft! Dabei bleiben aber viele Fragen: *Wie begegne ich einem Menschen, der zu Tode erschrocken ist? Gehe ich ihm aus dem Weg? Kann ich einen Besuch wagen? Darf ich da anrufen? Störe ich nicht doch zu sehr? Ist es nicht unhöflich, sich überhaupt zu melden? Und wenn wir uns treffen, spätestens auf dem Friedhof, am offenen Grab, auf der Straße, zufällig im Vorübergehen – wie um Gottes Willen verhalte ich mich? Wie mach ich es richtig?*

All diese Fragen und Zweifel sind gelöst mit dem kleinen kurzen symbolischen:
»Mein Beileid!«

Ein Mensch ist gestorben. Der Tod überfällt eine Familie. Jetzt wohnt sie im Trauerhaus und hat ihren Trauerfall. Nachbarn, Freunde, Angehörige hören es und sind betroffen. Weil es die Betroffenen direkt betrifft und weil es immer auch alle betrifft irgendwann, früher oder später, darum wird aus dem vermeintlich völlig privaten Schicksal immer auch ein allgemeines Erschrecken.

Das wird so eindrucksvoll beschrieben in dem Lied von Martin Gotthard Schneider:

Kommt der Tod ins Nachbarhaus ...
Kommt der Tod ins Nachbarhaus,
legt sich über uns ein Schatten.
Menschen gehen von uns, die wir kannten,
gar zu Freunden hatten.
Plötzlich löscht ein Leben aus,
kommt der Tod ins Nachbarhaus.

Kommt der Tod ins Nachbarhaus –
gestern konnten wir noch lachen,
heute ist das Spiel verstummt,
man kann nicht einfach weitermachen.
Um uns Trauer, Angst und Graus,
kommt der Tod ins Nachbarhaus.

Kommt der Tod ins Nachbarhaus,
schweigen wir und sind betroffen.
Denn, was können Worte sagen?
Worauf kann der Mensch noch hoffen?
Einen Sarg trägt man hinaus,
kommt der Tod ins Nachbarhaus.

Trotz Individualisierung und Vereinzelung in Stadt und auf dem Lande gibt es nach wie vor die Sehnsucht nach Anteilnahme und Anteilgabe. Trauer will irgendwie einen Ausdruck finden, will festgemacht und abgearbeitet werden. Wer sich trauernden Angehörigen nahe fühlt, verbunden ist, vertraut womöglich, dem ist es ein Bedürfnis, möglichst bald, nachdem der Tod ins »Nachbarhaus« gekommen ist, sein Beileid dort auszurichten. Dafür gibt es vielerlei Möglichkeiten.

In überschaubaren Dorfgemeinschaften haben sich selbstverständlich die Leute besucht und auch von dem Verstorbenen Abschied genommen. Das ist ja auch deshalb möglich und im wahrsten Sinne naheliegend gewesen, weil die meisten Menschen früher ganz selbstverständlich zuhause gestorben sind und der Tod noch nicht »ausgelagert« in Krankenhäuser, Heime und Hospize gewesen ist. So sinnvoll und unersetzlich diese Einrichtungen heute auch sind, sie haben das Sterben auch in zum Teil unerreichbare Distanzen »evakuiert«.

Aber es gab und gibt natürlich viele andere Wege, wie »Mein Beileid!« auch heute noch ins Nachbarhaus kommt:

Ein Anruf, eine Beileidskarte, ein persönlicher Brief, analog und digital. Die Beerdigungsinstitute sind da längst hervorragende Profis und stellen entsprechende Portale zur Verfügung.

»Mein Beileid!« ist der im Grunde unverzichtbare Reflex des Umfelds der Trauerfamilie auf das, was passiert ist. Kommt da nichts, passiert keine Reaktion, erreicht die Leute kein Zeichen dafür, dass das Unglück rundherum wahrgenommen worden ist: Dann stehen die vermeintlichen Zeitgenossen im Verdacht, selbst auch gestorben zu sein, zumindest mit ihrer ehemals wohl noch vorhandenen Begabung zur Empathie und Anteilnahme.

Ohne »Mein Beileid!« ist der Kontakt zu denen, die in die Trauer gefallen sind, gleich mitgestorben.

So unverzichtbar wie der Gruß am Morgen, am Tag, am Abend auf der Straße und im Treppenhaus, das Gratulieren zum Geburtstag sind diese komprimiertesten Kurzbotschaften gelingenden Miteinanders. Genauso wie »Gute Besserung!«, »Gesundheit!«, »Gute Reise!«, »Auf Wiedersehen!« ist »Mein Beileid!« das genuin unverzichtbare Signal der Nähe und der Weggefährtenschaft.

Die Betroffenen im Trauerhaus warten darauf. Das zumindest ist über Generationen ein wertvolles Stück unserer Trauerkultur gewesen. Aber lange vor Corona schon hat ein Traditionsabbruch in Sachen Beileid begonnen.

In den Todesanzeigen etablierten sich zunehmend konkrete Regieanweisungen, die den ausdrücklichen Verzicht auf »Mein Beileid!« einforderten. Das wurde immer mehr zum Standard. Aus »Mein Beileid!« wurde »Bitte Abstand halten!«.

Das erscheint umso unverständlicher, da sich gleichzeitig das Bedürfnis der Angehörigen nach möglichst individueller Gestaltung der Beerdigung immer mehr gegen traditionelle, eher unpersönlich empfundene Rituale durchgesetzt hat. Dieser Gegensatz von erwünschtem Abstand und biographischer Selbstdarstellung hat inzwischen zu merkwürdigen Szenen kompletter Verunsicherung auf dem Friedhof geführt. Immer öfter konnte man da die bodenlose Verlegenheit der Trauergemeinde erleben, wenn der Sarg abgesenkt das letzte Wort gesprochen war und nun – normalerweise – die lange und langsame Prozession zum Grab beginnen sollte, wo diejenigen, die ihr Beileid aussprechen und mit Erdwurf oder Blumen den Abschied zu begehen gedachten, nun aber plötzlich nicht mehr wussten, wie das Ganze jetzt weitergeht, ausgeht, endet.

Bis dann doch irgendjemand sich nicht mehr zurückhalten konnte, zum Grab ging, sich verneigte und verabschiedete, um dann zu den nächsten Angehörigen zu blicken. Und deren Signal ist keineswegs immer abweisend gewesen, sondern oft genug dankbar und erleichtert.

Und so brach sich zu Beginn dieses Umbruches der Beileids-Konvention oft und öfter doch noch die Wiederholung des Gewohnten Bahn, weil der Mensch gerne tut, was er kann. Und er kann gerade in schwierigen Situationen das am besten, was er eingeübt hat. Und so fingen wir an, es zu verlernen, einander »Mein Beileid!« auszusprechen.

Das hat sich schon dadurch dramatisch angebahnt, dass es auf einmal selbst nahen Verwandten nicht mehr erlaubt war, ihren sterbenden Angehörigen in den letzten Stunden am Sterbebett nahe zu sein und beizustehen. Das war natürlich auch Folge der Corona-Pandemie, die gerade in diesem Bereich unseres Zusammenlebens zum Teil dramatische Einsamkeit verursacht hat. Menschen mussten alleine sterben und ihre Angehörigen konnten sie nicht begleiten und sich darum auch nicht verabschieden. Das hat viele Wunden geschlagen und schwer zu überwindende Schuldgefühle ausgelöst. Wir werden sehr sorgsam darauf achten müssen, dass wir nach einer hoffentlich irgendwann überwundenen Pandemie wieder zurückfinden in ein aufmerksames Nahesein an Kranken- und Sterbebetten.

Dem einsamen Sterben folgte dann das auf wenige Menschen und mit Abstand reduziert erlebbare Abschiednehmen auf dem Friedhof. Damit wurden neue beinahe irreparable Bedingungen geschaffen für den bevorstehenden Trauerweg, weil versäumte Nähe und verpasster Abschied nie mehr wirklich nachgeholt und wieder geholt werden können. Es bleiben Bitterkeit, Schuldgefühle, Leere und Traurigkeit. Dem kann nur »Mein Beileid!« liebevoll nachgehen, nahekommen und bleiben und geduldig wartend eine Hilfe sein.

Noch weiß niemand, wie diese Entwicklung weitergehen wird. Was wir aber wissen, ist, dass trauernde Menschen immer und überall im Grunde ihres Herzens auf dem schweren Abschiedsweg nichts nötiger brauchen als »Mein Beileid!«

Das persönliche Zusprechen von aufmerksamem Anteilnehmen und Mitgehen, Dasein und Anteil nehmen ist für jeden Trauerfall geradezu die Voraussetzung, dass daraus ein Trauerweg werden kann, der begehbar wird und ein Ziel hat, in Bewegung versetzt und nicht in Schockstarre erstickt.

Der leicht veränderte Text einer Danksagung dieser Tage mag dies eindrucksvoll unterstreichen:

»In unserer tiefen und fassungslosen Trauer
fühlen wir uns getragen
von der liebevollen Anteilnahme wunderbarer Menschen,
die ihn als fürsorglichen Verwandten, treuen Freund, hilfsbereiten Nachbarn, engagierten Kollegen kannten und wertschätzten.
All ihre Zeichen des Beileids in mitfühlenden Anrufen,
behutsamen Trauerkarten
und zärtlichen Briefen, den willkommenen Besuchen,
zahlreichen Hilfsangeboten und Botengängen,
vorbeigebrachtem Essen, selbstgebackenem Kuchen,
Geld und Blumenspenden sind für uns tröstlich und kostbar.
Sie stärken uns für eine hoffentlich getröstete Zukunft
in gemeinsamer liebevoller Erinnerung.«

»Mein Beileid!« ist nicht Mitleid

Da besteht ein großer Unterschied. Mitleid ist zwar auch eine beachtliche Form von Anteilnahme. Sie nimmt immerhin wahr, wenn Leid und Tod passieren, und geht nicht achtlos daran vorbei. Mitleid ist durchaus eine menschlich wertvolle Reaktion, denn Mitleid sieht hin, immerhin, es beachtet, beobachtet, beurteilt und bedenkt. Mitleid ist sogar in der Lage, zu deuten, zu ergründen und dem Leid seine Ursachen und Hintergründe zuzuweisen. Selbst wenn das gar nicht gewünscht, angebracht oder zutreffend ist. Mitleid will das aber alles tun, und zwar unbedingt. Unbedingt deshalb, weil es sich abarbeiten und dann abhauen möchte. Was es tut, tut es nicht uneigennützig, sondern um einen gehörigen Anlauf zur Distanzierung zu nehmen, um sich abzusetzen und in Sicherheit zu bringen. Mitleid geht nicht lange mit, ist kurz angebunden – und verschwunden. Mitleid bedauert, Beileid trauert. Mitleid vertröstet womöglich, gibt Ratschläge, die auch als Schläge empfunden werden können. Mitleid kann empfindlich belagern, beschuldigen, beklagen, aber es kann es nicht aushalten, zu bleiben und zu schweigen und zu ertragen, dass es vorerst keine plausiblen Auflösungen und Sinnhaftigkeit gibt. Mitleid kommt vorbei, sieht sich alles an und sieht dann zu, dass es sich davon machen kann, ist vorübergehend zugeneigt, durchaus nicht abgeneigt, aber doch im Grunde auf der Flucht. Es ist wenig geeignet zum verweilenden, bleibenden, vorerst trostlosen Dabeisein. Mitleid will seine Botschaft absondern und dann heißt es: »Nichts wie weg!« Beileid kommt und bleibt und schweigt. Nur wo Menschen Beileid erfahren, werden sie irgendwann auch wieder bei Trost sein können. Darum will dieses WERKBUCH Mittel und Wege, Formen und Inhalte, Methoden und Versuche anbieten, die womöglich dazu ermutigen und helfen, »MEIN BEILEID!« angemessen auszudrücken, weiterzutragen, zu erleben und zu verschenken.

Das könnte für alle, die betroffen zuschauen, wie der Tod ins »Nachbarhaus« kommt, eine Unterstützung sein, wenn sie hier Wörter, Gesten, Zeichen und Wege finden, um Trauernden nahe zu sein und sie zu begleiten. Alles, was dieses Werkbuch anbietet, soll eine Ermutigung sein, sich auf den Weg zu machen und unterwegs zu Menschen zu sein und zu bleiben, die zu Tode erschrocken sind.

Lieber Kummer als Lebensaufgabe

Das geht nicht weg, das geht mit. Und das geht gut.

Neben der Begleitung trauernder Menschen in Gruppen und/oder in Einzelseelsorge habe ich in der Evangelischen Familienbildungsstätte HAUS DER FAMILIE in Landau (Pfalz) auch ein sogenanntes »Trauertelefon« angeboten. Zu immer gleichen Zeiten, in regelmäßigen Abständen konnten sich da Menschen melden, denen es (vorerst) noch nicht möglich war, persönlichen Kontakt aufzunehmen. Diese Anrufe sind oft anonym geblieben, manchmal führten sie zu regelmäßigen Kontakten, fanden mitunter eine Fortsetzung in persönlichen Begegnungen im Rahmen einer »Trauersprechstunde«, und manchmal mündete dieser Austausch auch in der Teilnahme an einer offenen Trauergruppe.

So unterschiedlich die Gesprächsthemen auch gewesen sind, eine Gemeinsamkeit hat sich doch immer wieder in Variationen gezeigt – nämlich die Frage nach dem möglichst schnellen Überwinden der Trauer. Dahinter steckte meist die weitverbreitete Annahme, bei dem massiven Gefühl der Trauer handle es sich um eine Art »Krankheit«, die es bei möglichst fachgerechter »Behandlung« zu heilen gilt. Niemand geht im Umgang mit seiner Trauer wirklich ernsthaft davon aus, dass es sich hier um ein nie mehr ganz zu überwindendes Lebensthema handelt, das zukünftig zum persönlichen Profil und zur biographischen Signatur gehört. Die Trauer kommt mitunter mit einer derart alles überdeckenden Wucht über die Menschen, dass es nur verständlich und menschlich ist, darauf zu hoffen, dass dieses möglichst bald ein Ende nimmt. Dass es aber künftig ein genuiner Bestandteil des Lebens ist und bleiben wird, das möchten die meisten Ratsuchenden nicht hören. Probleme sind dazu da, dass wir sie lösen. Das Problem der Trauer soll demnach auch professionell angepackt und dementsprechend wirksam »entsorgt« werden. Die Idee, die Trauer sei womöglich nicht als Problem zu betrachten, sondern als unverzichtbarer Teil einer Lösung, einer Suche, einer Herausforderung sinnerfüllten Lebens, die erscheint den meisten geradezu abwegig, wenn nicht sogar »verrückt«.

Es ist darum schon gleich bei der Kontaktaufnahme mit Trauernden eine erste ernsthafte Vertrauenskrise, wenn wir es wagen, keine blitzartige »Heilung« in Aussicht zu stellen, sondern damit zu konfrontieren, dass jede Trauer mit viel Geduld und liebevoller Selbstbeteiligung gelingende Horizonterweiterung werden kann.

Dass sie so wenig endlich ist und verloren gehen kann, wie die Liebe, deren Bestandteil sie ja zu werden anstrebt, das zu vermitteln als glaubhaftes, ernst gemeintes und vielversprechendes Angebot, wird die Gratwanderung jeder Begleitung.

Exemplarisch dafür gebe ich Einblick in ein Telefonat. Ich habe es mit einem Mann geführt. Das ist nicht ganz unwichtig, weil die Arten und Weisen zu trauern in der Tat auch zum Teil geschlechtsspezifisch gekennzeichnet sein können. Dazu gehört zweifellos die eher von Männern gestellte Frage nach der Dauer der Trauer.

Männer sind durchaus motiviert zur Trauerarbeit. Sie soll meinetwegen heftig und schmerzhaft sein. Aber sie soll ein möglichst klar anzupeilendes Ziel und vor allem ein Ende haben. Und deshalb gibt es Gespräche wie das Folgende recht häufig:

Anruf beim Trauertelefon. Ein Mann ist dran. Das ist eher selten. Typisch: kein Name, kein Ort. Er möchte anonym bleiben.

Bin ich da richtig bei der Trauer?

Und ob, *sage ich.

Sie machen doch diese Trauergruppen ...

Das stimmt, *bestätige ich.

Ich hätte da mal eine kurze Frage:

Sagen Sie mal, wie oft muss ich da hinkommen, bis es weg ist?

Oh, *sage ich.* Das kann man so nicht sagen.

Wieso? Fragt er ungeduldig. *Sie müssen sich doch da auskennen und wissen, wie es funktioniert.*
Ja, *entgegne ich vorsichtig.* Ich kenne mich da schon ein bisschen aus und deswegen muss ich Ihnen sagen: Das geht gar nicht wieder weg.
Wie soll ich das denn verstehen? reagiert er enttäuscht. *Wenn's nicht klappt, dann brauch ich doch auch gar nicht erst kommen …*
Doch schon!, *sage ich,* das klappt schon, das lohnt sich allemal, aber wahrscheinlich ganz anders, als Sie jetzt denken und erwarten. Wenn man einen lieben Menschen verloren hat und um ihn trauert, dann geht das nie wieder ganz weg. Das bleibt da. Es wird nur anders mit der Zeit. Die Trauer geht nicht weg, sie geht mit. Und das geht gut!
Darauf kann ich verzichten! Wehrt er entschieden ab. *Ich will nur eins, dass es aufhört. Und zwar bald!*
Das verstehe ich, *versuche ich beschwichtigend die Verbindung zu halten,* aber, sehen Sie, wenn etwas so wichtig ist wie Ihre Trauer jetzt, das kann nicht einfach verschwinden wie ein übler Schmerz nach guter Behandlung. Denn die Trauer hebt ja etwas ganz Wichtiges für Sie auf, nämlich Ihre Liebe. Und die soll doch nie verloren gehen, oder?
Das wird sie auch nicht! höre ich ihn sagen.
Wenn wir um jemanden trauern, dann bleibt das immer da, aber es verändert sich, es verändert uns. So, dass wir es irgendwann gut damit aushalten, es besser tragen können …
Stille in der Leitung …. Sind Sie noch da?
Ja, bin ich!
Sie werden sehen, dass Ihre Trauer zu Ihnen gehört. Sie ist ein Teil von Ihnen, aber nicht alles ….
Mein Gott, ist das kompliziert … stöhnt er am anderen Ende.
Wann trifft sich denn die Gruppe?
Freitags, alle 2 Wochen.
Und was kostet das?
Überwindung.

Trost- und Trauertraining am Model

Zwei biblische Anleitungen zum Untröstlich sein

Ehe wir in die reine Praxisbetrachtung einsteigen, soll zunächst der biblische Doppelpunkt davor gesetzt werden. Wie eine Präambel steht vor allem der jesuanische Weg zur Hingabe und zur Anteilgabe. Das Vorzeichen vor der Klammer heißt nämlich: Alles, was wir im Erleben und Erleiden von Abschied, Tod und Trostlosigkeit antreffen, ist bereits im biblischen Befund niedergelegt und profiliert beschrieben. Wir tun also gut daran, diesen Vorgaben die gebührende Achtung zu schenken und mit Respekt und Demut auf das zu schauen, was uns bereits vorgegeben und angezeigt ist, ehe wir uns auf den Weg zu den Untröstlichen machen.

Das Gethsemane-Drama

6 Stationen auf dem Weg zur Hingabe

1. Rückzug

Wer einen schweren Weg antreten muss, kann nicht mehr unbegrenzt Teil der freien Wildbahn des ahnungslosen Lebens der Anderen sein. Die Bedeutsamkeit der Normalität wird da sehr relativ. Der Small Talk zum Bespiel, die schmerzfreie Kommunikation im Vorübergehen, ist plötzlich unerträglich. Angesichts von Angst, Abschied und Trauer drängt es die Betroffenen in Verschon-Räume der Einsamkeit. Das Schutzbedürfnis wächst, die Lärmempfindlichkeit auch. Ehe die Passion passiert, sucht auch Jesus einen Rückzugsort auf. Er wählt den Garten Gethsemane. Im Schutz der uralten Olivenbäume entzieht er sich der Öffentlichkeit und geht in die Konzentration:

> *Da kam Jesus mit ihnen zu einem Garten, der hieß Gethsemane, und sprach zu seinen Jüngern: Setzt euch hierher, solange ich dorthin gehe und bete.*
>
> *(Matthäus 26,36)*

Im Rückzug braucht es nicht nur Abstand, sondern unbedingt auch Nähe. Die Vielen müssen vom Leib gehalten werden, um Wenige ganz nahe bei sich zu haben. Wir sind nicht die geborenen Solisten, auch nicht im Erleiden von Grenzen aller Art. Wir brauchen immer Menschen, die beistehen, ohne einem zuzusetzen, die aushalten ohne Geschwätzigkeit. Deren Nähe allemal mehr gut- als wehtut. Denen nicht weiter erklärt werden muss. Die gar nicht erst anfangen mit Vertrösten und Verdrängen. Die bereit sind, die Schwerstarbeit der Ausweglosigkeit klaglos mitzuertragen. Die sagen: »Ich mag dich leiden!« Die es gleichsam als Freundschaftsdienst verstehen, das Leiden mitanzuschauen, ohne die Flucht zu ergreifen. Die vom Balkon mitzugehen bereit sind in die Kammer.

2. Nur Drei!

Gut, wenn man Menschen hat, die da sind, wenn es eng wird. Das müssen nicht viele sein. Im Gegenteil. Zum Anteilgeben und Anteilnehmen braucht es nur ganz wenige. Darum heißt es in der Bibel bei Matthäus auch, dass Jesus nicht etwa alle Jünger ganz ins Vertrauen zieht. Er bittet sie, in seiner Nähe zu bleiben, aber mitnehmen in den *inner circle* tut er nur drei: Petrus und die Söhne des Zebedäus. Das sind Jakobus und Johannes. Sie haben Namen. Sie bleiben nicht anonym. Das ist wichtig, denn ich will die Namen der Menschen in mir aussprechen können, die ich nahe bei mir haben will. Im Gethsemane-Schutzraum öffne ich mich ihnen dann. Rückhaltlos. Wie Jesus. Leid braucht offene Klage. Es muss möglich sein, auszusprechen, wie schlecht es mir geht. Jesus macht das. Macht das vor. So:

> *Und er nahm mit sich Petrus und die zwei Söhne des Zebedäus und fing an, zu trauern und zu zagen. Da sprach Jesus zu ihnen: Meine Seele ist betrübt bis in den Tod; bleibt hier und wachet mit mir.*
> *(Matthäus 26,37-38)*

Wie gut das tut, wenn wir so etwas Großes zueinander sagen können. Wenn Fassaden der Stärke fallen dürfen, wenn die Kulisse der Unverwüstlichkeit nicht mehr aufrechterhalten werden muss. Es braucht dazu viel Mut, diesen Schritt zu gehen. Es ist eine ganz große Stärke, sich zu der unermesslichen Schwäche zu bekennen. Leidenswege, auf denen der Blick in Abgründe der Angst geteilt werden, sind womöglich einer der wertvollsten und gottvollsten und menschlichsten Möglichkeiten unserer Existenz. Wir betreten Heiliges Land, wenn wir uns diese Nähe zutrauen und zumuten.

3. Bitte nicht!

»Da hilft nur noch beten!« Sprichwörtlich liegt das ultimative Greifen nach dem Strohhalm der Hoffnung in der Hinwendung zu Gott. In Gethsemane ist das Gebet zuhause. Wörtlich übersetzt heißt Gethsemane so viel wie »Olivenpresse«, weil es wohl zur Zeit Jesu hier eine Plantage gab, auf der direkt Öl gepresst wurde. Und mit Pressing hat das Drama allemal etwas gemeinsam. Viele Menschen beten, wenn es eng wird. Jesus tut das auch. Und wie. Er wirft sich auf den Boden und sagt:

> *Mein Vater, ist's dir möglich, so gehe dieser Kelch an mir vorüber!*
> *(Matthäus 26,39)*

Bitte NICHT! Nicht ich, nicht jetzt! Der Gottessohn und Menschenfreund ist keineswegs von vornherein einverstanden mit dem, was ihm da zugemutet werden soll: Verhaftung, Verhör, Spott und Hohn, Kreuz und Leid, Tod und Sterben. Bitte nicht diesen Kelch!

Wie gut, dass es so in der Bibel steht. Wie gut, das uns da nicht ein Heldenepos vorgezeichnet wird. Jesus reagiert menschlich. Genau wie wir alle. Er bittet um Verschonung. Um was denn sonst? Es ist ihm zu viel, zu bitter. Und damit zeigt er, dass es erlaubt ist, dass Menschen aufbegehren gegen das Leid. Jesus adelt hier das Gebet, das widerspricht. Die Gottesbeziehung hält das aus. Das ist kein praktizierter Unglaube, das ist tragfähige Gottesahnung. Überhaupt nicht gottlos. Im Gegenteil! Ein wesentliches Stück herzinniger Gottesbeziehung ist es, NEIN zu sagen zu dem Kelch des Leids. Wer in seinem Gethsemane auf den Knien liegt, soll das wissen: Es ist ein unveräußerliches Menschenrecht, dem zugemuteten Weg den Gehorsam zu verweigern. Gott zu widersprechen ist keine Majestätsbeleidigung, sondern Ausdruck einer ausgesprochen haltbaren, weil belastbaren Beziehung.

4. Überfordert

Menschen begleiten im Trauergarten Gethsemane fordert über die Maßen. Es überfordert auch, weil es gilt, das Unbegreifliche in den Griff zu bekommen. Und das ist nur bedingt möglich. Überforderung ist kein Defizit, sondern ein Qualitätsmerkmal der Trauerbegleitung, weil es abbildet und unmissverständlich markiert, dass es bei Grenzgängen der Seelennot immer über das hinausgeht, was wir potenziell zu leisten imstande sind. Es ist ein Teil angewandter Professionalität, das anzuerkennen und geschehen zu lassen. Mitleiden, Not sehen, Sterben erleben, das bedeutet immer auch eine Überdosis an Betroffenheit. In der Nähe bleiben, das frisst alle Energie auf. Auch bei den drei Freunden, die im Epizentrum der Verzweiflung bei Jesus sind. Sie fallen vor purer Erschöpfung in den Schlaf. Die Bibel gewährt den Einblick in diesen Teil des Dramas und sagt:

> *Und er kam zu seinen Jüngern und fand sie schlafend und sprach zu Petrus: Konntet ihr denn nicht eine Stunde mit mir wachen?*
> *(Matthäus 26,40)*

Beharrlich präsente Trauerbegleitung ist immer nur begrenzt möglich und braucht den barmherzig demütigen Blick auf das unvermeidliche Versagen im Verzagen.

5. Widerwillig wollen

> *Doch nicht wie ich will, sondern wie du willst!*
> *(Matthäus 26,39)*

So lautet das finale Hingabegebet Jesu. Aber man beachte: Es gibt da noch immer zwei Willen. Nicht nur den einen. Das hat etwas mit Würde und Recht zu tun. Das bedeutet viel für die Gottesbeziehung. Sie fordert nämlich keinen willenlosen Untertanen, sondern gesteht das Recht auf eigenwilliges, widerwilliges Wollen zu. Hier wird kein vorbehaltloses Einverständnis propagiert, schon gar keine völlige Übereinstimmung. Das Gerücht, Jesus sei in selbstloser Kapitulation gegenüber seinem himmlischen Vater willenlos ergeben, darf als solches enttarnt werden. Und schon taugt die Geschichte zum tatsächlich belastbaren, dunkelheitstauglichen Trost. Weil es so etwas gibt wie das komplett widerwillige Vertrauen in Gottes unbegreiflichen anderen Willen für mich. Jesus stürzt sich mit seinem Widerwillen in den Gotteswillen. Und das lässt er seine Leute bis heute im *VATER UNSER* unaufhörlich wieder-holen: »Dein Wille geschehe!« Damit ist und bleibt es (auch Gott gegenüber) ein Recht auf das Beibehalten eines gegenteiligen Willens im Seelen-Gethsemane jedes einzelnen Menschen. Die Hingabe und das Vertrauen werden dadurch nicht etwa verweigert, sondern authentisch und profiliert. Dazu zu ermutigen ist eine Bringschuld jedweder Trauerbegleitung.

6. Selbstbestimmter Aufbruch

Jesus bleibt nicht in Gethsemane und versteckt sich darin. Dieser Garten ist kein Wohnort, sondern nur ein vorübergehendes Trainingslager für bahnbrechendes selbstbestimmtes Weitergehen. Kein Fluchtpunkt, sondern Sammelpunkt der Klärung. Nachdem sich Jesus durchgerungen hat zur widerwilligen Hingabe in Gottes Willen, wird der eben noch Zitternde und Zagende ganz stark und selbstbewusst. Er wartet nicht passiv, bis die Passion passiert. Im Gegenteil: Er sagt zu seinen Leuten:

> *Steht auf, lasst uns gehen!*
> *(Matthäus 26,46)*

Es ist ein Unterschied, ob sich jemand geschlagen gibt, sich in sein Schicksal kraftlos fügt, oder ob er aufsteht und aufrecht dem Unvermeidbaren entgegengeht. Stolz, entschlossen, bereit. In der Begleitung todkranker Menschen und ihrer Angehörigen kann man mitunter eine solche Dynamik und Entschlossenheit miterleben. Wenn Menschen abschiedlich werden und entschlossen aufbrechen, dann umgibt sie auf einmal eine Aura der Souveränität, die niemand aufhalten kann und soll. Da kommt es sogar vor, dass sie liebevoll klammernde Angehörige wegschicken, ablehnen und klar abgewendet zugehen auf die andere Seite der Wirklichkeit und uns damit zu Hinterbliebenen machen. In diesem Hoheitsgebiet entsteht ein Tabu, das jede Rückrufaktion untersagt. Sie ist unumkehrbar wie eine schwere Geburt, weil sie nichts anderes ist.

Einmal Emmaus und zurück

Trauerschritte zwischen Jerusalem und Emmaus

Jesus als Trauerbegleiter to go

1. Zum Davonlaufen

> *Am selben Tag gingen zwei, die zu den Jüngern von Jesus gehört hatten, nach dem Dorf Emmaus, das zwölf Kilometer von Jerusalem entfernt lag. Unterwegs unterhielten sie sich über alles, was geschehen war.*
> *(Lukas 24,13-14, GNB)*

Karfreitag ist vorbei. Jesus ist tot. Die Hoffnung ist mit ihm gestorben. Und obwohl die Frauen am Ostermorgen bereits die verwirrende Nachricht vom leeren Grab in Umlauf gebracht haben, finden die beiden die ganze Lage einfach zum Davonlaufen. Sie haben resigniert. Das Sterben des Freundes hat alle Lebensperspektiven zerstört. Und weil sie von alledem nichts mehr sehen und hören wollen, schon gar nichts von dem unglaubwürdigen Gerücht eines leeren Grabes, laufen sie weg. Wer in die Trauer gefallen ist, sieht keinen Stern mehr leuchten, erlebt den Weltuntergang. Und da ist Weglaufen eine nur natürliche Fluchtreaktion. Sie ist psychohygienisch wertvoll und absolut nötig. Ein Glück, wenn jemand diese Bewegung auf Abstand nicht ganz alleine machen muss. Zu zweit hoffnungslos sein, das ist erträglicher, denn sie können miteinander reden. Reden gegen den hoffnungslosen Trauerfall, das ist eine erste Möglichkeit im Umgang mit der Trauer. Wirklich helfen tut es scheinbar gar nichts. Aber es ist allemal besser, als sich einsperren zu lassen. Trauer hat das Recht zum Weglaufen, zum Distanzieren, zur Flucht. Der Ort des Geschehens kann so abstoßend sein, dass frisch verletzte Hinterbliebene mit Abstand laufend am besten klarkommen. Um nicht ganz verrückt zu werden, dürfen sie abrücken vom gewohnten Weg der Normalität, den es ohnehin nicht mehr gibt.

2. Kein Durchblick

Als sie so miteinander sprachen und alles hin und her überlegten, kam Jesus selbst hinzu und ging mit ihnen. Aber sie erkannten ihn nicht; sie waren wie mit Blindheit geschlagen.
(Lukas 24,15-16)

Wer die Hoffnung verloren hat, weil ein geliebter Mensch gestorben ist, hat erst einmal keinen Durchblick mehr. Von Blindheit geschlagen, nehmen Betroffene nur noch sehr selektiv wahr, was um sie herum geschieht.

Da kann es sein, dass Menschen in ihre Nähe kommen und sie nehmen es nicht wahr. Geleisteter Beistand in den ersten Wochen der Trauer passiert oft unbemerkt. Nachbarn bringen tagelang etwas zu essen, stellen es hin und gehen. Es werden Besorgungen erledigt, Kinder versorgt, Tiere gefüttert, ganze Haushalte am Laufen gehalten, ohne dass die unmittelbar Betroffenen es tatsächlich beachten oder gar honorieren. Wer den Kopf hängen lässt, niedergeschlagen ist und gebeugt, kann die Sterne nicht sehen, dem fällt nichts mehr auf oder ein, sieht und hört nicht mehr gut, ist blind für Zuwendung und achtsame Nähe. So ist das. Und es ist keine bewusste Entscheidung oder Ablehnung. Es ist Trauermauer. Beim Begleiten trauernder Menschen kann man lange Zeit komplett übersehen werden.

3. Wieder-holen

Jesus fragte sie: »Worüber redet ihr denn so erregt unterwegs?« Da bleiben sie stehen und blickten ganz traurig drein und der eine – er hieß Kleophas – sagte: »Du bist wohl der Einzige in Jerusalem, der nicht weiß, was in diesen Tagen geschehen ist!« – »Was denn?«, fragte Jesus. »Das mit Jesus von Nazareth«, sagten sie. »Er war ein Prophet; in Worten und Taten hat er vor Gott und dem ganzen Volk seine Macht erwiesen. Unsere führenden Priester und die anderen Ratsmitglieder haben ihn zum Tode verurteilt und ihn ans Kreuz nageln lassen. Und wir hatten doch gehofft, er sei der erwartete Retter, der Israel befreien soll. Aber zu alledem ist heute schon der dritte Tag, seitdem dieses geschehen ist. Und dann haben uns auch noch einige Frauen, die zu uns gehören, in Schrecken versetzt. Sie waren heute früh zu

seinem Grab gegangen und fanden seinen Leichnam nicht mehr dort. Sie kamen zurück und erzählten, sie hätten Engel gesehen, die hätten ihnen gesagt, dass er lebt.«
(Lukas 24,17-23, GNB)

Wenn die Trauer nicht zu Wort kommt, dann erstickt sie daran. Trauer will, muss, soll reden. Nicht nur einmal. Sie darf wieder-holen, was doch unwiederbringlich ist. Sie muss es tun. Darum ist es ein Akt der Barmherzigkeit, Räume zu eröffnen, in denen viel Platz ist für das empörte Aussprechen des Unfassbaren. Trauernde sind oft von Menschen umgeben, die ihnen signalisieren, dass sie es nicht noch einmal hören wollen, das ganze Geschehen. Die Trauer braucht aber das Recht auf unendliches Wieder-Holen, wie die Wunde den Verbandswechsel. Das ist zwar schmerzhaft, aber für die Wundheilung einfach unverzichtbar. Also erlaubt die Trauerbegleitung, die Wunden immer wieder auszupacken, zu zeigen, zu beklagen und zu versorgen. Jesus, als das scheinbar ahnungslose Gegenüber, lässt dafür ganz viel aufmerksame Erlaubnis. Unterbundene Klage, ausgebremstes Entsetzen, unterdrückte Wut machen krank, weil sie kränken. Es ist ein gutes Trauerrecht, sich immer und immer wieder zu empören. Trauer muss ausreden dürfen. Sie will nicht unterbrochen werden.

Angedeutete Osterhoffnung bleibt (zumindest vorerst) unerhört und bedeutungslos. Trauer in der Unmittelbarkeit gerade erlebter Tragik will und kann nichts wissen von einer möglichen Wende zu etwas Gutem. Sie hat ihr Ergebnis und will sich nicht von vermeintlich anderen Fakten irritieren lassen. Wer trauert, darf die Hoffnung los sein. Und wer begleitet, muss das ertragen und erst einmal unwidersprochen teilen, anerkennen, stehen lassen. Die Resignation hat ein Recht darauf, hin und wieder das Geschehen zu dominieren. Und Jesus wartet ab, bis die ganze Flutwelle der untergegangenen Hoffnung aufgewühlt und abgerollt ist. Erst dann sagt er etwas. Er geht mit, obwohl die Jünger im Grunde in die »falsche Richtung« gehen. Er hält sie nicht auf, er weiß es nicht besser und er schlägt deshalb auch nicht voreilig schleunigst den Rückweg vor. Er ist einfach mitreisend dabei, ohne sich in den Weg zu stellen. Das bedeutet für unsere Trauerbegleitung:

Jeder Trauerweg ist ein intensives Repetitorium, das entrüstetes, unzähliges Darstellen und Beschreiben des Unfassbaren anberaumt und ermöglicht. So passiert ein wertschätzendes Aufnehmen und Aufhorchen, das zunächst völlig unkommentiert einfach nur eine Bühne bietet für die gebührende Inszenierung der erlebten Enttäuschung. Trauerbegleitung ist bereit, Umwege zu gehen, weitgehend still dabei zu sein, auf Widerspruch erst einmal zu verzichten. Sie hält lange den Mund und alle einseitige Sichtweise aus. Sie ist nicht voreilig. Sie will nichts besser wissen. Sie hat keinen demonstrativen Vorsprung. Sie verzichtet auf jede Arroganz einer abschließenden Bewertung. Sie deutet nicht von oben herab. Sie hält den bedeutsamen Augenblick alternativlosen Trauerns solidarisch aus. Sie hat keine Angst, in den Abgrund zu schauen. Aber sie springt nicht auch mit hinein. Sie kann warten. Sie hält sich bereit.

4. Angebot machen

> *Da sagte Jesus zu ihnen: »Was seid ihr doch schwer von Begriff! Warum rafft ihr euch nicht endlich auf zu glauben, was die Propheten gesagt haben? Musste der versprochene Retter nicht dies alles erleiden und auf diesem Weg zu seiner Bestimmung gelangen?« Und Jesus erklärte ihnen die Worte … durch die ganzen Heiligen Schriften.*
>
> *(Lukas 24,25-27, GNB)*

Trauer verträgt Widerspruch durchaus. Trauerbegleitung ist darum nicht nur Nähe, Zuhören und Zustimmen. Es kommt auch zu dem Punkt, an dem es not-wendig ist, einen Gegenvorschlag zu machen. Das ist nicht zu verwechseln mit einem rückwärtigen Entwerten des bisher Gesagten. Aber es mutet zu, dass es noch nicht alles ist, was dazu gesagt werden kann. Trauer verkraftet Widerspruch und Provokation, ja, sogar massive Gegenrede, weil sie selber ja so massiv und deutlich ist. Schonungslos Hoffnungslose sind durchaus belastbar. Die müssen nicht mit Samthandschuhen angefasst werden. Es gilt auch hier die gute biblische Weisheit: »Alles hat seine Zeit!« (Prediger 3). Es wird der Sensibilität und Empathie der Begleitenden zugemutet, hier feinfühlig zu entscheiden, ob und wann wie viel urteilsfreier Widerspruch angemessen ist. Auf jeden Fall halten aktiv Trauernde es aus, dass sie mit neuen Gedanken konfrontiert werden. Ja, das beatmet sogar ihre Trauer und gibt ihnen Bewegung, die aus der Starre führen kann.

Sie können eine ungeheure Unterstellung hören, nämlich die, dass im vermeintlich komplett Sinnlosen dennoch ein Sinn stecken kann. Den zu erkennen und zu gewichten, das bleibt im Hoheitsgebiet jedes Einzelnen. Aber christliche Trauerbegleitung wäre nicht christlich, wenn sie nicht mit der skandalösen Behauptung aufkreuzte, Gott habe immer einen Plan und trage deshalb auch in die scheinbare Sinnlosigkeit einen Wert ein. Jesus spricht die waghalsige Vermutung aus, dass der Glaube an Gott am Ende doch immer mit der These arbeitet, dass es Gott gut meint und richtig macht. Das ist natürlich weniger logisch als vielmehr theologisch. Und wir hören kein Wort, ob es und wie es ankommt bei den trauernden Davonläufern. Es kommt auch nicht zur Abstimmung. Das Angebot ist offen und das bleibt es auch. Trifft es auf massive Hoffnungsresistenz, kann es womöglich überhaupt nicht beeindrucken. Und dann darf das auch so sein. Trauerbegleitung ist immer ergebnisoffen und vertraut auf eine nachhaltige Inkubation einer wieder aufkeimenden, gottvollen Hoffnung, irgendwann. Sie verzichtet auf Ergebnissicherung und Zustimmung. Sie bleibt das Postulat geglaubter Gottesnähe nicht schuldig, aber sie überlässt die Wirkung und Trefferquote ganz dem Heiligen Geist.

5. Angebot und Nachfrage

Inzwischen waren sie in die Nähe von Emmaus gekommen. Jesus tat so, als wollte er weitergehen. Aber das ließen sie nicht zu und sagten: »Bleib doch bei uns. Es geht schon auf den Abend zu, gleich wird es dunkel!« Da folgte er ihrer Einladung und blieb bei ihnen. Als er dann mit ihnen zu Tisch saß, nahm er das Brot, sprach das Segengebet darüber, brach es in Stücke und gab es ihnen. Da gingen ihnen die Augen auf und sie erkannten ihn. Aber im selben Augenblick verschwand er vor ihnen. Sie sagten zueinander. »Brannte es nicht wie Feuer in unseren Herzen, als er unterwegs mit uns sprach und uns den Sinn der Heiligen Schriften aufschloss?« Und sie machten sich sofort auf den Rückweg nach Jerusalem.

(Lukas 24,28-33)

Der Zauber, dieses Momentum, ist groß. Diese Trauerbegleitung wird nicht zur fürsorglichen Belagerung. Kein Anzeichen einer feindlichen Übernahme gibt diese Geschichte her. Jesus will nicht aufdringlich sein. Schon gar nicht übergriffig. Wie vielen Hoffnungslosen wurde schon die letzte Hoffnung genommen, weil ihre Begleitung so distanzlos trösten wollte. Jesus lässt Spielraum. Er überlässt den beiden die Souveränität und das Vorkaufsrecht. Angebot und Nachfrage regeln auch hier das Geschäft. Nur wer eingeladen ist, darf hereinkommen. So ist das auch mit der Trauerbegleitung. Die Würde des trauernden Menschen gebietet es, dass er regulierend eingreifen, beenden oder fortsetzen darf. Und so wird Jesus zum Träger eines Gastmandates. Er nimmt die Einladung an. Er genießt die Gastfreundschaft.

Und was geschieht? Verlängerung des begonnen Trauergespräches etwa? Supervision? Coaching? Therapie? Nein! Sie machen das, was Menschen schon immer am besten gemacht haben, wenn sie zusammengekommen sind: Sie essen. Sie setzen sich an einen Tisch. Sie hören auf zu diskutieren und fangen an zu feiern. Miteinander essen, das ist die schönste Art und Weise, wie wir uns gut tun können. Mit Trauernden zusammen zu essen, das ist wunderbar. So wie das Zusammen-unterwegs-Sein. Es geschieht unaufdringlich, so wie es passt. Im Teilen von Brot erkennt man sich. Nicht daran, was man sich so alles draufschmiert, sondern an der Art und Weise des Gebens und Nehmens. Aber es ist auch riskant und kann schnell zu dicht werden, zu übertriebener Nähe führen. Darum ist es so unbedingt wichtig, rechtzeitig zu gehen. Sich zu entziehen.

Die Nähe, der Trost, die Hilfe, der Neubeginn, der Sinn, das ist alles nicht zu begreifen. Jesus auch nicht. Er verschwindet in genau dem Augenblick, da er erkannt und zum Greifen nah ist. Der Hoffnungsträger grüßt im Vorübergehen, aber er zieht nicht in Emmaus ein. Er ist Gast auf Zeit. Bis die beiden große Augen machen. Jesus weiß offenbar, dass die Hoffnung nur dann eine Chance hat, bei den beiden wieder auf die Welt zu kommen, wenn sie dabei auf eigenen Beinen stehen, in eigener Verantwortung selbstbestimmt aufbrechen. Zurück nach Jerusalem werden sie nicht getragen. Sie gehen eigenmächtig. Der Helfer hat nur so lange da zu sein, bis die Hilfe anfängt, in den Augen der Hilflosen zu glänzen. Keine Abhängigkeit, keine Nabelschnurexistenz, nur punktuell, und sequenziell und souverän zugleich, das macht Trauerbegleitung aus. Ihr Ziel ist die rechtzeitige Verabschiedung in die wiedergewonnene Selbstständigkeit.

Trauer-Werkstatt

Hinführung

In einer Werkstatt findet das Werk statt. Zumindest liegen dort alle Werkzeuge, um ein Werk anzupacken und zu bewältigen. Eine Werkstatt ist nur so gut, wie sie bestückt und aufgeräumt ist. Griffbereit müssen alle Schlüssel und Schrauben sortiert und auffindbar sein. Da muss man sich ganz schnell greifen können, was jetzt gerade zu werkeln ist. Dass Tischler, Schlosser, Schmiede, Schneidereien etc. eine Werkstatt brauchen, das weiß jedes Kind. Und natürlich muss das Auto in die Werkstatt. Alles, was gewartet, repariert, gefertigt und gepflegt werden soll, hat Werkstattbedarf. Und die Trauer? Was soll die mit einer Werkstatt?

Udo Lindenberg singt: »Ein Herz kann man nicht reparieren ...!« Kommt aber selbst am Ende doch auch zum Gegenteil und sagt: »Ein Herz, das kann man reparieren ...« Mit Liebe nämlich. Mit dem wunderbarsten aller »Werkzeuge«, der liebevollen Zuwendung und Begleitung, die sich Menschen gegenseitig schenken können, um beschädigtes Leben wieder zu versorgen und auf einen heilsamen Weg zu bringen.

Alles, was in diesem WERKBUCH an Werkzeugen angeboten wird, kommt aus der Trauerwerkstatt, die ich im Laufe meines kirchlichen Dienstes in über vier Jahrzehnten sortiert habe, bei dem immerwährenden Versuch, zu Tode erschrockene Herzen zu »reparieren«. In der seelsorglichen Begleitung im Gemeindepfarramt auf dem Dorf und in der Stadt, im gesamtkirchlichen Dienst, bei der Ausbildung von Besuchsdiensten und Trauerbegleitenden, bei Seminaren für Mitarbeitende in der Hospizarbeit und bei kontinuierlichem Aufbauen und Begleiten von Trauergruppen hat sich diese Werkstatt immer weiter sortiert und erweitert. Die Werkstatttür steht offen, sie zu betreten ist herzlich erwünscht.

Es sei hier ausdrücklich darauf hingewiesen, dass dieses Werkbuch an jeder beliebigen Stelle aufgeschlagen und gelesen werden kann. Es will gar nicht romanhaft durchgearbeitet und exakt von vorne nach hinten konsumiert werden. Stattdessen ist dieses Buch eine thematische Sammlung von Hilfen, aufgeteilt in verschiedene »Werkstatträume«. Wer dringend auf der Suche nach praxisnahem

Material ist, soll sich nicht aufhalten lassen, sondern direkt in die passenden Kapitel gehen und sich das Werkzeug suchen, welches gerade brauchbar erscheint. Es ist erlaubt, ja erwünscht, ganz selektiv auszuwählen und zu benutzen, was die Werkstatt anbietet.

Wer einen einzelnen trauernden Menschen begleiten und trösten will, kann genauso fündig werden, wie Leute, die ganze Trauergruppen begleiten wollen. Ob eine einmalige Begegnung stattfindet oder eine gemeinsame Weggefährtenschaft über Wochen, Monate, Jahre – für alle Werkseinsätze sollte etwas auffindbar sein.

Es wird deshalb auch ausdrücklich darauf verzichtet, die angebotenen Materialien zu unterscheiden nach der Verwendbarkeit für Einzelkontakte oder Gruppen. Alles ist grundsätzlich für beides geeignet. Es lässt sich nicht pauschal vorhersagen, was situativ gerade in welche Begleitungsphase passen könnte. Es ist auch möglich, punktuell aus verschiedenen Themenbereichen einzelne Puzzle-Teile auszuwählen und sich eine eigene Partitur für eine Begegnung »zu bauen«.

Etwas ausprobieren, das kann womöglich enttäuschend sein, weil es am Ende doch nicht passt, nicht der richtige Schlüssel war zum Öffnen und Lösen von Fragen und Zweifeln. Das ist nicht schlimm. Das ist sogar unvermeidlich. Aber irgendein Text, eine Idee, ein Symbol, ein Gedanke ist dann doch vielleicht geeignet, um einen zweiten Versuch zu wagen. Es sei hier darauf hingewiesen, dass sich manche Werkstattangebote in Variationen wiederholen. Sie werden dabei aber aus verschiedenen Perspektiven angeschaut. Diese Überschneidungen sind also gewollt, weil sie unterschiedliche Zugänge ermöglichen.

Beinahe bei Nähe!

Im Übrigen sei schon hier darauf hingewiesen, dass es in der Begleitung trauernder Menschen niemals ein perfektes Gelingen geben kann. Dafür sind die Befindlichkeiten zu unberechenbar und in permanenter Veränderung begriffen. Die Gemütslagen sind während einer Begegnung nicht etwa stabil und gleichbleibend, einfach nur unglücklich, fassungslos, schwermütig oder schuldbeladen, sondern in einem nimmer endenden Umbruch und kreativ schmerzlichen Anderssein begriffen, das auch von den Betroffenen selbst nur staunend zur Kenntnis genommen werden kann. Sie ergreifen nicht bewusst die Initiative zur Mutation ihres Trauerprofils, sie sind selbst diejenigen, denen dieser permanente Kreativitätsschub ebenfalls passiert.

Daher ist die »Trefferquote« für das Gesprächsangebot in der Begleitung immer schwebend zwischen »beinahe geglückt« und »nicht ganz gescheitert« angesiedelt. Wir sind während einer Begegnung womöglich ziemlich nah bei einem Menschen und liegen nicht ganz daneben mit dem, was wir thematisieren wollen. Es ist für die Betroffenen bestenfalls einigermaßen erträglich und nicht vollkommen tabu. Und es kann immer passieren, dass eine noch so gut vorbereitete und durchdachte Strategie einer punktuellen Nähe plötzlich komplett scheitert und womöglich sogar zum Abbruch führt. Das ist aber nie als eine endgültige Niederlage zu bewerten, sondern ist immer nur als »artgerechte« Variante der Trauerarbeit und vollkommen normal.

In der Regel nehmen das auch die betroffenen Menschen ihren Begleitern nicht übel, werfen es ihnen nicht vor oder tragen es ihnen gar lange nach. Im Gegenteil! Fehlversuche der Begleitung sind auch respektable Versuche und gleichen keinem Straftatbestand. Menschen, die im Leid und in der Trauer gefangen und dominiert sind, verzeihen viel, weil sie nicht aufhören zu hoffen, dass es doch auch Linderung und Verschonung von Schmerz und Ohnmacht geben kann. Wenn nicht jetzt gleich, so dann doch bald.

Darum gibt es kaum einen Bereich der Kommunikation, in dem so viel Nachsicht und Geduld und Verzeihen Platz haben.

Trauerbegleitung kann und wird immer wieder scheitern, aber sie wird das nicht aussichtslos tun, sondern vielversprechend.

Vergebliche Mühe passiert pausenlos, sie bleibt aber immer mehr selig als mühsam, also mühselig. Wer sich darauf einlässt, sich in die unberechenbare Intimsphäre trauernder Menschen hineinzutasten, wird immer nur defizitär agieren und trotzdem unendlich Wertvolles leisten. Das ist die Zumutung dieser unmöglichen Chance.

Darum wird es auch bei der vorliegenden Darstellung von möglichen Gestaltungsweisen immer wieder einen angehängten RISIKO-Hinweis geben.

Was langsam heilt, tut lange weh!

Und schließlich sei noch ein Hinweis vorangestellt: Das Begleiten trauernder Menschen ist immer doppeldeutig. Es kann gut und wehtun zugleich. Ja, es ist geradezu dann erfolgreich, wenn es heilsame Schmerzen verursacht, denn es kommt einem »Verbandswechsel« gleich. Bei der Pflege einer Wunde ist die regelmäßige Erneuerung des Verbandes eine unverzichtbare Maßnahme auf dem Weg der Genesung. Trotzdem ist sie gefürchtet und einigermaßen angstbesetzt, weil sie sich unvermeidlich schmerzhaft anfühlt. Heilen tut nämlich immer auch weh.

Wundpflege für die geschundene Seele packt aus, betrachtet sorgsam, versorgt und verbindet neu und trägt so langsam dazu bei, dass ein heilsamer Prozess in Gang kommt, an dessen Ende Narben und Phantomschmerzen bleiben. Es ist gut, um diese Nebenwirkungen zu wissen, den verursachten Schmerz nicht misszuverstehen als unvorsichtiges Fehlverhalten, sondern zu ertragen und zu akzeptieren – als sicheres Indiz für wirklich stattgefundene Seel-Sorge.

Wenn dabei Tränen fließen und Furcht und Zittern um sich greifen, so ist das nicht nur unvermeidbar, sondern geradezu not-wendig. Niemand soll darüber erschrecken, weil es Teil der gemeinsamen Suche nach Linderung und langsamem Heilen ist.

Heilsame Schmerzen gehören genuin in die gemeinsam zu ertragende Trauerarbeit. Und es tut nur deshalb so weh, weil es so wahr und so echt und so liebevoll ist. Schmerz als Qualitätsmerkmal gewagter Begleitung ist deshalb zu honorieren und nicht zu vermeiden. Das führt zu umfassender und manchmal schwer zu ertragender Betroffenheit auf beiden Seiten. Und deshalb kostet es so viel Kraft.

Und deshalb wird es zu Recht »Arbeit« genannt.

Zum weiteren Verlauf

Nach dem ersten Darstellen von möglichen Anläufen und Kontaktaufnahmen mit Trauernden durch Schreiben, Anrufen, Besuchen usw. werden in der Werkstatt verschiedene Module angeboten. Alle Themenreihen enthalten jeweils 7 verschiedene Zugänge, immer »Sieben Sachen«.

Die 7 ist die biblische Zahl der Vollkommenheit, weil die Schöpfung sich in 7 Tagen symbolisiert entwickelt, weil die Woche demnach 7 Tage hat und weil Jesus empfiehlt, 7x70 mal zu verzeihen. Es ist auch, weil die Passionszeit 7 Wochen dauert, weil wir womöglich im Laufe unseres Lebens alle 7 Jahre eine komplette Zellerneuerung erleben und verändert auf die Welt kommen können. Es liegt auch an der Überschaubarkeit jedes Spannungsbogens, der nach meiner Erfahrung kaum mehr als 7 gemeinsame Schritte erträgt.

Womöglich passt aber auch nur 1 Werkzeug von 7 aus einer Staffel. Auch gut. Die Werkstatt ist nicht dazu da, dass alle mit allen Werkzeugen hantieren, sondern dass sie hoffentlich so viele Regale und Schubladen und Angebote vorhält, dass möglichst viele ans Werk gehen können mit mindestens einem Werkzeug im Gepäck.

Mit Trauernden in Kontakt kommen

- **Schreiben**
- **Telefonieren**
- **Besuchen**
- **Begehen**
- **Einladen**

Egal wie digital unsere heutige Kommunikation wird – ein klassischer Brief ist etwas ganz Besonderes. Und wenn es uns um das Herz geht und wir uns ganz in etwas hineingeben, scheint ein Brief angemessen – sei es der Liebesbrief und besonders der Trauerbrief.

Diese Herzenssachen – Trauer und Liebe – hängen im Grunde eng zusammen, was der Tod eindrucksvoll zeigt. Denn der Trauerfall fällt deshalb so schwer, da er liebevoll und schmerzvoll bemisst, was er vermisst. Weil Trauer ja immer in dem Maße groß und tief ist, wie zuvor die Liebe groß und tief gewesen ist und gerne bleiben will, darum ist auch jeder Gruß aus Anlass des Todes nichts anderes als eine Variation eines Liebesbriefes – unter besonders herausfordernden Umständen, wie immer. Und das Schreiben anlässlich eines Todesfalles hat in der Tat alle Kennzeichen, die auch ansonsten das Entstehen eines Liebesbriefes im weitesten Sinne charakterisieren. Es ist nichts als eine liebevolle Absicht dahinter – und das macht das Schreiben so wertvoll, so menschlich, so besonders. Das gilt für Sender und Empfänger gleichermaßen.

»Mein Beileid!« als Karte oder Brief kommt mit der Post. Da wird das Hoheitsgebiet der Trauer sensibel beachtet. Niemand fällt mit der Tür ins Trauerhaus, wenn Trauerpost im Briefkasten liegt. Da wird der Abstand mit Anstand gewahrt. Keine Überschreitung der Schutzwälle und der Verschonzonen. Die Botschaft wird sozusagen »über den Zaun« geworfen, der den inneren Vorgarten des Trauerhauses vor Eindringlingen beschützt.
Zuvor hat sich bei dem absendenden Menschen schon allerhand ereignet:

- Die Todesnachricht ist angekommen.
- Sie hat betroffen gemacht.
- Die Betroffenheit ist nicht gewichen.
- Das Beileid hat sich eingestellt.
- Es ist eine Nähe zum Trauerhaus und denen, die darin wohnen, entstanden.
- Die Absicht, sich zu äußern, hat das Beileid beflügelt.
- Es macht sich auf die Suche nach einer geeigneten Kondolenzkarte.
- Oder es reift der Entschluss, einen Brief zu schreiben.
- Jetzt beginnt bei den absendenden Beileidsmenschen die Suche nach Worten.
- Die Sprache der Trauer ist eine Fremdsprache.
- Ihre Vokabeln sind dem Wortschatz der Liebe zu entnehmen.
- Die Tauglichkeit und Speicherkraft von Trauerworten und Trostversen bedürfen einer ernsten Probe und dauern so lange, bis sie sich als Trauer und Trost bei dem Sendenden selbst erweisen. Erst dann ist ihrer Tauglichkeit verdächtig viel zuzutrauen.
- Jetzt beginnt das Schreiben. Es drängt, es fließt, es stockt, es unterbricht und es verwirft und beginnt wieder von vorne.

- Wenn es einfach wäre, wäre es einfach. Beileid ist aber nicht einfach.
- Endlich passt es, ist es stimmig, kann es unterschrieben werden, ist es echt.
- Vorsichtshalber kann es aber auch noch einmal liegen bleiben, bis morgen …
- Ab die Post. Erleichterung. Befreiung. Spannung. Hoffnung. Liebe. Not.

Wenn die Karte, der Brief weggeschickt oder eingeworfen ist, dann beginnt die Einsicht in die begrenzte Machbarkeit aller Dinge. Demütig will eingesehen und eingeräumt werden, dass alles Schreiben, alle Liebesmühe nicht garantieren und versichern können, dass es auch ankommt. Kein Zugriff, keine Verfügungsgewalt, keine Gebrauchsanweisung, keine Übersetzungshilfe, nichts ist da möglich, um zu gewährleisten, dass die gute Absicht und das herzliche Beileid entsprechend wahrgenommen werden können.

Die Liebeserklärung kennt keine Garantie. Schon gar nicht, wenn sie »Mein Beileid!« sagt. Also gilt es jetzt, erst mal abzuwarten. Währenddessen beginnt im Trauerhaus die Post anzukommen.
Und auch da passiert ein Prozess der besonderen Art:

- Beileidspost kommt an und stapelt sich.
- Im Trubel des Trauerhauses ist erst einmal kaum Zeit dafür.
- Aber die Tatsache, dass es diese Post gibt, ist schon eine Botschaft für sich.
- Noch ehe Beileidskarten und Briefe geöffnet und gelesen werden, trösten sie.
- Oft bleibt es bei dieser ersten Wirkung so lange, bis Beerdigung und Abschied vorbei sind.
- Das Öffnen und Lesen der Kondolenzpost ist ein wesentlicher Ankerplatz für die auf hoher See vom Untergehen bedrohte Seele.
- Oft befinden sich Karten und Briefe in einem Kästchen aufbewahrt, wie wertvolle Schätze, die noch darauf warten, gehoben und betrachtet zu werden.
- Gelesen werden sie in der Regel mit großer Aufmerksamkeit und Spannung.
- Sie sind eine wertvolle Hilfe zum Weinen und inneren Bejahen des Schmerzes.

- »Mein Beileid!« kommt zu den Leidtragenden wie der Glückwunsch zum Geburtstag. Nur dass diesmal nichts auf die Welt kommt, sondern von der Welt geht. Aber es begleitet, vertont, bildet ab, wiederholt genau dieses Drama. Es inszeniert den Trauerfall und gibt ihm Sprache, Klageweisen und Leid-Bescheid.
- Manche Karten und Briefe, Gedichte, Texte, Zeilen werden mehrmals gelesen, landen auf dem Fensterbrett, an der Pinnwand, auf dem Sideboard, auf dem Nachttisch.
- Beileidsbriefe sind wie Fanpost, weil sie auch der Spiegel der Wertschätzung und Beliebtheit der verstorbenen Person Ausdruck verleihen. Sie machen die Trauer stolz und selbstbewusst. Sie werden oft über Jahre aufbewahrt.
- Was die Trost- und Trauerbriefe bewirken, geschieht im Verborgenen und kommt oft nicht an die Öffentlichkeit. Aber manchmal gibt es doch eine Reaktion, eine Antwort oder eine Danksagung. Aber ihr Sinn hängt nicht daran. »Mein Beileid!« braucht keine »Quittung«!

Wenn die von uns gesendete Post eine Ankündigung enthielt, dass noch etwas nachkommt, dass womöglich die Verbindung gehalten und erneuert oder vertieft werden soll, dann ist es wichtig, dass dieses angedeutete Versprechen auch gehalten wird. Das kann durch ein zweites Schreiben oder durch einen angekündigten Anruf erfolgen. Es kann aber auch sein, dass es bei dem einmaligen Briefkontakt bleibt. Dann ist es in sich genauso wertvoll und stimmig, wie wenn es weitere Folgen hat. (Ich habe zum Teil über Jahre hinweg Trauernde nur per »Briefkastenfirma« mit Fernwärme begleitet und damit in enger und seelsorglich wertvoller Verbindung gestanden.)

Ist es aber der Plan und die Absicht der Beileidspost, sich weiter anzunähern und eine Begleitung zu intensivieren, dann kann das mit Ansage und bester Absicht geschehen. Ein solcher ANRUF sollte alles andere als spontan und nebenbei stattfinden. Er bedarf einer gründlichen Vorbereitung und inneren Ausrichtung:

- Wann ist dafür Zeit und Schutzraum?
- Habe ich ein Mandat, einen Auftrag, bin ich »geschickt«, oder nur privat?
- Komme ich als Nachbar*in, Gemeindeglied, Besuchsdienst, Trauerbegleitung?
- Mit welcher Absicht rufe ich an?

- Welche Fragen und Impulse gebe ich zu Beginn?
- Kann ich es aushalten, zuerst abzuwarten und trotz Unsicherheit mehr zu hören, als zu reden?
- Welches Ziel, welche Verabredung, welches Angebot möchte ich anstreben?
- Ist es »nur« dieses Gespräch, das womöglich eine Fortsetzung findet, oder kommt eine Begegnung, ein Besuch, ein persönliches Begegnen in Betracht?
- Kann ich es ertragen, auch auf Ablehnung und Distanz zu stoßen?
- Wie kann ich das Gespräch in guter Weise beenden?

Alles, was jetzt kommt oder ausbleibt, ist nicht absehbar und planbar. Es ist offen. Wie Trauerbegleitung immer offen ist; Regie führen nämlich die trauernden Menschen, sie regeln den Umgang mit Angebot und Nachfrage. Sie sind keine »Kundschaft«, die überschüttet und bedient werden kann im Überschwang des Anbietenden. Wie viel Nähe und wie viel Abstand gerade richtig, angenehm, passend, erwünscht sind, das liegt im Ermessen derer, die im Leid auf »Mein Beileid!« reagieren. Hausbesuch, gemeinsamer Trauerspaziergang, miteinander essen, sich zu einer Trauergruppe einladen lassen, all das ist möglich, aber nie unbedingt notwendig. Intensität und Frequenz der Begleitung sind individuell zu regeln und immer eigen-artig.

Für die **Begegnung bei einem Besuch** im Trauerhaus sind folgende Kriterien beachtenswert:

- Ein Besuch fängt an, ehe er beginnt. Am Tag zuvor sollten Sie sich telefonisch vergewissern, dass der Termin weiterhin erwünscht und eingeplant ist. Legen Sie ein Mitbringsel (Text, Karte, Kleinigkeit) bereit und stellen Sie sicher, dass der Termin – inklusive Vor- und Nachbereitungszeit – absolut ungestört ist.
- Nehmen Sie sich am Tag selber genug Anlaufzeit für das Gebet und die Einstimmung, für die Körperpflege und das Umziehen. Beides hilft enorm bei der inneren Ausrichtung auf die besondere Begegnung und hebt sie aus der Normalität des Alltages heraus.
- Brechen Sie rechtzeitig auf, um ohne Zeitdruck einen Parkplatz, Straße und Hausnummer etc. suchen zu können. Das tut gut und zerstört nicht die innere Sammlung und Konzentration.
- Klingeln Sie nicht zu früh, aber kommen Sie auch nicht zu spät! Treten Sie erst ein, wenn die Gastgeber*in darum bittet.

- Gehen Sie nur dorthin, wohin Sie geführt werden. Als Trauerbegleiter besetzen wir keinen Platz, der uns nicht angeboten wird.
- Essen und Trinken sollten nur in Maßen angenommen und verzehrt werden.
- Stellen Sie sich (noch einmal) vor. Eine Erklärung Ihres Anliegens ist nie verkehrt.
- Nach der eröffnenden Frage nach dem Ergehen sollten Sie mehr zuhören, als selber reden.
- Klagen und Beschweren angesichts des erlittenen Leides, Vorwerfen und Protestieren, Schuldzuweisungen und Aggressionen können Sie zulassen, ohne es zu bewerten. Kommentieren oder entschärfen Sie nicht.
- Versuchen Sie nicht (!), das Geschehene irgendwie plausibel zu machen, das Erlebte als vorübergehend und die Zukunft mit guter Aussicht zu beschreiben.
- Lassen Sie der trauernden Person das Recht auf Verweigerung jedweden Trostangebotes. Beharrliches Untröstlichsein ist keine Krise, die möglichst bald überwunden sein soll.
- Sie müssen den Grund eigener Hoffnung angesichts des Todes nicht unbedingt verschweigen, dürfen aber nicht damit prahlen.
- Verschenken Sie ein Gebet, einen Liedvers, ein Bibelwort, ein Bild oder ein Symbol ohne große Inszenierung und nur, wenn es angenommen werden kann.
- Wenn Familie, weiterer Besuch oder sonstige Störungen kommen, bleiben Sie gelassen und halten Sie sich als Gast zurück und bleiben vor Ort.
- Sie können früher gehen, als erwartet.
- Ziehen Sie keine Bilanz und halten Sie am Ende kein Ergebnis fest.
- Stellen Sie gerne weiteren Kontakt in Aussicht, aber nicht als Drohung.
- Bewältigen Sie Abschied und Aufbruch ohne Zögern und »Rückfälle«.
- Verabschieden Sie sich mit Dank, Respekt und Segenswünschen.
- Behalten Sie Inhalt und Verlauf des Besuches für sich.
- Gehen Sie den Rückweg vorsichtig und konzentriert an.
- Verfallen Sie zuhause nicht gleich in den Alltagsmodus, sondern legen Sie ab, ziehen Sie sich um, machen Sie Notizen und beenden Sie den Besuch für sich mit einem Gebet.
- Sie können alles getrost Gott überlassen.

Module für Begegnung und Gespräch

Unverzichtbare Vorabklärungen

Es gibt zufällige Begegnungen und Gespräche mit Trauernden im Vorübergehen, beim Einkaufen, auf der Straße, am Gartenzaun, wo auch immer. Diese ungeplanten und unerwarteten Situationen sind eine Herausforderung für sich. Und sie wollen erst einmal bewältigt und überstanden sein. Da gilt es, möglichst unverkrampft und ehrlich umzugehen mit den begrenzten Möglichkeiten, die so eine zufällige Kommunikation zulässt.

Da darf ich beschämt, unsicher und überfordert sagen, dass ich gar nicht weiß, was ich sagen soll. Und das ist dann kein Versagen oder gar ein Scheitern, sondern das ist eine menschlich hochwertige Vergewisserung für die betroffene Person, nämlich dahingehend, dass sie sicher sein kann, das ihre Verunsicherung und Überforderung nicht alleine ihr Problem sind. Lieber schwach und unsicher sein, als souverän und überheblich. Begegnungen mit Trauernden im Vorübergehen sind vorübergehend unvollkommen und dürfen es auch sein.

Wenn es aber um gezielte, und gewollte und geplante Gespräche und Begegnungen gehen soll, dann bedarf es dafür grundsätzlicher Voraussetzungen, die auf beiden Seiten stimmig sein müssen. Angebot und Nachfrage sind auch hier in Balance zu bringen. Es ist zuerst abzuklären, ob ein Besuch, eine Begegnung, ein Treffen gewünscht ist. Ob lieber allein oder mit mehreren Leuten. Und wenn ja, mit welchen? Der Ort, die Zeit, der Zeitraum, alles soll vorher besprochen und damit kalkulierbar und verlässlich sein. Es gibt in dieser Situation eines bereits geschehenen Weltuntergangs mehr als genug beängstigende Unsicherheiten. Da darf es ausgerechnet für eine gut gemeinte Beileidsannäherung alles geben, nur keine zusätzliche Belastung oder gar Bedrohung wegen herannahender Visite.

Als Beispiel erinnere ich mich an einen Teilnehmenden an einer Trauergruppe, der mir Folgendes erzählte:

> *»Ich weiß schon lange, dass ich mal zu der Trauergruppe kommen will. Ich war auch schon ein paar Mal beinahe da. Aber eben nur beinahe. Das ist nämlich gar nicht so einfach. Von dem Gedanken, dass das wohl was für mich wäre, bis dem Entschluss, wirklich*

hinzugehen, dazwischen liegen allerhand Zweifel und Unsicherheit. Und wenn der Tag an den Himmel kam, an dem das Treffen sein sollte, da war ich am Morgen noch wild entschlossen, mittags schon eher zögerlich und, bis es Abend wurde, grad wie gelähmt. Wenn man trauert, weiß man morgens noch nicht, was abends noch geht. Und dann eines Tages hab ich es tatsächlich geschafft. Hab mich angezogen, mich ins Auto gesetzt und bin hergefahren. Hab mir einen Parkplatz gesucht und mich auf den Fußweg gemacht. Und auf halber Strecke ist mir ganz mulmig geworden und ich hab Skrupel bekommen. Da hat mich der Mut verlassen.

Wer weiß, was da für Leute sind ... Da pass ich womöglich überhaupt nicht dazu ... Also bin ich umgekehrt. Bin also beinahe da gewesen. Immerhin. Und dann doch nicht. Aber mehr war nicht drin an dem Abend. Zwei Wochen später, der nächste Versuch. Und diesmal habe ich es bis vor die Tür geschafft. Da hing ein Zettel mit dem Hinweis, dass es ausfällt. Was war ich erleichtert, es bis hierher geschafft zu haben und dann so davongekommen zu sein. Bin heimgefahren, so, als wär ich dabei gewesen. Und heute endlich ist es soweit. Ich war schon öfter beinah hier, bis es soweit war. Jetzt kann es endlich losgehen ...«

Den Menschen, die sich dazu durchringen, sich begleiten zu lassen – ob in der Vier-Augen-Begegnung oder in einer Gruppe –, ist mit größtem Respekt und mit Hochachtung zu begegnen. Sie haben einen weiten Weg hinter sich, bis sie bei uns ankommen. Ihr Kommen ist bereits eine Höchstleistung. Und die haben sie schon erbracht, ehe die Begegnung und Begleitung beginnen. Deshalb sind sie oft schon erschöpft, wenn wir sie begrüßen. Wenn sie uns in ihre Nähe lassen, dann betreten wir das Hoheitsgebiet ihrer Trauer. Darüber sollten wir uns bewusst sein, wenn wir uns auf den gemeinsamen Weg machen. Wir sind die Gäste. Sie lassen herein.

Mögliches Raster für die Begegnung

Alle folgenden Werkstattangebote für einen Besuch, eine Begegnung, einzeln oder in Gruppen, sind nach dem gleichen Muster sortiert:

Es geht immer um die Erklärung eines bestimmten **Themas**, weil es hilft, ein Geländer zu haben, das für die folgende Zeit des Beisammenseins definiert, worum es gehen soll. Das schließt nicht aus, dass es im Verlauf zu ganz anderen Themen kommt. Aber zunächst ist es eine Einstiegshilfe, wenn es nicht um alles auf einmal geht, sondern sich konzentriert auf einen Aspekt. Die anderen sind alle auch wichtig und kommen ein andermal dran.

Also Themenansage und dann eine **Hilfe zur Eröffnung**. Wie führe ich dahin, sodass es motiviert und inspiriert, einzusteigen, mitzusprechen, sich einzubringen?

Wichtig ist dann, einen Plan zu haben, der den **weiteren Verlauf** steuert und nicht wahllos ausufern lässt. Ich brauche Schrittfolgen, neue Gedanken und auch womöglich ein anzustrebendes Verstehen – einen **Zielgedanken**.

Ob wir am Ende dahin kommen, das ist nicht entscheidend. Wenn es passiert, ist es gut. Wenn sich eine andere Fokussierung ergibt, dann ist das auch in Ordnung. Ein guter Plan zeichnet sich immer dadurch aus, dass er genau weiß, was er will, um zuzulassen, dass es auch ganz anders werden kann.

Schließlich bedarf es einer **klaren Begrenzung**. Egal wie intensiv und wie viel noch offen und ungeklärt sein sollte, es muss ein Ende klar gesetzt werden, und zwar ehe es anfängt wehzutun. Also noch mehr, als es sowieso schon wehtut. Abbrechen ist eine Frage der Barmherzigkeit.

Das passiert am besten mit der Übergabe eines **Geschenks**, mit dessen Hilfe und Wirkung die Begegnung sozusagen »nach draußen« verlängert und über die aktuelle Begegnung nachhaltig hinausführt wird.

Wichtig ist es, vorher noch eine **Verabredung (wenn gewünscht)** für eine weitere Begegnung zu treffen und womöglich sogar eine »Hausaufgabe« damit zu verbinden, die für die Zwischenzeit anspornt und die Beziehung beatmet. Das könnte in Verbindung mit dem Überreichen von einem Text sein, der zu allen Themen als Materialanhang angeboten wird.

Zusammenfassung

der Schrittfolge für eine Begegnung/ ein Gespräch:

Thema →	***Was biete ich an?***
Einstieg →	***Wie starte ich?***
Verlauf →	***Welche Schritte will ich gehen?***
	Bis zu welchem Ziel?
Verabredung →	***Wie beende ich das Gespräch?***
Geschenk →	***Was gebe ich mit?***

Nun lade ich Sie ein, in die Werkstatt einzutauchen und zu schauen, was für Sie und für die vor Ihnen liegenden Besuche hilfreich ist. Sie finden eine breite Palette von Modulen für Begegnungen und Gespräche zu verschiedenen Oberthemen und dazu jeweils 7 Variationen.

Mein Beileid – Die Werkzeugkiste

Erste Aspekte der Trauer

Wenn eine Familie in einen Trauerfall gefallen ist, dann ergeben sich daraus einige Primärsignale, die nach innen und außen dokumentieren, dass der Ausnahmezustand eingetreten ist und nichts mehr ist, wie es war. Diese Zäsur unterbricht die Normalität des alltäglichen Lebens.

Es werden erste ASPEKTE der Trauer sichtbar und spürbar. Eigendynamisch und wie ein Reflex stellen sie sich ein und wirken und verändern und markieren eine neue Zeit. Haus, Wohnung, Umgebung, Kommunikation, notwendige Reaktionen – alles ist überschattet und geprägt von der neuen Situation. Und da alle Betroffenen unweigerlich gezwungen sind, irgendwie damit umzugehen und darauf zu reagieren, könnte das auch die erste mögliche Gesprächsgrundlage für einen beginnenden Austausch und eine mögliche Begleitung sein. Es bedarf keiner Begründung, darüber zu reden. Es ist einfach deshalb plausibel, weil es alle betrifft und niemanden verschont.

An 7 Beispielen soll dieses Phänomen gezeigt und thematisiert werden. Sie heißen:

- Trauerhaus
- Todesanzeigen
- Beileidskarten
- Tränen
- Grab
- Danksagung
- Trauerkleidung

Thema: Trauerhaus

Einstieg:

Das Haus, die Wohnung der Betroffenen ist zuvor Lebensraum und Obdach für geteiltes Miteinander gewesen. (Unabhängig davon, ob der verstorbene Mensch Teil der Wohngemeinschaft war.) Da, wo die Trauer eingezogen ist, da ist das Trauerhaus.
Was ist jetzt anders geworden?

Verlauf:

Es kommen verschiedene Aspekte zur Sprache, die einfach gesagt, benannt, beklagt, beschrieben werden dürfen:

- Ein Platz ist leer.
- Die Kleider, der Geruch, die gemeinsamen Dinge sind noch da.
- Menschen, die sonst ein- und ausgegangen sind, meiden das Haus/die Wohnung.
- Es ist so ruhig, so leer, so unheimlich.
- Rollläden bleiben unten, Fenster geschlossen, Vorhänge zugezogen, Blumen vertrocknen, Kühlschrank ist leer, regelmäßiges Essen fällt aus.
- Tag- und Nachtrhythmus geht verloren.
- Telefonklingeln macht Angst.
- Post wirkt bedrohlich.
- Nachbarbesuche und Begegnungen verunsichern ...
- Und anderes, womit wir nicht rechnen!

Zielgedanke:

Es ist nichts mehr, wie es war.

Verabredung:

Kann ich was abnehmen, übernehmen, erledigen?
Soll ich wiederkommen?
Wenn ja, wann?

Geschenk:

Kleiner Rettungsring – gegen das Untergehen

Material

Wohngemeinschaft

Ich bin mein eigen Trauerhaus.
In mir halt ich die Trauer aus.
Sie sitzt, sie thront,
sie haust, sie wohnt
in mir
und meiner Seele.

Ich bin mein eigen Trauerhaus.
Von Kopf bis Fuß, tagein, tagaus
zieht sie herum,
macht sie mich stumm,
so sehr,
dass ich mich quäle.

Ich bin mein eigen Trauerhaus.
Zur Untermiete sitzt der Graus,
beschattet alle Räume
und folgt mir in die Träume
und gibt
Befehle.

Ich werf aus meinem Trauerhaus
bald, irgendwann den Tod hinaus,
mach Platz für das Gedenken.
Lass lieber Trauer schenken,
den Lebensraum –
und wähle.

RISIKO!

Unbedingt darauf achten, dass der Platz des/der Verstorbenen frei bleibt. Darum fragen: Wo war sein/ihr Platz?

Wenn das Trauerhaus auch schon vor dem Todesfall ein Ort des Unglücks und der Einsamkeit gewesen ist, wenn es kein »trautes Heim, Glück allein« gegeben hat, dann wird dieses Gesprächsangebot ganz andere Reaktionen auslösen. Es gibt also auch den Aspekt der Befreiung in so manchem Kontext von Tyrannei und Unterdrückung. Wenn das an die Oberfläche kommt, dann wird der Gesprächsverlauf ganz andere Themen anberaumen. Auch gut.

Thema: Todesanzeigen

Viele Leute geben mit einer Anzeige bekannt, dass ihre Angehörige oder ihr Angehöriger verstorben ist. Trotz aller Standardformulierungen kommt es dabei auf jedes Wort an.

Einstieg:

Fragen an die Betroffenen:

- Wenn Sie eine Todesanzeige lesen, worauf achten Sie?
- Wenn Sie eine Anzeige selbst aufgegeben haben, worauf kam es Ihnen dabei an?
- Welche Formulierung ist Ihnen besonders wichtig?
- Welche kommt auf keinen Fall in Frage?

Verlauf:

Es kann sinnvoll und anregend sein, gesammelte Anzeigen zu zeigen und auswählen zu lassen.
Es können Standardformulierungen angeboten werden, wie:

- »Plötzlich und unerwartet ...«
- »Dem allmächtigen Gott hat es gefallen ...«
- »Wir müssen Abschied nehmen von ...«
- »... ist gestorben.«
- »... ist heimgegangen.«
- »... ist sanft entschlafen.«
- »... wurde von seinem Leiden erlöst.«
- »Wir bitten, sich an die geltenden Hygienemaßnamen zu halten.«
- »Von Beileidsbekundungen am Grab bitten wir Abstand zu nehmen.«
- »Eine Kondolenzliste liegt aus.«

Zielgedanke:

Eine angemessene Todesanzeige ist nicht unwichtig. Sie zu verfassen ist eine große Herausforderung. Der haben wir uns gestellt.

Verabredung:

Aufmerksames Lesen der Anzeigen der nächsten Zeit.
Bemerkenswertes aufspüren, sammeln, mitbringen.
(falls ein Wiedersehen gewünscht wird ...)

Geschenk:

Häufig verwendete Sprüche/Verse/Worte über Traueranzeigen
Oder: Contra-Symbol: Lebens(an)zeichen: Blumensamen

Material

Häufig verwendete Sprüche über Todesanzeigen:

> *Du bist nicht mehr da, wo du warst,*
> *aber du bist überall, wo wir sind.*
> *(Quelle unbekannt)*

> *Der Tod ist das Tor zum Licht am Ende eines mühsam gewordenen Lebens.*
> *(Franz von Assisi)*

> *Tod hat keine Bedeutung.*
> *Ich habe mich nur ins nächste Zimmer aufgemacht.*
> *Ich bin Ich. Und Du bist du.*
> *Was immer wir füreinander gewesen sind,*
> *das gilt auch weiter!*
> *(Henry Scott Holland)*

> *Wer im Gedächtnis seiner Lieben lebt, der ist nicht tot,*
> *er ist nur fern;*
> *tot ist nur, wer vergessen ist.*
> *(Immanuel Kant)*

> *Es ist egal, zu welchem Zeitpunkt man einen Menschen verliert.*
> *Es ist immer zu früh und es tut immer weh!*
> *(Quelle unbekannt)*

> *Die Erinnerung ist das einzige Paradies,*
> *aus dem wir nicht vertrieben werden können.*
> *(Jean Paul)*

RISIKO!

Wenn jemand ganz bewusst auf eine Anzeige verzichtet hat, ja, womöglich sogar genau damit seinen Protest hat äußern wollen, weil da sonst nur gelogen wird, dann kann das Symbol nicht produktiv für eine gute Begegnung sein.

Es kann auch sein, dass es ausgerechnet beim Verfassen einer solchen Anzeige erheblichen Streit in der Trauerfamilie gegeben hat. Auch dann ist das Thema so negativ besetzt, dass es keinen positiven »Mehrwert« besitzt.

Thema: Beileidskarten

Trauernde Menschen bekommen oft Beileidskarten und Briefe. Das ist ein Stück unserer (noch) vorhandenen Trauerkultur. Dass sie ankommen, bedeutet viel. Sie zu lesen ist eine Herausforderung.

Es lohnt sich, einen Stapel ganz unterschiedlicher Karten zu besorgen und auszulegen. Trauernde sind mit ihrer unmittelbaren Betroffenheit die allerbesten »Testpersonen« für die Frage, wie eine Karte »ankommt.«

Einstieg:

Fragen an die Betroffenen:

- Was bedeuten Ihnen Beileidskarten?
- Was ist daran wichtig?
- Worauf sollte man achten?

»Suchen Sie sich unter den hier ausgelegten Beispielen eine Karte aus, die Sie entweder sehr anspricht oder aber stark abstößt.«

Es geht also nicht um die persönlichen Worte, die in der Karte dazu geschrieben wurden, sondern um die Karte an sich, um ihr Motiv, den Spruch oder das Zitat.

Verlauf:

Austausch über Qualitätsmerkmale von Beileidskarten.
Gespräch über selbst erhaltene Trauerpost.
Was bedeuten mir die Karten und Briefe, die bei mir angekommen sind?
Wann konnte ich sie lesen?
Wo habe ich sie aufbewahrt?
Welche hat mich besonders berührt?
Welche hat mich geärgert?
Was werde ich damit machen?

Verabredung:
Nochmaliges Anschauen und Sortieren der Beileidskarten zuhause. Mitbringen von positivem und negativem Beispiel beim nächsten Treffen (falls erwünscht!)

Geschenk:
Text: Bei-Leid (siehe Material)

Material

BEI – LEID
Nahestehen
ohne
im Weg zu stehen.
Ertragen
ohne
zu fragen.
Viel-sagend schweigen
ohne
zu verstummen.
Das ist es,
was hilft,
wenn es hilft …

Lebenspost
»Briefe nach dem Unfall« – so steht auf der großen Schachtel, die ich aus dem Regal gezogen habe. Ihr Inhalt liegt großflächig über den Teppichboden ausgebreitet. Mehr als dreihundert Papierbögen, Karten, Billets, ausgedruckte Mails in buntem Durcheinander. Beileidsschreiben, selbstgemalte Bilder, gebastelte Präsente, Geschichten, Erinnerungen. Hilfsangebote. Briefe von Freunden und Fremden. …

»Es gibt keine passenden Worte.« Viele Briefe beginnen so oder so ähnlich. Wieder einmal danke ich den Schreibenden in Gedanken dafür, dass sie zumindest diese Worte gefunden haben. Wochenlang füllte sich mein Briefkasten in der Zeit nach dem Unfall mit immer neuen Kuverts, fast so, als würde er aus einem magischen Füllhorn gespeist. Das sorgsame Öffnen der Umschläge wurde zum täglichen Ritual. Ich las langsam, niemals zwei Briefe hintereinander, verteilte die Lektüre über den Tag.

Freitags hob ich mir ein paar verschlossene Kuverts auf, damit das Wochenende nicht zu lang würde. ...

»Ich fand erst jetzt den Mut zu schreiben.« – »Ich schreibe spät, hoffentlich nicht zu spät.«

Mit Worten dieser Art beginnt so mancher Brief. Noch heute muss ich beim Lesen lächeln. Nein, kein Brief kam je zu spät. Jeder erreichte mich zur rechten Zeit, in dem einen Moment, der für ihn passend und genau richtig war.

(Barbara Pachl-Eberhart)

RISIKO!

Es gibt Situationen, in denen es schwierig bis unmöglich ist, MEIN BEILEID in Wort und Tat zu zeigen – z.B. wegen Kontaktbeschränkungen unter Corona, räumlicher Distanz oder anderer Einschränkungen.

Es kann also auch sein, dass Menschen wenig, fast gar keine Beileidspost als Lebenspost erhalten haben. Das ist dann aber auch der Rede wert ...

Thema: Tränen

Tränen sind die Perlen der Trauer. Es ist eine Gnade, ein Geschenk, wenn trauernde Menschen weinen können. Trotzdem wird es noch immer als ein Zeichen der Schwäche und der mangelnden Selbstbeherrschung disqualifiziert – vor allem von den Betroffenen selber. Darum gilt es, zum Weinen zu ermutigen.

Einstieg:

Fragen an die Betroffenen:

- Wie geht es Ihnen, wenn jemand anfängt zu weinen?
- Weinen Sie auch?
- Wann und wo weinen Sie?
- Schämen Sie sich für Ihre Tränen?
- Welche Reaktionen lösen Ihre Tränen in Ihrer Umgebung aus?

Verlauf:

Meistens entschuldigen sich die Leute für ihre Tränen. Sie versuchen, das Weinen so schnell wie möglich zu unterdrücken. Warum nur hat

das Weinen ein so negatives Image? Wir sollen und wollen immer stark sein. (»Ein Junge weint doch nicht!«)
Was löst unser Weinen aus?
Was für ein Signal sind die Tränen?

Zielgedanke:

Meine Tränen würdigen meine Trauer.
Sie lügen nicht!
Sie sind wertvolle Anzeichen meines Liebeskummers.
Tränen sind kein Grund zu Scham und Scheu.
Sie adeln meinen trostlosen liebevollen Schmerz.

Verabredung:

Wenn mir die Tränen kommen, dann dürfen sie das.
Ich will sie nicht mehr unterdrücken, sondern begrüßen.

Geschenk:

Schönes Stofftaschentuch

Material

Komm Herr, segne uns, dass wir uns nicht trennen,
sondern überall uns zu dir bekennen.
Nie sind wir allein, stets sind wir die Deinen.
Lachen oder Weinen
wird gesegnet sein.
(Dieter Trautwein, EG 170)

Tränenreich
Angeblich weint jeder Mensch in seinem Leben mindestens 69,5 Liter Tränen. Wie man das gemessen hat, weiß kein Mensch. Wenn man bedenkt, dass die meisten Tränen doch wohl unter Ausschluss der Öffentlichkeit eher heimlich vergossen werden, kann man davon ausgehen, dass in Wirklichkeit viel mehr geweint wird, als die Statistik je zu erfassen vermag. Da mag es vielleicht doch ein kleiner Trost sein, dass die Bibel darauf hinweist, dass Gott alle unsere Tränen sammelt wie in einem Krug. Auch die, die niemand sieht und schon gar nicht zählt.

»Gott sammle meine Tränen
in deinen Krug;
ohne Zweifel,
Du zählst sie.«
(Psalm 56,9)

RISIKO!

Es gibt trauernde Menschen, die nicht weinen können. Darunter leiden sie enorm. Was ihnen von ihrer Umgebung als vermeintliche Stärke und Souveränität ausgelegt wird, stürzt sie in Wirklichkeit in eine verzweifelte Einsamkeit. Sie fühlen sich neben der abgrundtiefen Traurigkeit auch noch wie amputiert, weil ihnen das natürliche Ventil der Tränen verwehrt bleibt. Diese Blockade ist oft sehr hartnäckig und langwierig und bedarf unter Umständen professioneller Hilfe.

Spielt sich diese Thematik in einer Gruppe ab, dann ist sorgfältig darauf zu achten, dass die Mitglieder, die weinen können, nicht für die »besseren« Trauernden gehalten werden oder sich selbst als solche präsentieren.

Weinen kann man nicht durch Willensentscheidung herbeiführen, sondern »es weint« mit den Menschen reflexartig und außerhalb jeder Bemühung.

Das Problem unbedingt ernst nehmen und nicht bagatellisieren!

Thema: Grab

Ob Erdbestattung im Sarg oder Urnengrab auf dem Friedhof oder im Friedwald bzw. Ruheforst, es gibt seit der Beerdigung des geliebten Menschen einen Ort, an dem die Trauer heftig markiert und lokalisiert ist. Dieser Ort ist emotional hoch besetzt, zieht magisch an oder stößt massiv ab. Ist auf jeden Fall (vorerst) alles andere als egal.

Das Grab spielt eine Rolle im Land der Trauer. Welche?

Einstieg:

Es gibt jetzt einen vollkommen neuen Ort auf dieser Welt. Noch nie zuvor hat es den geben. Es ist der Ort, an dem mein verstorbener Mensch begraben liegt. Auf dem Friedhof oder im Wald, in jedem Fall ein Platz für die letzte Ruhe. Was bedeutet dieser Ort? Welche Rolle spielt er in dem Land der Trauer?

Verlauf:

Das Grab ist die unübersehbare Markierung des Todes. Wer zu einem Grab geht, hat einen Menschen verloren.
Fragen an die betroffenen Hinterbliebenen:

- Gehen Sie zum Grab?
- Oft? Selten? Ungern? Unbedingt?
- Alleine? Mit anderen?
- Bringen Sie etwas mit?
- Ist es wichtig, wertvoll, besonders?
- Ist es kalt, leer und eher bedeutungslos?
- Was ist an diesem Grab besonders auffallend?
- Erschrecken Sie über den Namen, der da zu lesen ist?
- Ist Ihnen das Grab fremd oder vertraut?
- Sind sie Ihrem verstorbenen Menschen dort besonders nahe?

Zielgedanke:

Das Grab ist ein einmaliger Ort, an dem die Trauer sich festmachen kann, aber nicht muss. Der Friedhof ist die Begegnungsstätte der Übriggebliebenen. Das ist eine Schicksalsgemeinschaft der besonderen Art.

Verabredung:

Ist womöglich ein gemeinsamer Besuch am Grab erwünscht?
Gibt es neue Möglichkeiten, die Besuche am Grab zu ritualisieren?
Gibt es eine Freiheit zu entscheiden, ob und wann das Grab besucht wird?

Geschenk:

Grablicht als Hoffnungsschimmer.

Material

Aussage eines trauernden Menschen:

> *»Bei der Beerdigung war ich völlig leblos.*
> *Ich habe sie einfach nur hinter mich gebracht.*
> *Ausgehalten. Zugeschaut wie einen fremden Film.*
> *Gesichter, Hände, Worte, viel zu viele Worte,*
> *Umarmungen, Tränen, Musik, Orgel, Glocken, Vogelstimmen?*
> *Beten? Gebetet haben die Anderen. Ohne mich.*

Alles so fremd, unwirklich.
Der Sarg, das Grab, die Erde ...
Wo bist DU?«

Eine andere Stimme eines trauernden Hinterbliebenen:

»An manchen Tagen muss ich dreimal zum Grab gehen!
Jetzt weiß ich, was begehen heißt.
Ich muss meine Trauer begehen, jeden Tag, laufend.
Ich brauche den Weg hin und zurück,
muss weg und hin zu diesem magischen Ort,
deinem Grab.
Suche dich, finde mich
allein, verlassen,
zurückgelassen,
verloren.
Und du schweigst
wie ein Grab!«

RISIKO!

Das Grab kann komplett kontrovers gesehen werden. Für die einen ist es der einzige Ort, an dem Ruhe und Trauer ankommen und gespürt werden, für die Anderen ist dieser Ort vollkommen nichtssagend, leer und geradezu spektakulär leer.

Beide Optionen können kollidieren, variieren, konkurrieren – keine ist richtig und keine ist falsch. Beide sind möglich und womöglich notwendig, um unterschiedlichsten Gefühlen Platz zu machen.

Vorsicht, wenn beide Positionen rivalisierend übereinander herfallen.

Thema: Danksagung

Nach Beerdigung und der Organisation des Lebens danach kommt die Zeit der »DANKSAGUNG«! Das ist einigermaßen herausfordernd für die trauernden Hinterbliebenen, weil ihnen nach dem Trubel des Abschieds und des drum herum abverlangten pausenlosen Krisenmanagements eigentlich die Kraft fehlt für weitere zusätzliche Aktivitäten. Und dennoch sieht die noch immer geltende Konvention des Trauerrituals vor, dass sich die Betroffenen im Nachhinein bei denen bedanken, die »Mein Beileid!« bekundet haben und/oder im Rahmen des Abschiedsweges hilfreich zur Seite gestanden haben.

Einstieg:

Verschiedene Danksagungskarten zeigen. Beurteilen lassen. Auswählen lassen. Auswahl begründen lassen. Mögliche Fragen:

- Wem gegenüber empfinden Sie Dank, wenn Sie an die letzten Wochen denken?
- Warum ist es Ihnen wichtig, diesen Dank auszusprechen und zu »versenden«?
- Ist es nicht absurd, sich angesichts des Todes überhaupt zu bedanken?

Verlauf:

Es ist eine psychohygienische Wohltat, sich inmitten des tief empfundenen Abschiedsschmerzes plötzlich zu vergewissern, dass es in dieser schrecklichen Zeit tatsächlich Menschen gegeben hat, deren Nähe und Beistand gut getan haben. Bei so viel Leid doch auch so viel Liebe und Zuneigung, so viel BEILEID empfangen zu haben.

Diese Bestandsaufnahme ist ein Stück Lebenskraft und Vergewisserung von lebenswerten Erfahrungen in unmittelbarer Nähe – trotz allem. Gleichzeitig eröffnet das Erzählen darüber im Nebeneffekt ein Stück Neuland auf dem noch immer so fremden Trauerweg. Deshalb ist es gut, darüber ungebremst berichten zu lassen von Nachbarn, Freunden, Kindern und Enkeln, professionellen Hilfen.

Es wird sich im besten Fall ein ziemliches Staunen einstellen, über so viel erfahrene Zuwendung und verlässliche Unterstützung. Sich dafür zu bedanken gibt ein Stück Selbstgewissheit und Selbstwert zurück. Danksagung bedeutet deshalb auch erste Wiederaufnahme des selbstbestimmten Lebens, trotz so viel Lebensende.

Zielgedanke:

Dankbarkeit ist Lebensqualität

Verabredung:

Liste für DANKBARKEIT anfertigen.

Geschenk:

Dankbarkeits-Tagebüchlein

Material

Trauerdank

Wenn die Trauer unsere Herzen flutet
und die schwere Leere uns erfüllt,
werden wir ganz neu erfunden,
kommen Talente uns zugut,
die wir bisher gar nicht kannten.
Die Trauer macht uns so begabt:
Die Sehnsucht sehnt in uns wie nie.

Der Liebeskummer kümmert ungemein.
Aufmerksam tasten unsere Sinne
durch das dunkle Tal
der Seelennot.
Und ganz neu, ganz stark,
so wirklich und wahrhaftig
erfasst uns das Gefühl des Danks.
Womöglich werden wir im Land der Trauer
zu wahren Fachleuten der Dankbarkeit.
Weil wir so weh und wund geworden,
dass jede Zartheit, jeder absichtslose Blick
uns sanft berührt und heilsam gut tut.
Mit unserer Trauer
werden wir ihn finden,
den Erntedank
auf unserm Lebensfeld.

Ebenfalls ein sehr passendes Gedicht stammt von Marie-Luise Wölfing und heißt »Gebet der Trauernden«. Einführende Worte und den Gedichttext finden Sie z.B. unter: *https://www.bestattungen-geismann.de/de/im-trauerfall/hilfen-auf-dem-weg-der-trauer/gebet-der-trauernden-/* (Aufruf am 12.02.2022).

RISIKO!

Es ist immer auch damit zu rechnen, dass Menschen im Umfeld ihres Trauerfalles schwere Enttäuschungen und Kränkungen erlitten haben. Denen liegt jede Geste des Dankes fern. Im Gegenteil! Das Thema wird sie mit erheblicher Aggression reagieren lassen. Und dann darf das sein und darf ausgesprochen werden. Dann ist eben nicht Dank-Zeit, sondern sind Beschwerde und Protest angesagt.

Thema: Trauerkleidung

Der Tod vertreibt die Farben aus dem Leben. Trauernde Menschen tragen oftmals nur noch SCHWARZ. Das Anziehen von Trauerkleidung hat eine lange Tradition und war von Anfang an als Signal für die Umgebung gedacht, mit Menschen, die »Trauer tragen«, achtsam umzugehen. Mindestens ein Trauerjahr lang haben unsere Vorfahren diese »Schutzkleidung« als sichtbares Zeichen ihres Ausnahmezustandes getragen. Dies hat sie entbunden von der ungezwungenen Teilnahme am Leben der Anderen. Bis heute ist es Menschen wichtig, »in Trauer zu gehen«.

Einstieg:

Frage an die Betroffenen:

- Hat sich Ihre Art, sich zu kleiden, seit dem Trauerfall geändert?
- Gibt es Kleidungsstücke, die Sie zur Zeit nicht anziehen könnten?
- Spielt die sogenannte »Trauerkleidung« für Sie eine Rolle?

Verlauf:

Austausch über unterschiedliche Umgangsweisen mit der Garderobe eines Hinterbliebenen.
Erfahrungen und Reaktionen der Umgebung darauf berichten.
Absichten und Pläne im Umgang mit dieser symbolischen Handlung benennen.

Zielgedanke:

Die Trauer darf sich »verkleiden«, darf sichtbar daherkommen und mein Trauer-Selbst-Bewusstsein abbilden.

Verabredung:

Versuch des Einkaufs eines »Trauerkleids« …

Geschenk:

Text: Wenig anziehend (Material)

Material

Wenig anziehend
Meine Kleider passen nicht mehr zu mir.
Alles irgendwie unpassend!
Die Kleider aus meinem früheren Leben
sind Utensilien aus der vergangenen Spielzeit.
Jetzt ist der Vorhang gefallen.
Ein starkes Stück Leben ist vorbei.
Was jetzt gespielt wird,
muss noch angemessen werden.
Trauer kann Unerträgliches nicht tragen.
Nicht, solange ich
nur noch schwarz sehe ...

Trauerkleid
Ich bin meine Trauer noch nicht leid.
Ich wollt, es wäre endlich
wieder anders.
Jedoch ich find mich
gestern wie auch heut
noch immer leidenschaftlich leidend.
Und ich kann das.
Mir steht bis jetzt die Trauer nah
und gut.
Und alles andere wütend weit.
Drum trag ich auch noch
bis auf Weiteres
mein Trauerkleid.

RISIKO!

Wenn dieses Thema innerhalb einer Trauergruppe erörtert wird, muss mit erheblichen Kontroversen gerechnet werden. Weil sowohl die unbedingte Befürwortung als auch die komplette Ablehnung von Trauerkleidung zum Credo der Trauernden gehört.

»Richtig« oder »falsch« sind für die Beurteilung keine angemessenen Kategorien!

Vokabeln für die Trauer

Viele Menschen werden durch den Tod eines geliebten Weggefährten geschockt und absolut sprachlos. Sie finden keine Worte für das, was sich in ihnen abspielt, was sie quält, beschäftigt, umtreibt. Wer in die Trauer fällt, braucht plötzlich eine neue Sprache – die Sprache der Trostlosigkeit und Angst. Die Sprache der Verlorenheit und des Schmerzes. Der Tod macht Menschen heimwehkrank und seelenwund.

Solange sie mit dieser Bedrängnis stumm bleiben, sind sie damit alleine und wie eingesperrt in ein Gefängnis des Todes. Erst wenn sie wieder Worte finden und aussprechen lernen, was in ihnen vorgeht, fangen sie an, »weiter zu atmen« und mit ihrer Trauer umzugehen. Es kann deshalb sehr hilfreich und geradezu bahnbrechend sein, ihnen wahlweise Worte anzubieten, um sie zum Sprechen hinzulocken, ihre Zunge zu lösen, sie reagieren zu lassen, assoziativ auf Anregungen und Stichworte, sich davon ansprechen zu lassen und auf jeweilige Signalwörter ein Echo folgen zu lassen.

Ganze Bilder und Geschichten ihrer Biographie werden sie dadurch selber »auf den Schirm holen« und so »der Rede wert« sein lassen. Ohne mühseliges Ringen nach Worten kann so die Zunge gelöst und das Sprechen wieder neu gewagt werden

Es folgen darum 7 Wortfindungs-Stimulanzen.
Es sind jeweils 2 tabellarisch aufgelistete Wortreihen, die sich insgeheim an einem Thema entlang orientieren, unterschiedlichen Zugang wählen und dann wie im Slalom gedanklich »umkurvt« werden. Thematisch geht es um:

- Abend und Morgen
- Abschiede
- Alles hat seine Zeit
- Frühling
- Sommer
- Herbst
- Winter
- Jahreslauf

Man schaut sich das Blatt mit den beiden Angeboten an, wählt spontan eine Reihe für sich aus und lässt sich dann, von den Stichwörtern inspiriert, von sich erzählen.

Fällt jemandem zu einem bestimmten Wort nichts oder nichts mehr ein, geht es mit der Aufmerksamkeit einfach weiter zum nächsten Wort. Tempo, Zeit, Inhalt bestimmen die Teilnehmenden selbst.

Thema: Abend und Morgen

Einstieg:

Die Trauer fühlt sich im Laufe des Tages sehr unterschiedlich an.
Es ist ein großer Unterschied zwischen Morgen und Abend.
Dem können wir versuchen etwas auf die Spur zu kommen.

Verlauf:

Die Teilnehmende/n bekommen ein Blatt mit zwei Wort-Spalten.
Sie sollen sie einmal überfliegen und sich dann für eine Spalte entschieden.
Kriterium für die Wahl ist der spontane Eindruck: »Dazu fällt mir was ein ...«
Nach einer gewissen Bedenkzeit fängt an, wer etwas sagen möchte.

Abendrot	**Morgenstern**
Einschlafen	**Aufwachen**
Gute Nacht Geschichte	**Morgenmuffel**
Abendgebet	**Frühstück allein**
Abschied	**Zeitung**
Zur Ruhe kommen	**Aufbrechen**
Träumen	**Menschen**
Aufwachen	**Heimkommen**

Verabredung:

Die Trauer hat ein Morgen- und ein Abendgesicht. Und das hat viel mit unseren Erfahrungen und Erinnerungen vom Beginn und vom Ende des Tages zu tun. Darauf zu achten lohnt sich!

Geschenk:

 Ein kurzes Morgen- und/oder Abendgebet

Material

Äußerung eines trauernden Menschen:

»Tagsüber ist die Trauer irgendwie auszuhalten.
Gegen Abend wird es immer schlimmer.
Die Nächte sind grausam.
Und früh morgens steh ich auf und zieh meine Trauer wieder an!«

In ihm sei´s begonnen,
der Monde und Sonnen
an blauen Gezelten
des Himmels bewegt!
Du, Vater, du rate,
lenk du und wende!
Herr, dir in die Hände
sei Anfang und Ende,
sei alles gelegt.
(Eduard Mörike, Zum neuen Jahr)

Abend und Morgen sind seine Sorgen;
segnen und mehren, Unglück verwehren
Sind seine Werke und Taten allein.

Wenn wir uns legen, so ist er zugegen;
wenn wir aufstehen, so lässt er aufgehen
über uns seiner Barmherzigkeit Schein.
(Paul Gerhard, Die güldne Sonne, EG 449,4)

Diesen Tag, Herr, leg ich zurück in deine Hände,
denn du gabst ihn mir.
Du, Herr, bist doch der Zeiten Ursprung und ihr Ende,
ich vertraue dir.
Kommen dunkle Schatten über die Welt,
wenn die Angst zu leben mich plötzlich befällt:
Du machst das Dunkel hell.
(Martin Gotthard Schneider, EG 675)

RISIKO!

Über die Einschätzung, ob die Trauernden es am Morgen oder am Abend am schwersten haben, kann trefflich gestritten werden. Es ist am Ende ganz der subjektiven Wahrnehmung anheimgestellt.

Thema: So viele Abschiede schon ...

Niemand macht mit seiner Trauer zum ersten Mal eine Abschiedserfahrung. Alle Menschen sind im Grunde Abschieds-Experten, weil sie es schon ein ganzes Leben lang üben und wiederholen. Darum ist es gut und ratsam, trauernde Menschen daran zu erinnern, dass sie schon viele Abschiede in ihrem Leben bewältigt haben.

Einstieg:

Abschied nehmen gehört zum Leben. Wir machen diese Erfahrung schon, seit wir auf die Welt gekommen sind. Daran zu erinnern kann ganz schön spannend sein.

Verlauf:

Alle Teilnehmenden bekommen ein Blatt mit 2 Wortspalten. Sie werden gebeten, sich beide Spalten anzuschauen, sich für eine zu entscheiden und dann an den Wörtern entlang davon zu erzählen, wie sie in unterschiedlicher Weise schon Abschiede erlebt haben.

Kindheit	**Elternhaus**
Schulzeit	**große Ferien**
erste Liebe	**Liebeskummer**
Traumberuf	**Zukunftspläne**
Gesundheit	**Krankheit**
Oma	**Opa**
Abend	**Einschlafen**

Zielgedanke:

Wir verabschieden täglich das, was gewesen ist. Wir sind im Kommen und Gehen zuhause.

Verabredung:

Selbstversuch: Bewusst den Tag verabschieden.

Geschenk:

Gedicht: Anfänger (siehe Material)

Material

Anfänger
Ich weiß nicht, was ich mit mir anfangen soll.
Aller Anfang ist schwer.
Vor allem, wenn es ums Ende geht.
Jetzt soll ich was mit meiner Trauer anfangen.
Alle um mich herum wissen nichts mehr mit mir anzufangen.
Wieso soll ich es dann können?
Anfänger sind doch immer unsicher,
haben keine Ahnung, wie das gehen soll,
was jetzt auf einmal angefangen hat.
Gefangen bin ich,
eingefangen im Elend.
Gefangenschaftsanfänger.
Die Trauer hat mit mir einen großen Fang gemacht.
Jetzt zapple ich im Netz der Not.
Vorerst müsst ihr alleine was mit euch anfangen.
Alles auf Anfang!
Fangt schon mal ohne mich an.
Ich komm später nach …

»Wenn ein Mensch meint, fertig zu sein,
steht er am Beginn,
und wenn er am Ziel ist,
fehlt es an allen Enden.«
(Jesus Sirach 18,7)

Ein sehr passendes Gedicht zum Thema stammt von Hermann Hesse und heißt »Stufen«. Dies finden Sie z.B. unter: *https://www.lyrikline.org/de/gedichte/stufen-5494* (Aufruf am 11.02.2022).

RISIKO!

- Es können bei dieser Übung durchaus Erinnerungen an dramatische bzw. völlig unverarbeitete Abschiede hochkommen und plötzliches Entsetzen auslösen.
- Das Scheitern von Beziehungen kann sich hier dramatisch in den Vordergrund drängen. Achtung Minenfeld!

Thema: Alles hat seine Zeit

Dass wir Menschen nicht unbegrenzt unterwegs sind, das wissen wir zwar insgeheim, aber irgendwie gehen wir unbewusst doch immer wieder von unserer eigenen Unsterblichkeit aus. Dabei gilt es, permanent Grenzen zu überwinden, um neue Wege und Lebensräume zu erobern. Unser Begrenztsein ist die Voraussetzung dafür, dass wir wachsen und werden.

Einstieg:

Viele Schwellen haben wir schon überschritten, seit wir auf der Welt sind. Wir sind die wahren »Grenzgänger«! Wir wachsen permanent über unsere Grenzen hinaus, bis wir erwachsen sind. Und selbst dann enden unsere Grenzerfahrungen noch nicht.

Verlauf:

Die folgenden 2 Wortspalten bieten einen möglichen Grenzparcours an:
»Bitte entscheiden Sie sich für einen und lassen Sie sich von den markierten Grenzfällen anregen, bei sich selbst fündig zu werden …«

Kindergeburtstag	**Kinderspiel**
erster Schultag	**Fahrradfahren**
Pubertät	**erster Kuss**
Führerschein	**Tanzschule**
Eigene Wohnung	**Von zu Hause ausziehen**
Beruf	**Ausbildung**
Familie	**Partnerschaft**
Erste Beerdigung	**erster Todesfall**
Glaube	**Hoffnung**

Verabredung:

Zu-Hause-Lebenslinie malen mit der Markierung der jeweiligen »Grenz-
übertritte«

Geschenk:

Text aus Prediger 3 (»Alles hat seine Zeit«, siehe Material)

Material

Auszug aus Prediger 3:

Alles hat seine Zeit
»Ein jegliches hat seine Zeit
und alles Vorhaben unter dem Himmel hat seine Stunde:
Geboren werden hat seine Zeit,
sterben hat seine Zeit;
pflanzen hat seine Zeit,
ausreißen, was gepflanzt ist, hat seine Zeit;
töten hat seine Zeit, heilen hat seine Zeit;
abbrechen hat seine Zeit, bauen hat seine Zeit;
weinen hat seine Zeit, lachen hat seine Zeit;
klagen hat seine Zeit, tanzen hat seine Zeit;
Steine wegwerfen hat seine Zeit,
Steine sammeln hat seine Zeit;
Herzen hat seine Zeit,
aufhören zu herzen hat seine Zeit;
suchen hat seine Zeit, verlieren hat seine Zeit;
behalten hat seine Zeit, wegwerfen hat seine Zeit;
zerreißen hat seine Zeit, zunähen hat seine Zeit;
schweigen hat seine Zeit, reden hat seine Zeit;
lieben hat seine Zeit, hassen hat seine Zeit;
Streit hat seine Zeit, Friede hat seine Zeit.«

Ebenfalls sehr passend ist das »Lied von der Leere« von Huub Oosterhuis, Siehe S. 89.

RISIKO!

Für Trauernde ist manchmal der totale Stillstand eingetreten. Für sie gibt es (zur Zeit) keine Grenzüberwindung. Sie fühlen sich eher ein- und ausgegrenzt.

Thema: Frühling

Die Trauer fühlt sich nie gleich an. Sie ist immer anders. Das hängt u.a. auch von den Jahreszeiten ab. Wenn es Frühling wird, dann sträubt sich oft die Trauer sehr dagegen. Dass alles wieder anfängt, zu knospen und zu blühen, steht in krassem Gegensatz zu dem subjektiven Empfinden der Trauer. Darum ist der Frühling eine hoch komplizierte Zumutung. Und trotzdem findet er statt ...

Einstieg:

Impuls an Teilnehmende: »Es ist nicht zu übersehen: Der Frühling kommt. Ist es Ihnen schon aufgefallen?«

Verlauf:

Die Natur hat ihren ganz natürlichen Rhythmus. Sie lässt sich nicht aus dem Takt bringen. Egal, wie es den Menschen gerade geht, jetzt wird es Frühling: »Wir können uns austauschen darüber, wie sich das anfühlt. Sie bekommen jetzt gleich 2 Stichwortreihen zum Thema Frühling, schauen Sie genau hin und wählen Sie eine Reihe spontan aus. Und dann gehen Sie die Worte im Slalom entlang, wie es Ihnen gerade einfällt ...«

Schneeglöckchen	**Vorgarten**
März	**Frühjahr**
Ostern	**Karfreitag**
»Es tönen die Lieder ...«	**»Alle Vögel sind schon da ...«**
Garten	**Natur**
Licht	**Sonne**
Leben	**Knospen**
Friedhof	**Grab**
Blumen	**Pflanzen**

Verabredung:

Versuch eines Frühlingsspaziergangs (alleine, zusammen?)

Geschenk:

Frühlingsgedicht (siehe Material)

Material

Er ist's
Frühling lässt sein blaues Band
Wieder flattern durch die Lüfte.
Süße, wohlbekannte Düfte
Streifen ahnungsvoll durchs Land.
Veilchen träumen schon,
Wollen balde kommen.
Horch!
Von fern ein leiser Harfenton!
Frühling, ja du bist´s!
Dich hab ich vernommen.
(Eduard Mörike)

Aussagen von Trauernden:

»Dieses Jahr werden mir keine Blumen blühen!
Was mir blüht, ist Blumentod!«

»Ich protestiere gegen den Frühling!
Er ist nicht zeitgemäß!
Er passt nicht in meine untergegangene Welt.
Mir blüht kein neues Leben!«

»Diese Knospen und Blüten,
diese Vogelstimmen,
das ganze Leben im Garten –
ich kann es nicht ertragen.
Er kann es nicht mehr sehen –
Ich will es nicht mehr sehen.«

RISIKO!

Extreme Anti-Frühlingsgefühle sind zu erwarten bei dem Thema. Der unverschämt sich anschickende Frühlingsbeginn wird von Trauernden geradezu bestreikt. Da steckt ganz viel Wut und Mut drin. Raus damit!

Thema: Sommer

Wenn der Sommer kommt, ziehen sich Trauernde oftmals zurück. Sie scheuen das Sommerlicht. Es stimmt nicht überein mit dem Schatten, der ihr Leben umzingelt. Erfahrungsgemäß schrumpfen in der Sommerzeit die Trauergruppen enorm zusammen und die Nachfrage nach Besuch und Begleitung geht stark zurück. Umso wichtiger ist es, Menschen in dieser Zeit aufmerksam nahe zu sein und rufbereit zu bleiben.

Einstieg:

Es ist Sommerzeit. Ferienzeit. Urlaubszeit. Aber die Trauer macht keine Pause. Und sie legt sich auch nicht in die Sonne. Urlaub ist ihr zuwider. Erinnerungen daran tun weh. Es glänzt einfach zu sehr da draußen. Wie kommen wir mit dieser Zumutung klar? »Lassen Sie sich von Sommer-Wörtern anstacheln und suchen Sie sich eine Reihe aus, an der entlang Sie sich herzhaft äußern ...«

Verlauf:

Die Teilnehmenden bekommen ein Blatt mit den 2 Wortreihen und wählen sich eine aus. Dann beginnt die spontane Reaktionszeit ...

Sonne	**Schatten**
Gewitter	**Regen**
Kirschen	**Erdbeeren**
Draußen	**Drinnen**
Sommerabend	**Grillen im Garten**
Feld	**Wald**
Träume	**Erinnerungen**

Verabredung:

Schöpfungsspaziergang mit Naturblumenstrauß für das Grab

Geschenk:

Kleine Sonnenuhr / eine Sonnenblume

Material

Bis bald
Ein Sommerabend
geisterhaft
in seiner hellen Bläue
mit Schwalben
wie Geschosse am Himmel
Ich denke an die Jahre, an
unsere Jahre
und stelle mir vor
du sitzt jetzt neben mir
Nachdenklich hebe ich mein Glas
spüre deine Nähe
und sage leis:
bis bald …
(Gerhard Rombach)

Nähe
Ich denke an dich,
wenn mich der letzte Sonnenstrahl berührt.
Ich denke an dich,
wenn sich der Sommer in mein Herz bemüht.
Ich sehe dich,
wenn auf einsamen Wegen eine Blume mich begrüßt.
Ich bin dir nah,
wenn der Tag den Abend küsst.
Ich denk an dich,
wenn die Nacht in meine Adern schießt
und ich geborgen mit der Dunkelheit zerfließ.
(Monika Minder)

RISIKO!

Die Trauer fällt ins Sommerloch und findet schwer heraus. Wie eine »Kriegserklärung« empfinden Trauernde oft den blauen Himmel und den Sonnenschein. So lichtempfindlich sind sie. Sie suchen den Schatten. Dort sollten wir sie lassen und ein wenig bleiben.

Thema: Herbst

Der Herbst markiert mit Ernte und finalem Farbenspiel eine Wendezeit, in die sich trauernde Menschen ganz gut einfinden können. Das Vergehen, das Ende einer Wachstumsperiode der Natur, kommt der erlittenen Endlichkeit des verlorenen Lebens nahe und bildet ab, was offenbar für alles in gleicher Weise gilt, was lebt: Es endet.

Einstieg:

Der Kreislauf des Lebens hat seinen Höhepunkt überschritten. Der Kreislauf des Keimens, Wachsens, Reifen und Vergehens zeichnet sich ab. Herbstgefühle kommen dem Empfinden trauernder Menschen ziemlich nahe. Sie zu thematisieren lohnt sich.
Impulsfrage zum Einstieg könnte sein: »Mögen Sie den Herbst?«

Verlauf:

Signalworte sollen als Anreiz zum Sprechen und Erinnern dienen. 2 Spalten stehen zur Auswahl. Sich an ihnen entlangzutasten kann allerhand Traueransichten an die Oberfläche locken.

Wind	**Laub**
Trauben	**Nebel**
Erde	**Garten**
Erntedank	**Erntestrauß**
Heimweh	**Traurigkeit**
Gedicht	**Lied**

Verabredung:

Herbstsymbole einsammeln und zuhause dekorieren.

Geschenk:

Bunte Blätter

Material

Nebel – Leben
Wenn wir anfangen
das Leben nur noch
rückwärts zu lesen

stehen wir im Nebel
und kommen nicht mehr vor-
wärts.

Erntedank
fällt bei mir aus!
Und zwar ganz und gar!
Keine Früchte, nur Furcht!
Da steh ich jetzt mit meinem leeren schweren Herzen,
voller Sehnsucht und Trauer und wehem Mut.
Meine Bilanz heißt:
Erschöpfung.

Ebenfalls ein sehr passender Text ist das Gedicht »Im Nebel« von Hermann Hesse. Diesen finden Sie z.B. unter: *https://www.lyrikline.org/de/gedichte/im-nebel-5490* (Aufruf 13.02.2022).

RISIKO!
Herbststimmung mit der Tendenz zu Schwermut und Depression ist nicht romantisch und wenig hilfreich. Vorsicht also bei zu viel Nebel-Ansichten!

Thema: Winter

Erfahrungsgemäß wachsen in dieser letzten Zeit des Jahres die Trauergruppen an. Ebenso der Bedarf nach Gespräch und Begleitung. Es kommen keine lustigen Tage, sondern ein Tristesse-Parcours. Vielen trauernden Menschen wird es beim Blick auf diese dunkle Zeit angst und bange. Sie suchen nach Überlebensstrategien und Hilfestellungen. Das ist gut und wertvoll und eine Chance für wertvolle seelsorgliche Begleitung.

Einstieg:
Zieht Euch warm an! Der Winter kommt. Wer trauert, friert sowieso schon sehr. Wie kommen wir durch diese gefährliche Zeit, erst recht wenn nach dem nasskaltem Friedhofsmonat November auch noch

Advent und Weihnachten nahen. Zeit für einen Austausch, Zeit für ein Warming-up!

Verlauf:

Zwei Wortreihen, zwei Wörterfolgen, die zum Reden reizen:

Eis	**Schnee**
Handschuhe	**Mantel**
Bunte Blätter	**Bodenfrost**
Schneemann	**Schlitten**
Blaue Stunde	**Dunkelheit**
Kerzen	**Adventskranz**
Warmer Tee	**Ofenbank**

Zielgedanke:

Der Winter und die Trauer passen zusammen. Beide lassen uns frieren.

Verabredung:

Regelmäßigen (wöchentlichen) Kontakt mit mindestens einer vertrauten Person

Geschenk:

Kleiner Schneemann /Wintergedicht

Material

November
Verschwebendes Schweigen
umhüllt jetzt die Dunkelheit.
Schatten verzaubern Gestalten im Nu.
Etwas huscht hastig um Ecken und Häuser.
Unberührt davon
schlägt
glockenrein – eisig
von oben
die Turmuhr
ins Gesicht dieser Nacht.

Im Winter

Im Winter ist es schaurig,
vom Himmel fällt der Schnee,
ich sitz am Fenster traurig
und träum von altem Weh.

Viel tausend Flocken schweben
im frohen Spiel herab.
Sie schweben und sie tanzen
doch all ins frühe Grab.

So geht es mit dem Herzen,
wo Hoffnung Blüten treibt,
sie kommen – und sie schwinden
und nur die Träne bleibt.

(Johann Meyer)

RISIKO!

Achtung Frostgefahr! Trauernde frieren sowieso. Darum ist sorgsam darauf zu achten, dass sie mit ihren todtraurigen Seelen jetzt nicht ganz erfrieren, sondern sich erwärmen an der Begegnung. Sie brauchen unsere liebevolle Ausstrahlung jetzt erst recht.

Thema: Jahreslauf

Noch einmal geht es um den Kreislauf des Jahres. Diesmal alternativ um das Kirchenjahr (1. Advent – Toten-/Ewigkeitssonntag) und das Kalenderjahr mit seinen 4 Jahreszeiten (Neujahr, 1.1. bis Silvester 31.12.). In jeder Phase der Zeit erleben Trauernde ihre Lage anders. Es gibt einen starken Zusammenhang zwischen den Gezeiten und den Gefühlen.

Einstieg:

Es gibt ja zwei verschiedene Kalender, die den Ablauf eines Jahres markieren. Das Kirchenjahr beginnt mit dem 1. Advent und endet am letzten Sonntag im Kirchenjahr, dem Toten- und Ewigkeitssonntag. Das Kalenderjahr dagegen startet mit dem Neujahrstag und endet mit Silvester. Die Frage ist: Wie erleben wir Tod und Trauer unterschiedlich in den einzelnen Abschnitten des Jahreslaufes?

Verlauf:

Noch einmal werden 2 Wörterreihen zur Wahl angeboten, an denen ein Jahreslauf abzulesen ist und die womöglich dazu anregen, die »Fieberkurve der Trauer« das Jahr entlang zu bedenken.

Advent	**Neues Jahr**
Weihnachten	**Frühling**
Ostern	**Kirschblüten**
Pfingsten	**Sommerzeit**
Erntedank	**Ferien/Urlaubszeit**
Totensonntag/	
Ewigkeitssonntag	**Herbst/November**
Ende des Kirchenjahres	**Winterzeit**

Zielgedanke:

Der Jahreslauf ist wie ein Zirkeltraining für die Seele. Alles kommt dran ...

Vereinbarung:

Der Frage nachgehen: Wann ist meine beste Zeit im Jahr?

Geschenk:

Regenbogen-Symbol

Material

Gott verspricht nach der Sintflut seinen Menschen:

»Solange die Erde steht,
sollen nicht aufhören
Saat und Ernte,
Frost und Hitze,
Sommer und Winter,
Tag und Nacht!«
(Genesis 8,22)

Hinweis:

Zu diesem Thema lässt sich auch sehr anregend mit Bildern der vier Jahreszeiten arbeiten. Bäume sind besonders gut geeignet.

Lied:

> ***Meine Zeit***
> *Meine Zeit steht in deinen Händen.*
> *Nun kann ich ruhig sein, ruhig sein in dir.*
> *Du gibst Geborgenheit,*
> *du kannst alles wenden.*
> *Gib mir ein festes Herz,*
> *mach es fest in dir.*
> *(Peter Strauch)*

RISIKO!

Trauernde werden von ihrer Umgebung gerne durch das Jahr vertröstet von einer neuen Zeit zur anderen. »Wenn erst mal wieder der Frühling kommt …«

Das wird als Provokation empfunden – und es ist auch eine. Die schwerste Zeit in der Trauer ist immer JETZT!

Gefühle in der Trauerwelt

Mag sein, dass wir im Zustand vorübergehender seelischer und körperlicher Unversehrtheit mit unseren Gefühlen eher sparsam und wohl dosiert umgehen. Es gilt mitunter sogar als Tugend und Stärke, seine Gefühle »im Griff« zu haben, sich eher nicht zu sehr davon lenken und leiten zu lassen. Professionell und souverän wird wahrgenommen, wenn es Menschen mit einer demonstrativen Stabilität zu vermeiden wissen, extreme Emotionalität auszuleben. Immer schön wohltemperiert und ausgewogen zu sein, das gilt als geradezu ideale Befindlichkeit, um den enormen Herausforderungen der freien Wildbahn des Alltages die Stirn zu bieten.

Damit ist es im Hoheitsgebiet der Liebe schnell vorbei. Liebe setzt nämlich die ganze Kompetenz zu gewaltigen Gefühlsausbrüchen unaufhaltsam frei. Und wenn die Liebe in den Kummer fällt und sogar in die Trauer abstürzt, dann gibt's kein Halten mehr. Dann ist es vorbei mit der ausgebremsten Emotion. Sie bricht sich nämlich Bahn, wird eigendynamisch unberechenbar und übernimmt das Kommando komplett.

Das Talent, sich zu fühlen und nicht nur zu denken, kommt voll zum Tragen und erobert die Kommandobrücke der persönlichen Performanz. Spätestens jetzt entdecken Menschen an sich Fähigkeiten und Ausdrucksweisen, von denen sie nicht wussten, dass sie bei ihnen wohnen. Trauernde Menschen erleben sich neu und anders. Ihre Art und Weise aufzutreten, sich zu zeigen nimmt neue ungeahnte Züge an. Das kann auf der einen Seite befreiend und wohltuend sein, weil es die Ketten der Selbstbeherrschung sprengt und endlich zulässt, was sonst unterdrückt und verdrängt worden wäre. Aber es verunsichert auch ungemein, weil es zunehmend unberechenbar und außer Kontrolle sich selbst ausagiert, ohne der Zensur und Selbstkontrolle zu gehorchen. Das bedeutet, dass Trauernde oftmals »neben sich selber stehen«, wenn sie von ihren Gefühlen überrollt und hin und hergeworfen werden. Diese Selbsterfahrung macht einen ganz großen Teil der sogenannten »Trauerarbeit« aus, weil sie eine besondere Herausforderung an sich selbst und die Umgebung darstellt. In dieser atemberaubenden Achterbahn nicht allein gelassen zu werden und einen Echoraum zu finden, in dem über Risiken

und Nebenwirkungen dieser zum Teil komplett neuen Erfahrung gesprochen werden kann, ist ein wesentlicher Teil fürsorglicher und seelsorglicher Trauerbegleitung. Dass dabei auch die Gefühle derer, die Begleitung anbieten, eine große Rolle spielen, macht aus dieser Thematik eine besondere Herausforderung. Sich ihr zu stellen lohnt sich für alle Beteiligten.
Folgende Gefühlsäußerungen werden im Einzelnen bedacht:

- Mut
- Wut
- Leere
- Schuld
- Trotz
- wehmütiges Erinnern
- Dank

Thema: Mut

Trauernden Menschen wird viel zugeMUTet. Sie sind mit einer Situation konfrontiert, die sie so meist nicht kennen. Sie kennen sich nicht aus mit dem Tod und dem Abschied und dem Schmerz. Mut ist ihnen höchstens in Form von Weh-MUT vertraut. Weil es wehtut, was sie jetzt zu ertragen haben. Und doch sind sie allemal mutiger, als sie von sich selber denken, weil sie ungeübt und ungeprobt und ungefragt einen Weg gehen, der ihnen jeden Tag und jede Nacht abverlangt, an ihre Grenzen zu gehen und darüber hinaus. Trauernde Menschen sind Grenzgänger im Umgang mit extremer Herausforderung. Ihr Mut ist keine Entscheidung, sondern ihr Zustand. Sie können mehr, als sie sich zutrauen. Ehe sie sich versehen, absolvieren sie bereits eine Mutprobe nach der anderen.

Einstieg:

Anrede an die Teilnehmenden:
»Um das zu bestehen, was Sie täglich leisten, muss man sehr mutig sein.
Was ist bisher Ihre schwerste Mutprobe auf Ihrem Trauerweg gewesen?«

Verlauf:

Mögliche Angebote für Momente des geforderten Mutes:

- Bei meinem sterbenden Menschen ausharren bis zum Ende.
- Bei meinem verstorbenen Menschen bleiben.
- Den Verstorbenen Menschen versorgen.
- Der Sarg, das Grab, die Beerdigung?
- Das Heimkommen und alleine sein?
- Das zu Bett gehen?
- Das Aufwachen?
- Das unter die Leute gehen?

Zielgedanke:

Tatsächlich! Ich bin bisher schon sehr mutig gewesen!

Verabredung:

Was könnte meine nächste Mutprobe sein? Wann wage ich es?

Geschenk:

Lied: Meine Zeit (siehe Material)

Material

Was Mut macht?

- Mut traut sich was.
- Mut traut sich, zu trauern, ohne zu wissen, wohin das führt.
- Mut wagt sich weiter als bisher …
- Mut erträgt die Angst, lässt sie sein, was sie ist. Nicht mehr!
- Mut springt in die Unsicherheit aus purem Vertrauen.
- Mut setzt alle Willenskraft ein, ohne zu wissen, wie es ausgeht.
- Mut hat mehr im Blick als sich selbst.
- Mut geht weit, weiter als ich jemals gewesen bin.
- Wo Mut mich hinführt, war ich noch nie.
- Aber ehe ich weglaufe, schau ich mich um.
- Mut braucht Ermutigung.

Jesus sagt:

> *»Alle Dinge sind möglich dem, der da glaubt.«*
> *(Markus 9,23)*

Meine Zeit

Meine Zeit steht in deinen Händen.
Nun kann ich ruhig sein, ruhig sein in dir.
Du gibst Geborgenheit, du kannst alles wenden.
Gib mir ein festes Herz, mach es fest in dir.

Sorgen quälen und werden mir zu groß.
Mutlos frag ich: Was wird morgen sein?
Doch du liebst mich, du lässt mich nicht los.
Vater, du wirst bei mir sein.

(Peter Strauch)

RISIKO!

Trauernde mögen im Rückblick tatsächlich erkennen, dass sie schon (unbewusst) sehr viel Mut bewiesen haben. Aber sie können sich womöglich überhaupt nicht vorstellen, morgen wieder Mut zu haben. Sie brauchen Ermutigung durch Respekt vor ihrem Verzagen!

Thema: Wut

»Wut ist die Empörung der Liebe über den Tod!« (Roland Kachler) Wut ist also unvermeidlich. Weil Trauernde so sehr lieben, wie sie trauern, müssen sie einfach auch wütend sein. Nicht nur ärgerlich, zornig, sondern in der höchsten Stufe der Entrüstung ausrasten, wut-entbrannt sein. Wenn das passiert, dann erschrecken die Leute meist über diesen extremen Gefühlsausbruch, meinen, etwas Unanständiges getan zu haben, sich gar entschuldigen zu müssen. Erst recht, wenn sich die Wut nicht nur gegen die Krankheit, die Ärzte, sich selbst, sondern sogar gegen den verstorbenen Menschen wendet. Gekränkte und enttäuschte verlassene Liebe hat aber das gute Recht auf empörte Wutreaktion. Darum heißt die Devise: Mut zur Wut!

Einstieg:

Impulsfrage an Teilnehmende: »Darf die Trauer wütend sein?«

Verlauf:

Weiterführende Fragen, die den Gesprächsverlauf forcieren können:

- Wann haben Sie zuletzt Wut gespürt?
- Gegen wen richtet sich Ihre Wut?
- Mögen Sie Ihre Wut leiden?
- Braucht man Mut zur Wut?
- Wie könnte sich Ihre Wut entladen, austoben, entladen, weiterentwickeln?
- Kann es sein, dass Wut für etwas gut ist?

Zielgedanke:

Nicht weiter erschrecken, wenn die Wut hochkommt. Sie begrüßen und als Trauergast wiedererkennen. Ihr zugestehen, dass sie etwas Wichtiges zu erledigen hat ...

Vereinbarung:

Wut-Erlebnis aufschreiben (und mitbringen?)

Geschenk:

Streichholzschachtel

Material

Es gibt Leute,
die,
wenn sie Wut
verspüren,
ihre geballten Fäuste
hinter dem Rücken
verstecken
und alles herunterschlucken.
Es sind
die Leute,
die behaupten,
es herrsche doch
Frieden
auf der Welt.
(Claudia Malzahn)

Wozu ist Wut denn gut?

- Sie zeigt, dass es um alles geht!
- Sie ist so kraftvoll, weil ich so kraftvoll bin!
- Sie verhindert, dass ich ersticke an meinem Liebeskummer!
- Sie reagiert auf meine Enttäuschung und auf meinen Schmerz unübersehbar!
- Sie verhindert, dass ich nur das leidende Opfer bin.
- Sie sorgt für mich, damit ich den Respekt vor mir nicht verliere!
- Sie lässt raus, was mich sonst reinlegen will!
- Sie gibt mir Kraft!

Die Hoffnung hat zwei Kinder: Mut und Wut. Wut über Dinge, wie sie sind, und Mut, sie zu ändern.

(Quelle unbekannt)

RISIKO!

Wut hat kein gutes Image. Unter Trauernden ist sie eher tabu. Sie ist verdächtig, weil sie womöglich ungerecht, undankbar, ungehörig ist. Weil die Wenigsten sie sich selber zugestehen, tolerieren sie sie auch nicht bei anderen. Das kann in der Gruppe zu Konflikten führen. Wut kann wütend machen, wenn man sie sich selbst nicht erlaubt.

Thema: Leere

Die pausenlose Unruhe, in die die Trauer einen Menschen versetzen kann, ist sehr anstrengend. Unglaublich viel Energie ist dafür nötig. Kraft kostet aber auch die nicht weniger ruinöse Kehrseite. Die entsetzlich schwere Leere tief im Inneren, wenn sich Leib und Seele unendlich müde gearbeitet haben. Da ist keine Regung mehr, keine Aufregung und kein Aufruhr. Müde gekämpft, zu Boden gerungen, apathisch, wie gelähmt. Da sitzt jemand scheinbar leblos da, und doch verbrennt in ihm die letzte Kraft im gelähmten Erschöpftsein, das sich verloren gibt. Diese tiefe Verlorenheit zu beatmen und in seinem Zustand respektvoll anzusprechen bedarf einer äußerst zarten Nähe und leisen Annäherung.

Einstieg:

»Ich fühle mich so leer!«, sagen viele trauernde Menschen, wenn sie sich eine ganze Zeit lang abgekämpft und rumgeschlagen haben mit dieser abgründigen Traurigkeit.
Impuls-Fragen:

- Kennen Sie das?
- Ist Ihnen die schwere Leere schon begegnet?

Verlauf:

- Leere ist ja nicht Nichts!
- Was sind die Kennzeichen einer Leere?
- Was macht sie mit einem?
- Wie kann man in ihr sein und sie aushalten?
- Gibt es Wege aus der Leere?
- Ist das auch eine Gefühlsleere?
- Ist das eine Reaktion auf die totale Überforderung der Trauer?

Austausch und gegenseitige Beratung sind anzustreben.

Zielgedanke:

Die Leere ist eine unvermeidliche Zwischenstufe der Trauerarbeit. Sie reagiert nach Bedarf auf die Strapazen und Anstrengungen angemessen und sie dauert so lange, wie sie dauert. Trotzdem sind »Klopfzeichen« von außen wichtig.

Verabredung:

Wenn die nächste Leere kommt, nicht so erschrecken wie zuletzt. Eher ruhig kommen lassen und wissen, dass sie jetzt nötig ist als Verschonung der aufgescheuchte Seele. »Leer-Zeichen« aufschreiben.

Geschenk:

Leeres Blatt

Material

Totenlied für Jürgen Fuchs (1999)
Im wunderschönen Monat Mai
Als alle Knospen sprangen ...
Da ist mein Freund den letzten Weg
Nach Nirgendwo gegangen
Dort wartet er nun ohne Hast

Auf mich. Mir kann er trauen:
ich komme nach! Dann warten wir
Auf unsre lieben Frauen

Im wunderschönen Monat Mai
Der Raps stand voll in Blüte
Das große Gelb versprach mir, dass
Es meinen Freund behüte
In dieser ewigkalten Nacht
Braucht er 'ne kleine Sonne
Damit die Zeit ihm schnell vergeht
Bis ich dann endlich komm
(Wolf Biermann)

Lied von der Leere
Ich steh vor dir mit leeren Händen, Herr;
fremd wie dein Name sind mir deine Wege.
Seit Menschen leben, rufen sie nach Gott;
mein Los ist Tod, hast du nicht andern Segen?
Bist du der Gott, der Zukunft mir verheißt?
Ich möchte glauben, komm mir doch entgegen.

Von Zweifeln ist mein Leben übermannt,
mein Unvermögen hält mich ganz gefangen.
Hast du mit Namen mich in deine Hand,
in dein Erbarmen fest mich eingeschrieben?
Nimmst du mich auf in dein gelobtes Land?
Werd ich dich noch mit neuen Augen sehen?

Sprich du das Wort, das tröstet und befreit
das mich führt in deinen großen Frieden.
Schließ auf das Land, das keine Grenzen kennt,
und lass mich unter deinen Kindern leben.
Sei du mein täglich Brot so wahr du lebst.
Du bist mein Atem, wenn ich zu dir bete.
(Huub Oosterhuis, übersetzt von Lothar Zenetti, EG 382, 1-3)

Ebenfalls ein sehr ansprechender Text ist das Gedicht »Aufhebung« von Erich Fried, zu finden z.B. unter: *https://www.deutschelyrik.de/aufhebung-1100.html* (Aufruf 13.02.2022)

RISIKO!
Über die Leere zu sprechen ist eine große Herausforderung. Wer gerade in ihr verloren ist, wird kaum in der Lage sein, darüber zu reflektieren. Wer es hinter sich hat, könnte in der Euphorie des »Überlebens« allzu leichtfertig darüber hinweggehen. Das soll uns eine Lehre sein!

Thema: Schuldgefühle

Am Ende eines mühsamen Abschiedsweges bohrt sich die Frage, ob alles richtig war, nichts unversucht geblieben ist, wirklich alle Optionen ausgeschöpft wurden, genauso in die Seele wie bei einem plötzlichen Tod, der keine Zeit zum Abschied und zur Vorbereitung zugelassen hat. Immer fragen sich trauernde Hinterbliebene, ob sie nicht doch etwas schuldig geblieben sind. Ebenso quält sie die Frage, ob dieses Schicksal eine Strafe Gottes sein soll und sie sich etwas haben zuschulden kommen lassen. Und schließlich gibt es nicht selten ein hohes Maß an Schuldzuweisungen an Krankenhäuser, Ärzte, Pflegeeinrichtungen, Seelsorge und sämtliche Institutionen, die auf dem Leidensweg eine Rolle gespielt haben. Da ist oft viel Aggression und Frust im Spiel. Schuld auf allen Seiten ...

Einstieg:
Wer ist schuld? Ist das eine Frage, die den Trauerweg begleitet?

Verlauf:
Die Impulsfrage könnte lauten:
- Haben Sie Schuldgefühle?

»Drehen sich Ihre Trauer-Gedanken auch um die Frage nach der Schuld?«
- Ist mir der verstorbene Mensch was schuldig geblieben?
- Bin ich selber was schuldig geblieben?
- Sehe ich Schuld bei den Ärzten oder anderen Zuständigen?
- Was mache ich mit meinen Schuldgefühlen und Zuweisungen?

Zielgedanke:
Es gilt, die allmähliche Verabschiedung und Trennung von den Schuldgefühlen anzustreben. Das wird dauern. Aber, es ist ein Ziel.

Verabredung:

»Schuldscheine« schreiben, aufheben – und verbrennen, wenn es an der Zeit ist

Geschenk:

Schuldscheine

Material

Aussagen von Trauernden:

»Wofür werde ich bestraft?
Kann es sein, dass Gott mich so bestraft?
Stimmt es etwa, dass er so etwas tut?
Sollte ich das verdient haben?
Schwer genug schon, diese Trauer zu tragen.
Nicht auch noch diese zerstörerische Frage!
Ich möchte nicht nur keine Antwort auf diese Frage,
ich möchte auch die Frage nicht!«

»Ich mache mir immerzu Vorwürfe, nicht alles getan zu haben.
Dabei habe ich doch alles getan!«

Wir sind immer zugleich auch gleichsam Ruinen unserer Vergangenheit, Fragmente zerbrochener Hoffnungen, verronnener Lebenswünsche, verworfener Möglichkeiten, vertaner und verspielter Chancen. Wir sind Ruinen aufgrund unseres Versagens und unserer Schuld ebenso wie aufgrund zugefügter Verletzungen und erlittener Verluste und Niederlagen. Das ist der Schmerz des Fragments.
(Henning Luther)

Leben heißt: Zeichnen ohne Radiergummi.
(Quelle unbekannt)

Gebet
Gott, du weißt, was ich brauche:
Worte des Lebens, die nicht belanglos sind,
den Trost, der mich annimmt, ermutigt und weiterbringt,
eine Hand, die ruhig meine Angst wegstreicht,
ein hörendes Ohr, in das ich meine Sorgen flüstern kann,
ein Feuer, das Schuldscheine verbrennt,

ein Haus, in dem ich wohnen kann.
Du weißt noch besser als ich, was ich brauche ...
(Klaus Eulenberger)

RISIKO!
Schuld wartet immer auf Vergebung. Nichts ist anstrengender als Bitterkeit, die nicht vergeben und verzeihen kann, am wenigsten sich selbst.

Unversöhnliche Trauer kränkt und macht krank. Darum ist das Thema u.U. in die Hände von professioneller Beratung zu geben.

Thema: Trotz!

Die Erforschung des Trauerphänomens hat uns zuletzt doch mehr und mehr von der Überzeugung befreit, jeder Trauerweg müsse sich chronologisch durch klar definierte Phasen arbeiten und so vom Verleugnen und Widersetzen bis zum allmählichen Einverständnis ein- und abfinden. Der aktuelle Befund gesteht den trauenden Menschen eher ein ganz individuelles Durcharbeiten durch verschiedene Traueraufgaben zu, die ganz eigenartig und vollkommen asynchron durchbuchstabiert werden dürfen. Niemand muss also einen vorgeschriebenen Trauerparcours absolvieren, schon gar nicht mit dem Ziel, die Verstorbenen am Ende loszulassen und aus ihrem Leben endgültig zu verabschieden. Ganz im Gegenteil: Sie dürfen bleiben, einen neuen Platz einnehmen und verbunden bleiben. Wenn also auch die Tyrannei eines phasenweisen Erklimmens des Trauerberges überwunden ist, so können wir dennoch auch in Zukunft von der einen oder anderen Phase der Trauer reden. So zum Beispiel von der TROTZPHASE der Trauer.

Einstieg:
Irgendwann hat die Trauerarbeit so viel Kraft gekostet, so viele Mühe gemacht, so oft von vorne beginnen lassen, dass sich in den erschöpften und müde gewordenen Trauerseelen unter Umständen ein gehöriger Widerstand aufbaut. Und der sagt: »Jetzt reicht es aber!« und will nicht mehr die immerwährende Wiederholung des Treppensteigens im Trauerhaus tolerieren. Stattdessen sagt der trotzköpfige Überlebende: »Ich bin immer noch da – und ich lebe!« Die Trotzphase

als Reflex der Sehnsucht nach Licht und Luft und Leben ist eine sehr vitale »Wiedergeburt« und sorgt vielleicht dafür, dass Trauernde in der Tat »wieder auf die Welt kommen«.

Verlauf:

Impuls: »Spüren Sie manchmal eine Lust auf Leben, dem Tod und der Trauer zum TROTZ?
Haben Sie Lust auf eine TROTZPHASE in ihrem Trauerleben?
Wenn ja, wie könnte die denn aussehen?«

Zielgedanke:

Ermutigung zum probeweisen Lebenstest. D.h.: Mitten im Schatten der Trauer einmal heraustreten in die Sonne und das Gesicht wärmen lassen …

Verabredung:

Liste mit »Widerstandserklärungen« auf einem Wunschzettel anlegen: Was ich mir wünsche und was ich nicht mehr länger will …

Geschenk:

Wunschzettel

Material

Mitten im Leben sind wir vom Tod umfangen.
Kehr's um! Mitten im Tod sind wir vom Leben umfangen.
So sagt es und glaubt es ein Christ.
(Martin Luther)

Ich komm, weiß nit woher,
ich bin und weiß nit wer,
ich leb, weiß nit wie lang,
ich sterb und weiß nit wann,
ich fahr, weiß nit wohin:
Mich wundert's, dass ich fröhlich bin.
Da mir mein Sein so unbekannt,
geb ich es ganz in Gottes Hand –
die führt es wohl, so her wie hin:
Mich wundert's, wenn ich noch traurig bin.
(Hans Thoma)

Mein Glaube heißt TROTZDEM
Ich buchstabiere wie eine Anfängerin
deinen Namen tagtäglich nach:
G O T T
Ich halte mich fest am Glauben
DENNOCH
schwankende Brücke über den Abgründen
des Schmerzes
ins Feld meiner Hoffnungen
sind Zweifel gesät
die wachsen
und wachsen
Komm mir entgegen, Gott
(Ida Lamp)

RISIKO!

Es ist immer dann mit erheblichem Widerstand der trauernden Menschen zu rechnen, wenn wir ihnen etwas anbieten, was den verdächtigen Anschein von Leichtigkeit hat. Das ist vielen suspekt. Darum: Die Trotzphase der Trauer ist nicht Pflicht, sondern Kür, wie alle Phasen es sind: ein möglicher Weg zurück ins Leben mit der Trauer und mit der Lust auf Leben trotz alledem. Also keine Forderung stellen, sondern Einladung unterbreiten ...

Thema: Wehmütiges Erinnern

Was bleibt, wenn wir gehen? Gibt es etwas, was Menschen zurücklassen, was Bestand hat? Wie kann die Erinnerung am Leben gehalten werden? Welche Bedeutung haben sie für die Hinterbliebenen? Gibt es so etwas wie »Erinnerungskultur?« Kommt mit der Erinnerung nicht immer wieder der Schmerz des Verlustes an die Oberfläche? Ist Erinnerung also überhaupt erstrebenswert? Stimmt das, was Herbert Grönemeyer mit seinem Trauer-WEG besingt, wenn er behauptet, seine verstorbene Frau bei sich zu tragen, bis der Vorhang fällt? Sollten wir nicht eher das allmähliche Vergessen anstreben? Was bedeutet es, dass Erinnern meist vor allem wehtut? Trauern ist vor allem traurig.

Einstieg:

Impuls: »Noch sind die Erinnerungen an den Menschen, den Sie verloren haben, ganz präsent – oder? Welche Gefühle löst das Erinnern bei Ihnen aus?
Welches sind die Bilder und Erlebnisse, die Ihnen da vor Augen stehen? Ist es die Stimme, das typische Verhalten, sind es Bilder vom Miteinander oder Erinnerungsstücke in der Wohnung?«

Verlauf:

»›Das vergesse ich nie!‹
Können Sie das so sagen, wenn Sie an Ihren verstorbenen Menschen denken?
Gibt es Erinnerungen, die in Ihnen fest gespeichert sind und bleiben?
Was hilft dabei, sich zu erinnern?
Was tut dabei weh und was tut dabei gut – oder beides?«

Zielgedanke:

Erinnerungen bedeuten Nähe und Vertrautheit. Sie zu bewahren gibt der Trauer Tiefe und Substanz. Erinnerung ist die Brücke, die zu denen, die schon vor uns gegangen sind, bestehen bleibt und uns über die Grenze des Todes verbinden kann. Dass die Erinnerung meistens mit Wehmut verbunden ist, wertet sie auf und gibt ihr Substanz. Das gehört zu dem unvermeidlichen Zusammenhang, dass jede Trauer sehr sehr traurig macht. Weil sie ist, was sie ist: Liebeskummer eben. »Trauern ist der Preis, den wir zahlen, wenn wir den Mut haben, andere zu lieben.« (Irvin und Marilyn Yalom)

Vereinbarung:

Versuch der Errichtung einer »Erinnerungsecke« in der Wohnung.

Geschenk:

Bilderrahmen

Material

Die Erinnerung ist das einzige Paradies,
aus dem wir nicht vertrieben werden können.
(Jean Paul)

Ich weiß, mein Tod wird kommen,
doch werde ich wirklich gestorben sein?
Oder wird das Wehen des Windes dir allein ein Zeichen geben:
Sie ist noch am Leben.
Kann das Singen der Vögel im wärmenden Sonnenschein
dir ein ewiges Zeichen sein?
Kann es dir sagen: »Sie ist noch am Leben!«
und dir eine Hoffnung wiedergeben?
Und wenn du einen Stern am Himmel siehst stehen,
kannst du dann denken »dort wird sie nun gehen«?
Und wenn dich die Wogen des Meeres berühren,
kannst du dann meine Zärtlichkeit spüren?
Und wenn du im Gras liegst und Blumen sich biegen,
fühlst du mich in deinen Armen liegen?
Doch wenn der Schmerz kommt, die Angst und das Bangen,
dann bleibe ganz ruhig,
ich bin nicht tot, nur etwas weitergegangen ...
(Sylvia Brathuhn)

RISIKO!

Trauernde sind auch nur Menschen. Und Menschen streiten sich. Auch um die Frage, wie man richtig trauert. Und das wird gerne an der Art und Weise des Erinnerns ausgetragen. Da prallen (wieder einmal) absolute Gegensätze aufeinander: das Pflegen und Bewahren von Erinnerungsstücken und das schnellstmögliche Entsorgen derselben.

Beide Reaktionen sind möglich und dürfen sein. Richtig ist immer das, was den Trauernden gut tut.

Thema: Dank

Schließt sich das nicht kategorisch aus? Trauer und Dankbarkeit? Wie soll ein Mensch, der einen anderen verloren hat, dankbar werden? Ist das nicht absurd? Zumindest ein bisschen zu viel verlangt?

Es ist ein interessantes und beeindruckendes Phänomen, dass trauernde Menschen in hohem Maße Dankbarkeit empfinden können. Ihre Gabe, sensibel danach zu fragen, wofür es trotz allem Leid dennoch Grund zum Danken gibt, ist sensationell. Mir scheint, dass trauernde Menschen mitunter mit mehr Hingabe zur Dankbarkeit neigen als vermeintlich »Unversehrte«.

Einstieg:

»Nach der Beerdigung haben Sie ja womöglich auch schon DANKSAGUNGEN verschickt. Da hat es also durchaus Grund dafür gegeben, sich für das Eine oder den Anderen zu bedanken. Ist DANK etwas, was zur Trauer passt?
Oder sagen Sie, was den Dank betrifft, lieber: ›Nein danke!‹?«

Verlauf:

Es lohnt sich, Aspekte zu sammeln, die im Zusammenhang von Leid und Abschied Anlass zu einem dankbaren Rückblick geben:

- Dass alles so gekommen ist?
- Dass es nicht länger gedauert hat?
- Dass wir alle zusammen waren?
- Dass wir rechtzeitig alles besprechen konnten?
- Dass es so viel Zusammenhalt und Hilfe gab?

Zielgedanke:

Gerade wer Schweres erlitten hat, kann sehr genau ermessen, wofür es zu danken gilt. Danken ist eine heilsame Trauerbewegung!

Verabredung:

Zuhause eine Danke-Liste anfertigen und immer wieder vervollständigen.

Geschenk:

Kleines DANKE-Büchlein

Material

Wie danke ich dir,
dass ich versagen darf vor dir
und vor anderen Menschen.
Wie danke ich dir,
dass ich dazu stehen darf, Grenzen zu haben:
Grenzen des Glaubens, der Geduld,
der Belastbarkeit, des Könnens, der Liebe.

Wie danke ich dir,
dass ich traurig sein darf und müde,
dass es Dinge geben darf,
mit denen ich alleine nicht fertig werde!
Wie danke ich dir für die kleinen Schritte!
Mag ich auch stolpern, immer stürze ich auf dich zu,
immer falle ich in deine Arme. Amen
(Antje Sabine Naegeli)

Als
der bittere Schmerz
schnittweise
sich in
eine liebe Not verwandelte
und aus meiner bodenlosen Traurigkeit
eine tragfähige Sehnsucht wurde,
da habe ich tatsächlich angefangen,
aufzuhören
mit dem endlosen Fragen und Sagen und Suchen
und in meiner wunden Leere eine sorgfältige Ruhe reifen lassen,
bis ich mich, beschenkt vom gewesenen Glück,
allmählich öffnen konnte für das Abschiedsgeschenk
der treuetiefen Dankbarkeit.

RISIKO!

Dankbarkeit ist eine freiwillige Geste, die niemals eingeklagt werden darf. Es gibt Trauernde, denen es definitiv bis auf Weiteres unmöglich ist, zu danken. Je größer das Defizit an Dank, desto gewaltiger der Kummer und die Not. So gesehen, kann das Thema sehr wehtun und trotzdem hilfreich sein. Das ist sowieso die unentwegte Doppelbewegung der Trauerarbeit

Fragen der Trauer

Die Trauer ist umzingelt von Fragen. Hat der Tod einen Menschen genommen, brechen alle Fragen der Welt über die Hinterbliebenen herein. Das Leben ist ohnehin schon fragwürdig genug, aber wenn es endet und mit ihm Beziehungen, Hoffnungen, Perspektiven und Liebesgeschichten sterben, dann gibt es keine plausiblen Antworten, sondern ausschließlich brennende, quälende, endlos sich wiederholende Fragen. Der Tod selbst hat nie eine Antwort, die befriedigt und beruhigt. Er reißt in den Abgrund der Angst und der Verzweiflung und nimmt dabei alles weg, was sich je als zaghafte Antwort und Lösung angeboten haben mag. Wenn der Vorhang des Lebens zugeht, bleiben alle Fragen offen. (Das gilt übrigens auch für den sogenannten »erlösenden« Tod.)

Das macht die Trauerarbeit so ungemein intensiv und anstrengend. Sie hört einfach nicht auf, wie ein krummes Fragezeichen daherzukommen, und schleicht sich immerzu ins Haus der Tränen. Es reicht auch nicht, sich die eine oder andere Frage einmal intensiv anzuschauen, ihr das Recht auf Störung und Irritation zuzugestehen, um sie dann höflich aber bestimmt zu verabschieden. Die Fragen der Trauer sind so anhänglich und beharrlich, dass sie, soeben zum Tempel hinausgejagt, schamlos und frech durch den Hintereingang wieder hereinkommen. Mit den Fragen der Trauer werden wir nie ganz fertig. Eher machen sie uns fertig mit ihrer Dauerschleife am Friedhofskranz. Da tut es schon gut, wenn man sich nicht alleine mit ihnen herumschlagen muss. Wenn man sich zusammenschließt, um sich den bohrenden Fragen mit ihrem nimmermüden Repeat zu stellen. Die wirklich substanziell sinn-resistenten Fragen lassen sich von Antworten nicht beeindrucken oder gar entzaubern. Im Gegenteil! Sie triumphieren angesichts immer wieder angestrengten Widerspruchs geradezu demonstrativ aufreizend. Sie inszenieren ihre Bedeutsamkeit gerade dann, wenn wir uns ihnen am entschlossensten entgegenstellen.

So bleibt uns also nur, sie hereinzulassen und ihnen ihren begrenzten Platz im Trauerhaus anzubieten. Wenn das gelingt, zumindest zeitweise, werden die Fragen der Trauer zu langsam erträglichen Untermietern. Ganz ausziehen werden sie vielleicht nie.

Stellvertretend betrachten wir hier 7 von ihnen:

- Warum?
- Haben wir das verdient?
- Wer ist schuld?
- Wie soll ich weiterleben?
- Was bleibt?
- Wo sind die Toten?
- Gibt es ein Wiedersehn?

Thema: Warum?

Das ist die Spitzenfrage aller Fragen. Wenn Menschen Gott und die Welt nicht mehr verstehen, weil ihnen Unfassbares widerfährt, dann dreht sich alles nur noch darum: WARUM? Wenn einfach kein Sinn im Unsinn zu erkennen ist. Diese Frage ist Widerspruch, Protest, Verweigerung, Ablehnung, Unverständnis in einem. Mit ihr entlädt sich ein solches Ausmaß an Empörung und Aufruhr gegen das zugemutete Leid, dass der Wucht und Aggressivität der Frage nichts und niemand entgegenzutreten vermag. Versucht es jemand doch mit einer wie auch immer gearteten Erklärung, die sich anschickt, diesem kompletten Nonsens ein Qualitätsmerkmal abzuringen, dann wird die Situation noch auswegloser und die Betroffenen noch einsamer.

Also wird es in der Begleitung von Menschen, die voller Fragen der Trauer sind, darauf ankommen, sie mit gewagten Antworten zu verschonen und sie stattdessen solidarisch im Labyrinth der endlosen Irrungen und Wirrungen, so gut es geht, zu begleiten. Nach dem Motto: Ich kann deine Fragen nicht beantworten, aber ich bleibe bei dir und halte die Frage mit dir aus!

Einstieg:

Auf einem großen Schild steht die Frage: WARUM? Wir zeigen sie, lassen sie, wenn mehrere Teilnehmende dabei sind, von Hand zu Hand gehen mit der Bitte:
»Sagen Sie uns doch einmal, welche WARUM-FRAGE Sie am meisten quält.«
Zum Beispiel:

- Warum ich?
- Warum wir?

- Warum jetzt?
- Warum so?

Verlauf:

Wir sammeln und ertragen unbewertet und unkommentiert die ganze Sammlung der WARUM-Protest-Bewegung. Es darf eine massive Mauer der Entrüstung aufgebaut werden. Niemand sollte einen einzigen Aspekt geringachten oder gar disqualifizieren.

Zielgedanke:

Das WARUM ist ein unveräußerliches Trauer-Menschenrecht!

Vereinbarung:

(Zu Hause) Aufschreiben meiner WARUM-Sammlung

Geschenk:

Fragezeichen

Material

Warum? Wozu der Schmerz, das Leid, das Elend, der Tod? Und warum ich? Gerade ich? Oder: Warum du? Warum passiert uns das? Gibt es einen Sinn? Fragen über Fragen, herausgeschrien aus Verzweiflung oder still in uns hineingeschluckt, verbittert. An wen richten sich die Fragen? An uns selbst oder an die Menschen neben uns?
Gibt es Antworten? Oder verlieren sich unsere Fragen in der Stille eines endlosen Nichts? Oder Gott? Hört er sich unsere Not gelangweilt oder zynisch an? Oder leidet er mit?
Vermag er die Mauer des Schmerzes, des Todes zu durchbrechen?
(Christoph Drolshagen)

Golgatha
Wann
wenn nicht
um die neunte Stunde

als er schrie
sind wir ihm
wie aus dem Gesicht geschnitten

Nur sein Schrei
nehmen wir ihm noch ab
und verstärken ihn
in aller Munde.
(Eva Zeller)

»Von der sechsten Stunde an kam eine Finsternis über das ganze Land bis zur neunten Stunde. Und um die neunte Stunde schrie Jesus laut: Eli, Eli, lama asabtani? Das heißt: Mein Gott, mein Gott, warum hast du mich verlassen?«
(Matthäusevangelium 27,45-46)

Stehenbleiben
Von einer fröhlichen Runde kommend,
gehe ich zum Friedhof.
Da stehen zwei Mädchen, die weinen.
Sie haben in diesem Jahr den Vater verloren.
Und jetzt, nach einigen Monaten, die Mutter.
»Wir haben so viel gebetet.
Gibt es wirklich keinen Gott?«
Die Frage »Warum?« hat noch nicht ausgedient.
Ich schweige,
ich stehe wortlos da als Zeuge Gottes.
Stehenbleiben, das ist meine Antwort.
(Martin Gutl)

RISIKO!

Die WARUM-Frage zuzulassen ist nur glaubwürdig und redlich, wenn wir jeden Versuch unterlassen, sie zu beantworten oder zu entschärfen. Auch wenn die Versuchung groß sein mag, die eine oder andere Beschwichtigung einzubringen, es ist tabu!

Thema: Haben wir das verdient?

»Jeder bekommt, was er verdient!« Geradezu sprichwörtlich ist es verbreitet, das Gerücht von dem selbstverschuldeten Schicksal. »Weil so was von so was kommt …« würde Nena sagen. Der altbewährte pädagogische Hammerschlag diesbezüglich hieß, kurz und bündig zusammengefasst: »Siehste!« So ist ein schier unüberwindbares Schema im Denken der Leute verfestigt, das besagt, dass alles Schwere im Leben irgendwie doch daher rührt, dass sich jemand entsprechend verhalten hat. Und dann stehen die altklugen Zeitgenossen da, schütteln vielsagend den Kopf und sagen, dass sie das alles haben kommen sehen, weil am Ende doch jeder seines Unglückes Schmied sei. Mit diesem Deutungsschema wird aus jedem Trauerfall ein Urteilsspruch. Trauende schließen aus dem, was ihnen passiert, dass es womöglich die Strafe für ihr eigenes Verschulden ist. Das wirft viele Leidtragende in eine schwere Krise, weil sie eben überhaupt nicht erkennen können, wofür sie so hart bestraft werden sollen. Und sie widersprechen vehement. Und darin sollten sie unsere Unterstützung erfahren.

Einstieg:

Hier könnte kurz die Geschichte von Hiob erzählt werden. Er ist der biblische Modellathlet für erlittene Pleiten, Pech und Pannen. Erst ist er wohlhabend, angesehen und erfolgreich und dann verliert er alles Hab und Gut, Familie, Ansehen und Respekt. Seine Freunde kommen, um ihn zu trösten. Das machen sie die ersten 7 Tage gut, weil sie schweigen und bleiben. Aber dann fangen sie an, Hiob zu erklären, dass nichts von ungefähr kommt, auch sein Leid nicht. So leid es ihnen tut. Sie meinen, dass es nur so sein kann, dass er, Hiob, sich bei Gott schuldig gemacht habe und nun die entsprechende Strafe verbüßen müsse. Hiob bekommt also, was er verdient, meinen sie. Da rastet Hiob aus, weil er ein frommer und gerechter Mann ist und sich nichts hat zu Schulden kommen lassen. Und genau das sagt er seinen Freunden und auch seinem Gott. Und genau darin kann er uns Vorbild sein. Wir dürfen Gott sagen, dass wir nicht glauben, dass unser Leid selbstverschuldetes Strafmaß sei das uns widerfahre, weil wir es verdient hätten. Denn Gott gibt Hiob Recht: Leid ist nicht verdient, sondern zugemutet. Das ist auch noch schwer genug …

Verlauf:

Hiob – Geschichte erzählen und darauf reagieren lassen.
Die Logik des Unheils miteinander widerlegen.

Zielgedanke:

Niemand hat das Leid, das ihm auferlegt wird, verdient. Krankheit und Tod sind keine Strafe Gottes, sondern finstere Täler, die zu jeder Lebenslandschaft gehören und durch die wir gehen müssen – mit Gottes Hilfe.

Verabredung:

Zukünftig solchen Schuldzuweisungen energisch widersprechen!

Geschenk:

Bonhoeffer-Gebet (siehe Material)

Material

Ich kann nicht an einen Gott glauben, der mit Schadenfreude und Lust am Leid seiner Menschen Tod und Verderben schickt. Das wäre ein liebloser Rache-Gott.
Von dem hat Jesus uns keinen schönen Gruß ausgerichtet. Nicht, dass ich wüsste ...
Ich verlasse mich vielmehr auf das Bild, das er uns von Gott gezeigt hat, gerade weil er selbst auch unter schrecklichem Zweifel und Gottverlassenheit litt.
Aber alles, was er über Gottes Art und Weise, für seine Menschen da zu sein, erzählt hat, hat uns eine barmherzige und liebevolle Zuneigung versprochen.
Gott verdammt uns nicht. Er geht in jeder Krise mit uns, schenkt uns Kraft und Mut – und weiß, wie sich das anfühlt, das finstere Tal.

Morgengebet
Gott, zu dir rufe ich am frühen Morgen
hilf mir beten und meine Gedanken sammeln;
ich kann es nicht allein

In mir ist es finster, aber bei dir ist Licht
ich bin einsam, aber du verläßt mich nicht
ich bin kleinmütig, aber bei dir ist die Hilfe
ich bin unruhig, aber bei dir ist Frieden
in mir ist Bitterkeit, aber bei dir ist die Geduld
ich verstehe deine Wege nicht,
aber du weißt (den) rechten Weg für mich.

Amen
(Dietrich Bonhoeffer)

RISIKO!

Das Bild von einem strafenden Gott ist durchaus attraktiv und wird sogar von denen mitunter verteidigt, die darunter leiden. Ein strenger, strafender Gott, der mit Härte und Strafe agiert, dem man sich demütig ergeben muss, ist manchen Menschen lieber als der gnädige Vater im Himmel, der uns zutraut, unser Leben selbst zu verantworten. Ein strafender Gott ist eben berechenbar, ist irgendwie auch menschlich. Da bekommt das Leid eine plausible, wenn auch gnadenlose Erklärung, die heißt: »Das hast du nun davon!« Seelsorglich ist das aber total untauglich.

Thema: Wer ist schuld?

Der unbändige Wunsch, der Tod sei nicht passiert und alles sei nur ein böser Traum, bringt die trauernden Menschen in eine fast magische Sehnsucht nach möglicher Vermeidung und Unterbrechung des tödlichen Verlaufs. Dazu gehört die Idee, man hätte nur an den entscheidenden Stellen eingreifen, anders handeln und intervenieren müssen, um den Verlauf der Krankheit oder des Unglücks zu verhindern. Also braucht es Schuldige, die versagt haben. Die Ärzte, die nicht oder zu spät oder zu hyperaktiv gehandelt haben, der Betroffene selbst, der gar nicht oder zu spät zum Arzt gegangen ist, man selbst, weil man nicht offen gesprochen, nicht rechtzeitig gehandelt, nicht lange genug dageblieben ist. Es ist einfach die Idee, alles wäre vermeidbar gewesen, wenn nicht so viele Fehler passiert wären. Und das alles wird so kraftvoll wie verzweifelt nur deshalb inszeniert, weil man sich komplett der Tatsache verweigern will, dass der Tod definitiv eingetreten ist. Schuldzuweisungen sind demnach massive Verweigerungsmanöver, den zugemuteten Trauerweg überhaupt anzutreten.

Einstieg:

Zumutung: Wir bleiben einander immer etwas schuldig. Auch wenn wir lieben und einander grenzenlos zugewandt sind. Niemand kann vollkommen perfekt liebhaben und fürsorglich sein.

Verlauf:

Versäumtes und vergebliche Versuche der Vermeidung des Todes benennen und bedauern.

Zielgedanke:

Niemand hat bewusst den Tod gewollt. Alle haben sich bemüht. Aber alle Hilfsbereitschaft und Zuwendung ist begrenzt. Wir sind nicht allmächtig. Schuldzuweisungen sind verständlich, aber auch sinnlos. Sie verhindern, dass wir Abschied nehmen können in Frieden. Das aber ist das Ziel.

Verabredung:

Schuld-Vergeben-Briefe schreiben.

Geschenk:

Briefpapier

Material

Wohin nur mit der Schuld? Was ist mit dem Groll, der Wut, der Empörung, meiner Kritik an denen, die beim Sterben versagt haben? Wer hat was falsch gemacht? Was hätte ich verhindern können, müssen? War ich zu gutgläubig, zu vertrauensvoll, zu unaufmerksam? Habe ich was übersehen? Hätte ich sprechen, schreien, toben sollen? Und was hätte ich tun können gegen meine Müdigkeit und die ganze Erschöpfung am Ende? So vieles ist zu spät. Alles eigentlich ... Was mache ich nur mit der Schuld? Mit der Schuld der anderen, mit meiner, mit deiner? Eines ist sicher: Weiter mit mir tragen kann ich sie nicht ...
Jesus sagt:
»Wer unter euch ohne Sünde ist, der werfe den ersten Stein!«
(Johannes 8,7b)

Abschied in Frieden:
Wir nehmen Abschied von ...
Wir erinnern uns daran,
was uns mit ihm (ihr) verbindet.
Wer ihn (sie) geliebt und geachtet hat,
trage diese Liebe und Achtung weiter.
Wer von ihm (ihr) geliebt wurde,
danke ihm (ihr) alle Liebe.
Wer ihm (ihr) etwas schuldig geblieben ist
an Worten und Taten,
bitte Gott um Vergebung.

Wer sich von ihm (ihr) verletzt fühlt,
bitte Gott um Kraft zum Verzeihen.
Wer von ihm (ihr) Gutes erfahren hat,
erinnere sich an ihn (sie) in Dankbarkeit.
Lasst uns Abschied nehmen mit Dank
und in Frieden.
(Nach der Kirchenagende der Ev. Kirche der Pfalz)

RISIKO!

Manchen trauernden Menschen ist das Festhalten an den gnadenlosen Schuldvorwürfen eine einzige Kraftquelle, die sie mit Überlebensenergie versorgt. Ihnen diese lustvolle Vermeidungsmethode in Frage zu stellen oder gar »wegnehmen« zu wollen, quittieren manche mit erheblichem Trotz und Widerstand. Darum kann hier nicht mit dem Drang nach »Ergebnissicherung« gearbeitet werden, sondern nur mit Impuls und Option. Versöhnung ist der einzige Weg, sich von Bitterkeit und Trostlosigkeit zu verabschieden.

Thema: Wie soll ich weiterleben?

Es stirbt nie nur einer. Es sterben immer viele. Auch wenn definitiv *ein* ganz bestimmtes Menschenleben erloschen ist, so hat damit doch auch das Leben derer, die zu ihm gehören, in seiner Nähe atmen, mit seiner Anwesenheit das eigene Dasein verbinden, in gewisser Weise aufgehört. Jedes Sterben ist ein Weltuntergang, bei dem ein Mensch tot und viele andere lebendig begraben werden. Sie würden ihm am liebsten »hinterher sterben«, nur um der Frage zu entfliehen, wie sie jetzt alleine weiterleben sollen?

Einstieg:

Aussage einer Trauernden: »Ich bin auch tot!«
Frage: Sterben wir mit unseren Verstorbenen mit?

Verlauf:

Viel Platz einräumen für das Wehklagen darüber, was mit dem Abschied von dem geliebten Menschen verloren wurde.

Zielgedanke:

Es geht nicht nur um den Tod meines Angehörigen, sondern auch um das, was sein Tod von meinem Leben »mitgenommen« hat. Das ist auch der Rede und der Klage wert! Aber auch: Was ist noch von mir übrig?

Verabredung:

»Reste-Sammlung« zuhause. Aufschreiben: Was noch von mir übrig ist …

Geschenk:

Kleines Schatzkästchen für meine »Überbleibsel«

Material

Du bist gestorben
und ich fühle mich tot.
Du bist gegangen
und ich bin nicht mehr da.
Du hast es überstanden
und ich stehe allein.
Du bist schon nicht mehr am Leben
und ich sterbe immer noch.
(Ein Trauernder, anonym)

Von mir ist fast nichts mehr übrig.
Nur noch ein kleiner Rest.
Den geb ich mir jetzt.
Und siehe da: Es gibt mich noch,
oder das, was von mir übrig ist.
Ich bin bedient,
aber nicht
restlos.

Über die Geduld
Man muss den Dingen
die eigene, stille
ungestörte Entwicklung lassen,
die tief von innen kommt
und durch nichts gedrängt

oder beschleunigt werden kann,
alles ist austragen – und
dann gebären …

Reifen wie der Baum,
der seine Säfte nicht drängt
und getrost in den Stürmen des Frühlings steht,
ohne Angst
dass dahinter kein Sommer
kommen könnte.

Er kommt doch!

Aber er kommt nur zu den Geduldigen,
die da sind, als ob die Ewigkeit
vor ihnen läge,
so sorglos, still und weit …

Man muss Geduld haben
Mit dem Ungelösten im Herzen,
und versuchen, die Fragen selber lieb zu haben,
wie verschlossene Stuben,
und wie Bücher, die in einer fremden Sprache
geschrieben sind.

Es handelt sich darum, alles zu leben.
Wenn man die Fragen lebt, lebt man vielleicht allmählich,
ohne es zu merken
eines fremden Tages
in die Antworten hinein.
(Rainer Maria Rilke)

Gebet
Gott, du bist unsere Hoffnung. Dir vertrauen wir.
Manchmal verlieren wir uns in unserer Trauer.
Wir wissen nicht mehr, wer wir sind.
Manchmal wollen wir sogar dem anderen nachsterben,
weil wir keine Aufgabe, keinen Sinn mehr für uns sehen.
Du kennst uns, Gott. Dir vertrauen wir uns an.
Komm uns entgegen, zeig uns einen Weg heraus
zu uns, zu dir, wieder zum Leben.
(Lutz Friedrichs)

Ein weiteres, sehr passendes und anregendes Gedicht stammt von Mascha Kaléko und heißt »Memento«. Der Text ist zu finden unter: *www.maschakaleko.com/memento* (Aufruf 13.02.2022),

RISIKO!

Es gibt Fragen (wie diese), die immer wieder gestellt werden müssen, weil es bis auf weiteres keine Antwort gibt. Das Stellen der Frage ist aber gleichzeitig die vorläufige Antwort.

Thema: Was bleibt?

Der Tod eines geliebten Menschen ist wie ein Weltuntergang. Das lebenswerte Leben eines Menschen endet oft mit dem Sterben seines Gegenübers. Den trauernden Hinterbliebenen kommt es so vor, als habe der Verstorbene einfach alles mitgenommen, was einmal lebenswert gewesen ist. Umzingelt von Defiziten und einer großen Leere, findet sich vorerst kein einziger stabiler »Rest«, der noch übrig wäre und weswegen es sich zu leben lohnen könnte. Die Suche nach dem, was über den Tod des anderen hinaus wirklich bei mir bleibt, will erst gar nicht beginnen. Und wenn sie beginnt, hat sie kein Auge für das, was noch übrig geblieben ist. Es scheint kaum der Rede wert. Also ist es gut, darüber zu reden ...

Einstieg:

»Mein ganzes Leben ist begraben!«, hat eine trauernde Hinterbliebene gesagt.
Frage: "Hat sie Recht mit ihrer Aussage? Ist wirklich mein ganzes Leben mit dem geliebten Angehörigen ins Grab gefallen? Hat er, hat sie alles mitgenommen?"

Verlauf:

Trauernde dürfen übertreiben, maßlos sein, mit ihrer Wahrnehmung komplett unrealistisch und einseitig votieren. Es ist ein unveräußerliches Vorrecht der Trauer, ungebremst über einen Kamm zu scheren und total pauschal zu überziehen mit der Aussage: »Von meinem Leben ist nichts mehr übrig!«, obwohl sie ja der lebende Beweis dafür sind, dass noch »etwas« da ist, nämlich sie höchst selbst. Als einzigartige wertvolle Person werden sie nicht aufhören, alles um sich herum für tot zu erklären. Das kann sehr vital und energisch passieren. Und braucht seine Zeit.

Zielgedanke:

Alles ist weg, vorbei, aus der Welt. Nur ich bin noch da.
Was fang ich nur mit mir an?

Vereinbarung:

Überlegen, was noch von mir übrig ist.

Geschenk:

Kleines Schatzkastchen

Material

Aussage eines Trauernden:

> *»Seitdem der Tod bei uns eingebrochen ist, gibt es keine Normalität mehr!«*

> ***Bilanz***
> *Wir haben nicht mehr zum Leben gebraucht als:*
> *Morgen, Mittag, Abend.*
> *Aufstehn, Fortgehn, Heimkommen.*
> *Frühstück, Mittag, Abendbrot.*
> *Zeitung, Einkauf, Küchentisch.*
> *Montag, Dienstag, Mittwoch.*
> *Sonntag, Geburtstag, Feiertag.*
> *Garten, Rasen, Blumenbeet.*
> *Kinder, Enkel, Nachbarschaft.*
> *Frühling, Sommer, Winter.*
> *Mehr haben wir nicht zum Leben gebraucht.*
> *Jetzt gibt es von alledem nichts mehr.*
> *Also ist das Leben aufgebraucht.*
> *Seins und meins.*

Rest!
Was bleibt mir übrig?
Bleiben muss ich,
hinterblieben bin ich,
verlassen wurde ich,
übrig bleibt mir nur
das Leben ohne dich.
Das bleibt mir übrig.
Ich
bin der Rest.

RISIKO!
Es gibt mitunter eine beharrliche Verweigerung der Trauernden, dem Vorhandensein der eigenen Person einen Wert an sich zuzugestehen.

Dabei erweist er sich ja gerade dann energisch, wenn ein so großer Widerstand geleistet wird. Trotzdem darf sich die ruinöse Bilanz als scheinbar unüberwindbar behaupten. Das ist Teil der Inkubation eines neuen, noch nicht wahrgenommenen Selbstwertgefühls.

Thema: Wo sind die Toten?

Arno Pötzsch, ein Liederdichter, schrieb während des Zweiten Weltkriegs, wir könnten nicht tiefer fallen als nur in Gottes Hand. Sind also unsere Toten genau da angekommen, in Gottes Hand? Was könnte das bedeuten? Sind sie also noch da, irgendwo, in Rufweite, mit uns verbunden? Nehmen sie womöglich Anteil an unserem Ergehen? Können sie uns noch spüren? Und ist es uns möglich, ihre Nähe bei uns zu bewahren? Oder wäre es nicht besser, sich endgültig zu verabschieden?

Einstieg:
Sind unsere Toten am Sternenhimmel himmelhoch und himmelweit zu Hause?
In welchen Räumen wohnen sie jetzt? Welche Vorstellungen haben wir?
Was tröstet? Was verunsichert? Was ist unheimlich? Können wir Kontakt haben, unsere Toten spüren, hören, mehr als nur erinnern?
Austausch über je eigene Vorstellungen …

Verlauf:

Es werden auch hier ganz unterschiedliche, ja gegensätzliche Entwürfe und Phantasien aufeinandertreffen. Von der Idee, das mit dem Tod einfach alles aus und vorbei sei, also auch keine Orte mehr für unsere Toten gebraucht würden, bis hin zu der festen Annahme, dass sie »nur nebenan« seien und uns nur eine dünne Wand trenne.

Interessant wäre, einmal den biblischen Befund nachzulesen, also die Bibelstellen anzuschauen, die etwas aussagen zu der Frage (siehe Material). Das lohnt sich alleine schon deshalb, weil es keine einfache, eindeutige Antwort gibt, sondern unterschiedliche Ansätze. Alles Variationen unseres vorläufigen Nicht-Wissens!

Zielgedanke:

Wir wissen nicht, wo unsere Toten sind. Aber sie sind – und bleiben – unsere Lebensmenschen. Ihre Bedeutung endet nicht mit ihrem Tod.

Vereinbarung:

Meine (momentane) Vorstellung von »der anderen Seite« überlegen und aufschreiben.

Geschenk:

Kleines Herz als Gruß für das Grab

Material

Bibelstellen, die für die Frage interessant sind:

- Psalm 23,6: »Ich werde bleiben im Hause des Herren ...«
- Lukas 23,43: »Heute wirst du mit mir im Paradies sein!«
- Johannes 14,2: »In meines Vaters Hause sind viele Wohnungen ...«
- Johannes 3,36: »Wer an den Sohn glaubt, der hat das ewige Leben.«
- Römer 8,38-39: »Denn ich bin gewiss, dass weder Tod noch Leben, weder Engel noch Mächte noch Gewalten, weder Gegenwärtiges noch Zukünftiges, weder Hohes noch Tiefes noch irgendeine andere Kreatur uns scheiden kann von der Liebe Gottes, die in Christus Jesus ist, unserem Herrn.«
- 2 Korinther 5,1: »Denn wir wissen: Wenn unser irdisches Haus, diese Hütte, abgebrochen wird, so haben wir einen Bau, von Gott erbaut, ein Haus, nicht mit Händen gemacht, das ewig ist im Himmel.«

Abschied

Der Tod hat keine Bedeutung.
Ich bin nur nach nebenan gegangen.
Ich bleibe, wer ich bin,
und auch ihr bleibt dieselben.

Was wir einander bedeuten, bleibt bestehen.
Nennt mich bei meinem vertrauten Namen.
Sprecht in der gewohnten Weise von mir
und ändert euren Tonfall nicht.

Hüllt euch nicht

in Mäntel aus Schweigen und Kummer.
Lacht wie immer
über die kleinen Scherze, die wir teilten.

Wenn ihr von mir sprecht,
so tut es ohne jegliche Reue und Traurigkeit.
Leben bedeutet immer nur Leben.
– es bleibt so bestehen, immer –
ohne Unterbrechung.

Ihr seht mich nicht,
aber in Gedanken bin ich bei euch.
Ich warte eine Zeit lang auf euch
– irgendwo, ganz in der Nähe –
nur ein paar Straßen weiter.
(Henry Scott Holland)

RISIKO!

Über etwas, was wir nicht wissen können, lässt sich nur bedingt trefflich streiten. Darum geht es nicht um richtig oder falsch, sondern um die Sehnsucht, die uns mit den Toten weiterhin verbindet und die sich gerne »anberaumen« will.

Thema: Gibt es ein Wiedersehen?

Für viele Hinterbliebene ist die Frage nach dem Wiedersehen ganz zentral. Wird diese Hoffnung bejaht, dann hat sie Trostqualität. Wird sie verneint, fixiert sie die Endgültigkeit des Verlustes unüberbietbar und endgültig. Es hängt also enorm viel ab von der Antwort auf diese Frage.

Einstieg:

Frage: »Haben Sie mit Ihrem Verstorbenen über ein Wiedersehen gesprochen? Wenn ja, wie? Wenn nein, warum nicht?«

Verlauf:

Auch hier werden sich immer die Geister scheiden. Was den einen zum einzigen Trost gereicht, lässt die Anderen nur kopfschüttelnd auf Distanz gehen. Beide Überlegungen dürfen ausgesprochen und nebeneinandergestellt werden.

Zielgedanke:

Ein Wiedersehen wäre eine Perspektive über das Hier und Jetzt hinaus. Glaube und Zweifel umrahmen diese Hoffnung.

Verabredung:

Zu Hause das Lied vom Wiedersehen (von dem Volks-Rock'n'Roller Andreas Gabalier) anhören (siehe Link S. 188).

Geschenk:

CD mit Liedern vom Wiedersehen.

Material

Von dem alten Theologieprofessor Karl Barth erzählt man sich, er habe auf die Frage, ob wir im Himmel all unsere Lieben einst wiedersehen, geantwortet: »Ja, aber die Anderen auch!«

> *Im Himmel werden wir uns über dreierlei wundern:*
> *Menschen zu treffen, die wir dort nicht vermutet hätten.*
> *Menschen nicht zu sehen, die wir dort erwartet hätten.*
> *Und uns selbst dort zu treffen.*
> *(Voltaire)*

> *»Das Einzige, was mich wirklich trösten könnte, wäre, wenn wir uns wiedersehen!«, hat mein Freund Hans gesagt am Tag, bevor er gestorben ist.*

Und da haben wir uns einfach spontan für den Himmel verabredet. ›Wir sehen uns!‹, hat er gesagt und mir die Hand entgegengestreckt. ›Abgemacht!‹, habe ich geantwortet und eingeschlagen. Seitdem habe ich eine Verabredung auf der anderen Seite der Wirklichkeit. Und weil Hans schon dort ist, kann es da drüben so schlecht gar nicht sein.

(Ein Freund, der einen Freund im Sterben begleitet hat)

Wir wollen nicht trauern, dass wir sie verloren haben,
sondern dankbar sein dafür, dass wir sie gehabt haben,
ja, auch jetzt noch besitzen.
Denn wer heimkehrt zum Herrn,
bleibt in der Gemeinschaft der Gottesfamilie
und ist nur vorausgegangen.

(Hieronymus)

RISIKO!

Dass ein Wiedersehen eine erstrebenswerte und tröstliche Perspektive ist, setzt voraus, dass es zuvor eine gute Zeit des Miteinanders gegeben hat, deren Verlängerung wünschenswert sein kann. Ist zuvor eine Beziehung enttäuschend und lieblos gewesen, ist die Aussicht auf ein Wiedersehen eher kein Versprechen, sondern eine Bedrohung.

Symbole der Trauer

Bei dem Versuch zu beschreiben, was trauernde Menschen erleben und erleiden, kommen wir schnell an unsere Grenzen. Weil es im wahrsten Sinne »unsagbar« ist. Darum verstummen ja Trauernde oft in ihrem Zustand der maßlosen Betroffenheit, werden für ihre Umgebung schwer einschätzbar und distanziert. Sie tauchen ab in eine sprachlose Abgewandtheit, versinken in einer einsamen Welt unvergleichbarer Ohnmacht. Wie soll man auch ausdrücken, beschreiben, erklären, was unfassbar und unerklärlich ist?

Darum ist ein erster und womöglich unendlich wertvoller Schritt in der versuchten Begleitung, vorsichtige Deutungsangebote zu machen, gewagte Vergleiche und Bilder anzubieten, die helfen können, über das zu sprechen, was irgendwie unsäglich ist.

Ein bewährter Versuch dabei ist es, ganz alltägliche, vertraute, unspektakuläre Dinge des Alltages zu nehmen und ihnen zuzutrauen, dass sie in der Lage sind, etwas anzudeuten und abzubilden, was in der Trauererfahrung passiert.

Das kann und soll ganz ohne Inszenierung und Pathos geschehen. Ganz gewöhnliche Sachen hernehmen, vorzeigen, anschauen und ihnen über ihren vordergründigen Wert hinaus zutrauen, dass sie über sich hinausweisen auf einen »Mehrwert« mit angedeuteter Trauerqualität.

»Mit meiner Trauer ist es wie mit einer Uhr, einer Baumscheibe, einem Fotoalbum, einem Rettungsring, merkwürdigen Trauertönen, einer harten Nuß oder einem Fragezeichen.« Diese oder andere Gegenstände des täglichen Lebens können für einen Moment helfen, das Schwere leichter zu sagen. Damit wird kein Anspruch darauf erhoben, die Rätsel des Trauerweges gänzlich zu erschließen, oder gar endgültig zu deuten. Aber es können einzelne Aspekte deutlich werden und aus der lähmenden Starre herausführen.

Wenn dann aus der sprachlosen Stille endlich ein paar Worte herausführen, dann löst sich zumindest für einen Augenblick die verhängnisvolle Ausgrenzung aus dem Leben, und die trauernden Menschen können sich öffnen und etwas von dem mitteilen, was in ihnen vorgeht. Es sind nur kleine Ausflüge und Experimente, die nicht unbedingt trösten oder wirklich erleichtern, was so schwer belastet, aber es können immerhin kurze Unterbrechungen der Einsamkeit dabei passieren, die andeuten, dass das Erlebte nicht gänzlich aus der Welt hinausevakuiert. Wenn mit ganz normalen Dingen des Lebens etwas ausgesagt werden kann über den Schrecken des Todes, dann besteht doch noch Hoffnung darauf, ein Teil dieser Welt zu sein und zu bleiben, auch wenn sie für den Augenblick total untergegangen zu sein scheint.

Thema: Uhr

Die Trauer schaut nicht auf die Uhr. Sie ist zeitlos. Ihr ist es egal, wie spät oder früh es gerade ist. Mit dem Tod eines geliebten Menschen ist die Zeit einfach stehen geblieben. Bis dahin ist es auf jede Minute angekommen. Die letzten Tage und Nächte und Stunden waren exakt getimt. Die Todesstunde ist tief verankert im Gedächtnis. Die verschiedenen Zeitpunkte der Krankheit, eines Unfalls, einer OP, wann wo gelitten und gebangt worden ist, das ist auf der Zeitschiene genau festgehalten. Aber seit der Tod passiert ist, braucht es keine Zeit mehr. In vielen Trauerhäusern stehen die Uhren still. Im wahrsten und im übertragenen Sinne ist das so. Die Uhr des Lebens tickt nicht mehr. Oder doch? Gibt es die Zeit noch?

Einstieg:

Frage: »Tragen Sie eine Uhr? Schauen Sie oft drauf? Ist Ihnen wichtig, wie spät oder früh es ist? Welche Bedeutung hat es für Sie in ihrer Trauer zur Zeit, ob es Tag oder Nacht ist, Morgen, Mittag oder Abend?«

Verlauf:

Weil die Uhr unsere Lebenszeit taktet, scheint sie angesichts von Tod und Trauer ausgedient zu haben. Trotzdem gibt es die Zeit noch immer. – Was machen wir mit ihr – was macht sie mit uns?

Zielgedanke:

Trauerzeit ist auch Zeit. Eine sehr wertvolle sogar!

Vereinbarung:

Wie sieht der Zeitplan eines Trauertages bei mir aus?

Geschenk:

Kleine Sanduhr für Gedenkminuten

Material

Schöpfer meiner Stunden und meiner Jahre,
du gibst mir viel Zeit.
Sie liegt hinter mir. Sie liegt vor mir.
Sie war mein, sie wird mein sein
und ich habe sie von dir.
Ich danke dir für jeden Schlag der Uhr.
Er ist ein Schritt auf deinem Weg mit mir.

Ich bitte dich nicht um mehr Zeit,
als du mir beschieden hast.
Ich bitte aber um viel Achtsamkeit,
den Anruf jeder Stunde zu hören.

Ich bitte dich, dass ein wenig meiner Zeit
frei ist von Befehl und Pflicht.
Ein wenig für Stille.
Ein wenig für das sorglose Spiel
und viel für die Menschen,
die einen Tröster brauchen.

Ich bitte dich um Sorgfalt,
dass ich meine Zeit nicht töte,
nicht verderbe oder vertreibe.
Jede Stunde ist ein Streifen Land.
Ich möchte sie öffnen mit dem Pflug,
möchte Liebe hineinwerfen,
Gedanken und Gespräche,
damit Frucht aus ihr wächst.
Segne du meinen Tag.

(Jörg Zink)

Ergänzend kann auch der Song »Über sieben Brücken musst du geh'n« verwendet werden.
Sie finden den Text unter: *https://www.songtexte.com/songtext/karat/uber-sieben-brucken-musst-du-gehen-23ce4417.html* (Aufruf 22.02.2022).

Eine Audioversion finden Sie unter: *https://www.youtube.com/watch?v=eKwl5HclBeQ* (Aufruf 13.02.2022).

RISIKO!
Vorsicht vor dem Sprichwort: »Zeit heilt alle Wunden!« Sie verwundet eher alle Heilen. Die Zeit als selbstheilende Zukunft zu versprechen verbietet sich für die Begleitung trauernder Menschen.

Thema: Baumscheibe

Eine schöne große Baumscheibe, glatt geschmirgelt und gut eingeölt, gibt eindrucksvoll ihre Jahresringe preis und lässt erkennen, wie das Wachsen und Werden gewesen ist. Sie zu zeigen ist imposant, weckt Interesse, macht neugierig. Das sind Reflexe, die den Trauernden mitunter kaum noch passieren. Darum tun sie gut und entlasten für einen Moment. Diesen Moment zu nutzen, um etwas über das »Tagebuch« eines Baumes zu erzählen, lohnt sich.

Einstieg:

Von einem Baum können wir uns eine Scheibe abschneiden. Wenn wir uns diese dann genau anschauen, gibt er uns allerhand Einblicke in sein Innenleben. Der hat nämlich Tagebuch geführt und alles eingetragen, was ihm im Laufe der Jahre geschehen ist. Er hat sich Jahresringe zugelegt, in denen er sein ganzes Ergehen abbildet.

Verlauf:

Er ist immer gewachsen, aber immer sehr verschieden. Nie gleich. Nie nur viel. Oft ganz wenig. Er hat Schläge abbekommen, dürre Jahre ausgehalten, Krisen und Krankheiten durchgemacht. Manchmal hatte er genug Licht und Wasser und Sonnenschein, dann ist er breit und üppig gewachsen. Aber dann gab es auch schlechte Zeiten, da fiel das Wachstum nur ganz mager aus. Es hat Verletzungen gegeben, Wind und Wetter haben ihn zum Schwanken gebracht, Teile von ihm sind abgebrochen, Blitz und Donnerwetter haben ihn zerzaust, er erlebte lange Winterpausen und munteres Frühlingserwachen, Sommersonnenschein und Herbststürme. Auf Biegen und Brechen hat er sich eingestellt. Und nur weil er so gut schwanken konnte, ist er nicht umgefallen. Und es sind vor allem die dürren Jahre gewesen, die ihn stabil und fest gemacht haben. Baumstark ist er nur geworden, weil alle Krisen und Macken eins ums andere Jahr eingewachsen sind, ihn standfest werden ließen.

Feste Wurzeln in der tiefen Erde und weite Äste, die bis in den Himmel gewachsen sind, haben ihm Halt und Schönheit gegeben.

So ist er, der Baum. Wie wir?

Zielgedanke:

Wir sind gewachsen wie ein Baum. Gerade im Schwanken werden wir stabil.

Vereinbarung:

Meine Jahresringe bedenken.

Geschenk:

Kleine Baumscheiben

Material

Kurz-Gebet mit Psalm 1

Du gibst mir Kraft.
Auf dich, Gott, hören ist gut.
Zwar fehlt es nicht an Widerstand,
aber nichts kann mich von dir trennen.
Dich lieben macht mich froh.
Wie ein Baum am frischen Wasser grünt,
so lebe ich auf bei dir.
Du gibst mir Kraft.
Doch ohne dich verweht, was war.
Der Weg mit dir ist der beste.
(Theophil Tobler)

Passend dazu kann man sich auch das Lied »Alt wie ein Baum« von den Pudys anschauen oder anhören. Text: *https://www.songtexte.com/songtext/puhdys/alt-wie-ein-baum-3ce45f7.html* (Aufruf 13.02.2022).

Audio/Film: *https://www.youtube.com/watch?v=lpip-cap1R40* (Aufruf 13.02.2022).

RISIKO!
Nicht alle werden es durchhalten, so lange von sich weg zu sehen und sich auf den Baum zu konzentrieren. Es wird immer auch Aussteiger*innen geben, die kurzerhand bei sich sein wollen und der Baumscheibe nichts wirklich für sich abgewinnen können. Schade, aber nicht zu ändern. Das Symbol also nur so lange anbieten, wie die Nachfrage es bestätigt.

Thema: Fotoalbum

Sie haben eine magische Anziehungskraft: die Bilder unseres Lebens. Weil wir mit ihnen mehr noch als mit Worten in unsere Geschichte eintauchen. Bilder haben eine solche Wirkmacht, sie erzeugen in uns ganze Gefühlslandschaften und heben Erinnerungsschätze, sodass wir mitunter von ihnen emotional überwältigt werden. Der bloße Anblick eines Fotoalbums reicht bei manchen Trauernden schon aus, um Fluchtgedanken und Angstzustände auszulösen. Gleichzeitig brauchen alle Hinterbliebenen diese festgehaltenen Lebenszeichen als »Beweisfotos« für das gewesene Miteinander. Diese Ambivalenz hat also genug Power, um eine Begegnung, ein Gespräch zu initiieren.

Einstieg:
Frage: »Können Sie sich Bilder anschauen? Haben Sie zu Hause Bilder abgehängt? Oder welche dazugestellt? Welche Erfahrungen machen Sie gerade mit den Fotos der Vergangenheit?«

Verlauf:
Das Gespräch wird in jedem Falle sehr kontrovers. An den Bildern scheiden sich die Trauer-Geister. Sie wirken so unmittelbar und intui-

tiv, dass es leicht zu einer Überdosierung kommen kann. Gleichzeitig gibt es keine größeren Reiz für das Gedächtnis, keine Signalwirkung die vergleichbar wäre mit diesem Effekt des »Weißt du noch?«

Zielgedanke:

Bilder des gemeinsam gelebten Lebens haben eine unüberbietbare Doppelbedeutung: Sie tun weh und gut zugleich. Und dieses überwältigende Duett/Duell der Gefühle macht die Trauer zu einer so unvergleichlich wertvollen Selbsterfahrung. Nichts lässt uns so sehr aufspüren, wer wir sind und was uns ausmacht. Bilder sind Schätze für den Herzschmerz der Trauertiefe.

Vereinbarung:

Ein Lieblingsbild auswählen.

Geschenk:

Leerer Bilderrahmen

Material

Aussage eines trauernden Menschen:

»Ich schaue mir stundenlang Fotoalben an,
obwohl ich weiß, dass es weh tut.
Sie haben eine abstoßende Anziehungskraft.
Die Fotos.
Ich suche sie und ich meide sie.
Ich will sie sehen
und lauf vor ihnen weg.
Es ist wie mit allem,
was ich anfasse, anschaue, anfange:
Du bist einfach überall.
Ich versuche, mich zu ertränken in Bildern von dir.
Sich ein Bild machen.
Ein Bild haben.
Furchtbar schön!«

Heftig geäußerte Gegenmeinung:

»Ich habe alle Bilder zuhause abgehängt!
Ich kann sie mir nicht anschauen.
Diese gemeinsame Zeit ist ja vorbei.

Es gibt nichts Schönes mehr.
Hochzeit, Familie, Geburtstag, Urlaub.
Alles muss weg.
Ich muss das machen.
Ich muss mich schützen!
Der Tod hat alles ausgelöscht.«

RISIKO!
Trauernde können mitunter sehr heftig darum streiten, wie »man richtig trauert«. Da kann es zu gnadenlosen Urteilen über die verfehlten Versuche der Anderen kommen. Und Angriffe auf die eigene Eigenart machen total aggressiv. Die Trauerarbeit ist so anstrengend und darum so sensibel »nur meins«, dass es kaum Toleranzspielräume gibt, die erträglich wären. Also Vorsicht! Und immer Anwältin/Anwalt sein für »einerseits und andererseits«!

Thema: Rettungsring

Das Gefühl unterzugehen ist trauernden Menschen sehr vertraut. Sie sind geradezu täglich überflutet von wechselnden Gefühlen, bedrohlichen Situationen, Überforderung und Angst. Untergangsstimmung also als Teil der neuen Normalität des Lebens ist für Hinterbliebene so real, so absolut bedrohlich, dass der Anblick eines Rettungsringes spontan heftige Reaktionen auslöst. Einen solchen also in ein Gespräch oder eine Gruppensitzung mitzubringen und in die Mitte zu legen wird in jedem Falle eine eigendynamisch reizvolle Startsituation auslösen.

Einstieg:
Spontane Äußerungen zulassen. Unkommentiert wirken lassen.

Verlauf:
Wer oder was kann als rettende Hilfe wahrgenommen werden?
Wer wirft mir einen solchen Rettungsring zu?
Wann habe ich schon die Erfahrung gemacht, vor dem Untergehen gerettet worden zu sein?

Zielgedanke:
Auch wer nach einem Rettungsring greift, ist noch immer am Schwimmen.

Die Hilfe, die vor dem Untergang rettet, ist im Augenblick wirksam, ändert aber den »Seegang« meines Lebens nicht.

Vereinbarung:
Welche Menschen sind in meiner Nähe als »Retter in der Not« einsatzbereit?
Kann ich sie ansprechen?

Geschenk:
Kleiner Rettungsring

Material

Untergehen in Variationen
umkommen
verschwinden
versinken
zerfallen
absterben
zusammenbrechen
abstürzen
entschwinden
auflösen
verloren gehen
zerbrechen
schiefgehen
straucheln
versagen
ermatten
zugrunde gehen

Ich will gut ausgehen
weitersehn
will dahinterkommen
himmelsonnen
will verrückt sein, außer mir,
ganz von der Rolle
anders

voller Risiko sowieso
will um Gottes willen
nichts mehr wissen wollen
will meinen ganzen Mut
zur Demut neigen
lichterloh froh
ganz gottvoll glänzen
grenzenlos
ich will gut ausgehen

RISIKO!

Die Attraktivität des Untergangs übersteigt für Trauernde den Rettungsgedanken bei Weitem. Das ist für eine gewisse Zeit in Ordnung so. Als Dauerzustand, der sich als vertrautes Dilemma zunehmend verhärtet, ist er zu relativieren und zu überwinden. Der Rettungsring ist als Idee nur dann gut, wenn er ergriffen wird.

Thema: Trauertöne

Im Trauerhaus gibt es keine Musik. Das war früher sogar ein verpflichtender Teil der einzuhaltenden Trauerkultur des ersten Jahres. Aber es entspricht auch dem Bedürfnis der trauernden Menschen nach Ruhe und Abgeschiedenheit. Musik tut eher weh. Es sei denn, sie besingt, wie jemand sang- und klangvoll untergeht. Irgendwelche Musik vorzuspielen ist also riskant. Eher möglich ist es, die Trauernden danach zu fragen, welches Lied sie zur Zeit hören können, welche Töne zu dem passen, wie sie gestimmt sind.

Einstieg:

Nach Absprache werden Lieder mitgebracht und gegenseitig vorgespielt.

Verlauf:

Musik fängt da an zu sprechen, wo das Reden ins Stocken gerät. Was wir nicht wirklich aussprechen können, das kann Musik vertonen. Darum ist es ein ganz intimer und sehr persönlicher Einblick in die jeweils eigene Trauerwelt, wenn sich jemand traut, ein Lied vorzustellen, das dem Klangbild der eigenen Trauer entspricht.

Zielgedanke:

Trauermelodien und -texte sind gespeicherte Kraft für das Weitergehen auf dem Trauerweg. Sie sich gegenseitig vorzuspielen, kann sehr tröstlich sein und viel Vertrauen stiften.

Vereinbarung:

Bewusstes Weitersuchen nach Leid im Lied.

Geschenk:

CD

Material

Entwurf für ein Osterlied
Die Erde ist schön, und es lebt sich leicht im Tal der Hoffnung.
Gebete werden erhört. Gott wohnt nah hinterm Zaun.
Die Zeitung weiß keine Zeile vom Turmbau.
Das Messer
findet den Mörder nicht. Er lacht mit Abel.
Das Gras ist unverwelklicher grün als der Lorbeer.
Im Rohr der Rakete nisten die Tauben.
Nicht irr surrt die Fliege an tödlicher Scheibe.
Alle Wege sind offen. Im Atlas fehlen die Grenzen.
Das Wort ist verstehbar. Wer Ja sagt, meint Ja,
und »Ich liebe« bedeutet: jetzt und für ewig.

Der Zorn brennt langsam. Die Hand des Armen ist nie ohne
Brot. Geschosse werden im Flug gestoppt.
Der Engel steht abends am Tor.
Er hat gebräuchliche Namen und sagt, wenn ich sterbe:
Steh auf.
(Rudolf Otto Wiemer)

Ein Lied, das explizit das Thema Tod und Trauer aufgreift, stammt von den Wise Guys und heißt »Dankbar für die Zeit«. Das Lied finden Sie unter folgenden Links: Text: *https://www.wiseguys.de/index-80.html* (Aufruf 13.02.2022).

Audio/Video: *https://www.youtube.com/watch?v=qYeY-KEvDWLQ* (Aufruf 13.02.2022).

RISIKO!
Lieder und Tränen treffen sich gerne. Und sie sind beide wertvoll und wunderbar.

Thema: Fragezeichen

Wer in die Trauer fällt, hat keine Antworten mehr, sondern nur noch Fragen. Das ist kein kurzfristiger Ausnahmezustand, der vorübergeht, durchgestanden werden muss, irgendwann aufhört, sondern das ist ab sofort die stabile Instabilität als Trauerexistenz. Das geht nicht vorbei, sondern mit.

Trauernde Menschen sind fragende Menschen. Ihre Fragen sind kein Ausdruck von Schwäche, Orientierungslosigkeit und mangelnde Lebenskompetenz, sondern das exakte Gegenteil: Es ist eindrucksvolles Zeichen für eine starke Qualität von Überlebenskampf und radikaler Wahrheitssuche. Trauernde wollen sich nichts vormachen, sondern dahinterkommen. Wollen es wissen, woher, wohin, warum, wozu das ganze Leid und Elend kommt und führt.

Einstieg:
Ein großes Fragezeichen liegt in der Mitte der Gesprächsrunde und markiert das Thema unübersehbar. Das Gespräch kann sich daran orientieren, welche Fragen die Anwesenden gerade aktuell auf dem Herzen haben. Womit sie sich herumschlagen im Augenblick.

Verlauf:
Es geht nicht darum, den ganzen Fragenkatalog abzuarbeiten, in dem mögliche Antworten angeboten werden, die das Rätsel lösen oder zumindest entschärfen sollen. Wichtig ist, dass die Fragen das Recht haben, unbeantwortet zu bleiben.

Zielgedanke:

Fragen sind kein schnell zu lösendes Dilemma, sondern ein Zustand respektabler Trauerarbeit. Sie zu stellen bedeutet, sich auf sie einzustellen und mit ihnen bis auf Weiteres als Wohngemeinschaft im Trauerhaus zu leben.

Vereinbarung:

Offene Fragen als Dauergäste tolerieren, sie aber nicht in »allen Räumen« wohnen lassen.

Geschenk:

Kleines (geteiltes) Fragezeichen (siehe Material)

Material

Idee:

Wenn man ein Fragezeichen an einer ganz bestimmten Stelle in der exakten Mitte durchtrennt, kann man es als Herz zusammen falten. Das mag ein Symbol dafür sein, dass die wichtigste Frage der (Trauer-)Welt heißt: Werde ich (noch) geliebt?

Treffen trauernde Menschen auf die ihnen entgegengebrachte Liebe, können sie mit allen anderen Fragen (gut) leben.

Ich frag ja bloß ...

Wo komm ich her? Wo geh ich hin? Woher weiß ich, wer ich bin?
Ich frag und suche Weg und Ziel. Ist das zu viel?

Man wird ja wohl mal fragen dürfen,
wie's geht und steht mit diesem Zweifelglauben.
Ich mein ja nur. Ich frag ja bloß. Das kann so falsch nicht sein.
Ehe ich auf Antwort hör, fallen mir viele Fragen ein:

Wie find ich Gott? Ist er mir nah? Ich frag und such Sinn und Halt.
Und das ganz bald.

Was wird aus uns und dieser Welt? Ist da noch als Macht und Geld?
Ich frag und suche Maß und Mitte. So meine Bitte.

Wann kommt der Himmel? Ist er noch weit? Gibt es ein Leben nach der Zeit?
Ich frag und suche Heimat und Haus. Wer kennt sich aus?

RISIKO!

Wenn aus dem Fragezeichen nicht wirklich ein Herz wird (irgendwann), hat der Mensch nicht nur eins, er wird selber dazu. Darum ist es wichtig, gemeinsam darauf zu achten, dass es ein Zeichen bleibt und kein verschließendes Siegel wird.

Thema: Nuss

Die Nuss gilt als Ganzheitssymbol des Menschen durch ihre 3 Bestandteile.

- Die grüne Hülle steht für das Fleisch, die äußere Erscheinung.
- Die harte Schale symbolisiert die Stabilität, die Knochen.
- Und der weiche Kern steht für das Innerste des Menschen, seine Seele.

Von einer »harten Nuss« spricht man dann, wenn es darum geht, eine schwere Aufgabe zu bewältigen. Wenn es äußerst kompliziert, unangenehm und problematisch zugeht, dann handelt es sich um das Knacken harter Nüsse. Grund genug, die Trauer und ihre Zumutung damit zu vergleichen.

Einstieg:
Nüsse liegen an allen Plätzen. Automatisch nehmen die Teilnehmenden sie in die Hand.
Impuls: »Sie sind ja alle Experten im Nüsse knacken ...
Wer trauert, weiß, was harte Nüsse sind ...«

Verlauf:
Es kann ein Austausch darüber erfolgen, welche harten Nüsse auf dem bisherigen Trauerweg bereits geknackt worden sind.

Ebenso ist der Frage nachzugehen, welche harten Nüsse bisher einfach nicht zu knacken waren.

Und schließlich darf auch die Frage nicht fehlen, inwieweit trauernde Menschen selber so etwas wie »harte Nüsse« sind?

Zielgedanke:
Trauernde Menschen nehmen die Herausforderung der Trauergabe zielstrebig als »harte Nuss« an. Bei allem Respekt sind sie entschlossen, bis zum Kern der Sache vorzudringen – und sich zu öffnen.

Verabredung:

Welche »harte Nuss« will ich als nächste knacken?

Geschenk:

Nussknacker

Material

Synonyme für »harte Nuss«: (Ein Wort kann ausgewählt und besprochen werden)

- Barriere
- Gefahr
- Einschränkung
- Risiko
- Blockade
- Behinderung
- Problem
- Schwierigkeit
- Hindernis
- Haken
- Hemmung
- Abgrund
- Sperre
- Klippe
- Hürde
- Hemmnis
- Barrikade
- Erschwernis

Harte Nüsse
Die harte Schale einer Nuss,
noch ungeöffnet, ist Verdruss.
Doch ist das Knacken erst gelungen,
belohnt der Inhalt dieses Streben,
hat allerlei Genuss zu geben.

So ist es auch mit Menschen, Dingen,
am Anfang muss man sich oft zwingen,
um sie nicht einfach aufzugeben,
Leichteres, Neues anzustreben.
Man knackt die Hülle und erfährt,
auch diesmal war's die Mühe wert.
(Rüdiger Lorenz)

RISIKO!

Selber eine »harte Nuss« zu sein könnte nicht gerade als Kompliment verstanden werden. Also Vorsicht!

O-Töne der Trauer

Die authentischsten Aussagen über die Trauer machen natürlich die Betroffenen selbst. Weit weg von jeder Theorie sind sie komplette Vertreter der Praxis. Mit ihnen treffen wir nicht auf eine »second-hand« Erfahrung, sondern kommen an den Original-Schauplatz des Trauerfalls. Darum sind sie die glaubwürdigsten Zeugen des Geschehens um Tod und Abschied. Niemand vermag echter und näher am Abgrund entlang zu entdecken, wie sich die Katastrophe des Verlustes anfühlt. Wenn sie sich äußern, gilt es, genau hinzuhören und achtsam auf jedes Wort zu schauen.

Niemand kann uns näher an die Welt der Trauer heranführen. Sie beschreiben mit ihren O-Tönen das Land der Abschiedlichkeit eindringlich und originell. Wenn sie uns nicht als Fremdenführer durch das Labyrinth der Um- und Ab- und Auswege der Trauerwelt geleiten, kommen wir niemals dort an, wo sich das Herzeleid verortet hat.

Darum ist das Gespräch und der Austausch so unendlich wertvoll für beide Seiten. Wenn uns die betroffenen Menschen nicht in das Hoheitsgebiet ihrer Trauer hereinließen, würden wir einigermaßen sprachlos und stumm bleiben. Das Geschenk des Trauer-Dialoges macht uns erst sprachfähig und emphatisch genug, um zur Weggefährtenschaft in der Lage zu sein.

Darum folgen jetzt 7 Zitate von trauernden Menschen. Sie treten als Trauerexperten in den Zeugenstand und machen ihre Aussage glaubwürdig und mit einem hohen Maß an Selbsterfahrung belegt.

Ihre Aussagen lauten:

»Es ist jetzt nichts mehr, wie es war!«

»Ich zweifle an Gott!«

»Warum sind nicht alle Ampeln rot?«

»Tagsüber geht's, gegen Abend wird es schlimmer, die Nächte sind grausam!«

»Pflichten und Aufgaben sind wie ein Geländer!«

»Mir kann es niemand recht machen!«

»Ich glaub, ich bin verrückt!«

Diese O-Töne der Trauer sollten jeweils schriftlich ausgehändigt werden, damit darüber ein Austausch stattfinden kann.

Thema: »Es ist nichts mehr, wie es war!«

Mit dem Tod eines Menschen ändert sich das Leben der Angehörigen dramatisch. Ein Mensch geht und er nimmt die ganze Welt mit, die durch seine Anwesenheit erst zum Ereignis wurde. Der Weltuntergang ereignet sich bei jedem Sterben auf der Welt. Unvergleichlich, einzigartig wie jedes einzelne Menschenkind nun einmal gewesen ist, so verschwindet mit seinem Tod auch die durch ihn geschaffene Realität. Mit einem Schlag endet alles, was sich als Normalität etabliert hatte, Gewohnheiten, alles Miteinander und Beieinander und Füreinander, auch alles Gegeneinander ist auf einmal zu Ende. Nichts ist mehr, wie es war, und niemand weiß, was jetzt daraus wird.

Einstieg:

Impuls:

- Woran spüren Sie tagtäglich, dass nichts mehr ist, wie es war?
- Was ist so spürbar vorbei, anders, verloren?

Verlauf:

Menschen werden liebe Gewohnheiten, Rituale vom gemeinsamen Aufstehen, Frühstücken, Alltagsnormalitäten berichten. Nichts ist dabei spektakulär oder besonders einzigartig. Es ist das Geländer des ganz lange eingeübten Zusammenlebens, das plötzlich fehlt und die Leute unsicher werden lässt.

Immer wussten sie, wie es geht, das Leben im Verlauf des Jahreszyklus. Jetzt kennen sie sich nicht mehr aus.

Zielgedanke:

Was gut war, ist vorbei. Was schlecht war, ist auch vorbei. Was belastet hat, was an Not und Angst da gewesen ist, das ganze Leid, die Krankheit, die bangen Fragen nach der Zukunft: alles Vergangenheit. Und noch weiß niemand, wie es jetzt weitergehen soll. Und an dem Punkt angekommen, macht sich blanke Ratlosigkeit breit. Was sonst? Das ist kein Versagen. Das ist so, weil es gar nicht anders sein kann.

Verabredung:

Niemand ist in dieser Unzeit souverän und kurvensicher. Also muss ich es auch nicht sein! Zur Zeit müssen »mildernde Umstände« gelten.

Geschenk:

Neuer Kalender für die neue Zeit

Material

Uninteressante Menschen gibt es nicht
Und wenn ein Mensch stirbt, stirbt mit ihm
sein erster Schnee aus jener grauen Früh,
sein erster Kuss nachts und sein erster Zorn:
und all das nimmt er mit sich fort.

(...)

Die Menschen gehen fort... Dann sind sie fort.
Ihre Welten sind ein toter leerer Ort.
Und jedesmal, und denk ich dein,
möchte ich über dieses Ende schrein.
(Jewgenij Jewtuschenko)

Mascha Kaléko beschreibt das hier angesprochene Lebensgefühl sehr treffend in ihrem Liedtext »Ein sogenannter schöner Tod«. Sie finden diesen Text unter: *https://songtextes.de/songtexte/mascha-kaleko-ein-sogenannter-schoener-tod* (Aufruf 14.02.2022).

Audioversion: *https://www.youtube.com/watch?v=TgO-IROD1sJQ* (Aufruf 14.02.2022).

RISIKO!

Ohne Boden unter den Füßen stürzt der Mensch ab. Trauerfall im freien Fall. In diesem Zustand ist der Mensch trostlos und kann nicht glauben, dass es noch einmal ein Leben gibt. Also sollte man ihn auch nicht damit überfordern.

Thema: »Ich zweifle an Gott!«

Das ist wahrscheinlich die intensivste Gottesbeziehung, wenn ein Mensch an ihm zweifelt. Anders als in Zeiten der Unversehrtheit macht sich Gott für Trauernde zum Rätsel. Sie können seine Absichten und seinen Willen nicht einordnen, nicht verstehen. Damit sind sie in bester Gesellschaft mit Jesus selbst, dem der Wille Gottes im Garten Gethsemane ebenfalls eine Anfechtung gewesen ist. Es ist also alles andere als gottlos, an ihm zu zweifeln. »Mein Gott, warum hast du mich verlassen?«, schreit Jesus mit den alten Worten seiner Vorfahren am Kreuz. Schmerzhafte Gottverlassenheit ist ein wesentlicher Teil dessen, was mit Gott erlebt wird. Wer das übersieht, ist nicht ehrlich. Gottes Abwesenheit gehört zu dem ganz realen Teil seiner Art und Weise, Gott zu sein. Und wenn selbst Jesus mit dieser abgrundigen Erfahrung zu kämpfen hat, dann ist es keine Schande, wenn es uns ähnlich ergeht.

Einstieg:

Impulsfragen:

- Haben Sie zur Zeit ein Interesse an Gott? Beten Sie? Denken Sie über seinen Willen nach? Streiten Sie sich mit ihm? Oder gehen Sie ihm aus dem Weg?
- Kennen Sie das Gefühl des Zweifels? Zweifeln Sie sehr?

Verlauf:

Es wird sich auch hier wieder bestätigen, dass es nicht ohne Grund in der Bibel mehr Klagepsalmen als Loblieder gibt. Und es ist keine Majestätsbeleidigung, wenn Menschen ihre erhebliche Verunsicherung und sogar Empörung Gott gegenüber äußern. Es ist sogar eine unbedingte Pflichtaufgabe der Trauerbegleitung, sie dazu zu ermutigen.

Zielgedanke:

Gott ist und bleibt die richtige Adresse für unsere Klage und den Zweifel an dem Sinn, den sie haben sollen: das Leid und der Tod.

Vereinbarung:

Vorwurfsvoller Glaube ist auch Glaube.

Geschenk:

Klagegebet (siehe Material)

Material

Zweifelhaft
Wenn es Gott gibt, dann nimmt er zu viel!
Wenn er mich liebt, dann liebt er zu wenig!
Wenn er mich kennt, dann kennt er mich schlecht!
Ich glaube, dass ich nur noch zweifeln kann an ihm.
Er ist mir ein Rätsel.
Ich verstehe ihn nicht.
Wie kann er nur solche Fehler machen?
Ich reibe mich wund an seiner Eigenart,
zu weit weg zu sein.
Ich zweifle mich müde an ihm.
Mein Trauerfall ist mein Zweifelsfall.

Gebet
Ich bitte dich, Gott,
um die Kraft des Zorns,
um den Mut zur Auseinandersetzung,
um den aufrechten, ehrlichen Weg.
Treibe das falsche Lachen aus meinem Gesicht,
die furchtsame Sanftmut aus meinen Worten,
die Angst vor dem Streit aus meinem Herzen.
Zerreiße das Netz der Zaghaftigkeit.
Mach mich frei zu sein, der/die ich bin.
(Ulrike Wagner-Rau)

Ich zweifle, also bin ich
Gott
auf dem Weg zu dir.
Du bist der Fragen würdig
und ich vermiss dich hier.
Überall nur Leere, ich weiß nicht mehr wohin?
Komm mir doch nah und kläre mich auf
mit Ziel und Sinn.

RISIKO!

Zweifel ist auch Glaube. Er ersetzt ihn aber nicht.

Thema: »Warum sind nicht alle Ampeln rot?«

Das ist für viele trauernde Menschen der Skandal schlechthin: Ihre Welt ist untergegangen und trotzdem geht alles weiter seinen Gang. Um sie herum herrscht die blanke Ahnungslosigkeit. Es scheint, als wäre allen und jedem komplett egal, was passiert ist. Schmerzhafter kann die Wahrnehmung der Umgebung gar nicht sein, als dass sie eben nichts wahrnimmt. Anstatt die Welt anzuhalten, um angemessen darauf aufmerksam zu machen, was für ein großes Unglück hereingebrochen ist, schalten die Ampeln auf Grün und lassen alles weiterlaufen. Ungerührt, ungeniert, unbeachtet, unheimlich, unglaublich!

Einstieg:

»Kann es sein, dass die ganze Welt überhaupt kein Mitleid hat?
Tun Ihnen die grünen Ampeln auch so weh?
Kann es sein, dass das Leben einfach weitergeht, obwohl es aufgehört hat?«

Verlauf:

Der Austausch über die schmerzhafte asynchrone Welt-Erfahrung ist psychohygienisch ungemein wertvoll. Gleichzeitig gehört es zu den unabänderlichen Gesetzmäßigkeiten, dass sich die Erde immer weiterdreht, selbst wenn sie für einen Menschen gerade untergegangen ist. Diese Kränkung ist so elementar und gewaltig – und doch so lapidar und unspektakulär zugleich.

Und diese Zerreißprobe kann nur mit der Empfindsamkeit der Trauer aufgespürt und erlitten werden.

Zielgedanke:

Alles ist gleichzeitig. Mein Weltuntergang ist so wahr wie die gleichzeitige Geburt von neuem und verlängertem Leben. Ich bin immer nur ein Teil vom Ganzen. Und das Ganze ist größer als ich. Noch eine Zumutung also!

Vereinbarung:

Es müssen nicht alle mitsterben. Die Welt ist nicht böse, nur weil sie sich weiterdreht.

Geschenk:

Rote Karte (für mich). Die anderen spielen weiter ...

Material

»Haltet die Welt an, ich möchte aussteigen!«

Mein Weltuntergang
Mag sein,
ihr habt es nicht gemerkt.
Möglich, dass es niemand spürt.
Nicht ausgeschlossen,
dass ich alleine so empfinde.
Egal.
Fest steht:
Es gibt sie nicht mehr.
Meine Welt.

Die Ahnungslosen
Die Menschenart,
die artig lebt
und gar nicht weiß,
wie's kommt und geht,
die Hand in Hand spazieren,
ohne sich zu genieren,
die lieben, lachen,
Sachen machen
ganz ohne Ahnen
planen,
nicht auf sich selber stoßen,
nenn ich:
die Ahnungslosen.

RISIKO!

In der Isolation der Trauer bei gleichzeitig demonstrativer Vitalität der Umgebung kann leicht zu Bitterkeit und Verachtung führen. Bei allem Verständnis darf aber den Trauernden zugemutet werden, dass alle – während ihnen der Atem stockt – »weiteratmen«.

Thema: »Tagsüber geht's! Gegen Abend wird es schlimmer! Die Nächte sind grausam!«

Die tägliche »Fieberkurve« der Trauer fährt mit den Menschen Achterbahn. Ihre Gefühlswelt stülpt sich über sie und reißt sie rücksichtslos mit. Dabei ist das Tageslicht mit seiner banalen Ablenkung durch die Dinge, die zu tun sind, die passieren, die als Geräuschkulisse vereinnahmen, noch eher das Verschonprogramm. Wenn der Abend kommt, sich die Menschen in ihre Schneckenhäuser zurückziehen und hinter jedem warmen Fensterlicht das anheimelnde »Glück allein« zu wohnen scheint, braut sich der Schrecken der Nacht schon zusammen. Und die Dunkelheit einer nicht enden wollenden Einsamkeit kommt einer Isolationshaft gleich. Diese Tortur wiederholt sich totsicher. Das kostet unendlich viel Kraft. Womit endgültig bewiesen wäre, dass Trauer Schwerstarbeit ist. Vor allem die Nachtschicht!

Einstieg:

Frage als Anregung für den Austausch:

- Gibt es bei Ihnen auch einen Kreislauf der Trauerarbeit durch Tag und Nacht?
- Wann wird es leichter, wann immer schlimmer?

Verlauf:

Das Schildern der ganz alltäglichen Plagerei im Trauermarathon ist eine ganz unverzichtbare Entlastung, weil es im gegenseitigen Zuhören und Bestätigen seelsorgliche Qualität gibt, die darauf beruht, dass die erlebte Unvergleichlichkeit doch nicht einzigartig ist, sondern mit anderen Trauenden mitfühlend geteilt werden kann.

Zielgedanke:

Meine mühselige Trauerarbeit ist eine Höchstleistung, für die ich Anerkennung verdient habe – und sie auch bekomme.

Geschenk:

Text: Wehe! (siehe Material)

Material

Wehe!
Wehe, es wird Abend.
Wehe, es wird ruhig im Haus.
Wehe, die Leute gehen von der Straße.
Wehe, die Lampen über den Tischen fangen an zu leuchten.
und die LädenLäden ohne Zeichen davor gehen zu.
und die Tore werden geschlossen.
Jetzt muss eine ganze lange Nacht vorbeigehen,
ehe es wieder Leben gibt.
Bei den anderen.
O Gott!
Wehe!

Du bist ein Schatten am Tage,
Und in der Nacht ein Licht;
Du lebst in meiner Klage
Und stirbst im Herzen nicht.

Wo ich mein Zelt aufschlage,
Da wohnst du bei mir dicht;
Du bist mein Schatten am Tage
Und in der Nacht mein Licht.

Wo ich auch nach dir frage,
Find ich von dir Bericht.
Du lebst in meiner Klage
Und stirbst im Herzen nicht.

Du bist ein Schatten am Tage,
Doch in der Nacht ein licht;
Du lebst in meiner Klage,
Und stirbst im Herzen nicht.
(Friedrich Rückert)

RISIKO!

Es gibt trauernde Menschen, die diesen Zyklus der wachsenden Angst durch Tag und Nacht nicht erleiden müssen. Ihnen sollten wir keine Angst einjagen oder gar das Gefühl vermitteln, ihre Trauer sei nicht intensiv genug.

Thema: »Pflichten und Aufgaben sind wie ein Geländer!«

Den Ausnahmezustand zu ertragen, das ist auf die Dauer unmöglich, wenn es nicht zwischendurch entlastende Routinephasen gibt, in denen Vertrautes funktioniert. Bei der Bewältigung des Trauerweges sind so viele Mutproben und zuvor nie da gewesene Situationen zu bestehen, sodass die Erschöpfung und die Anspannung überhandnehmen können. Wenn da nicht ab und zu Automatismen ablaufen, die wie »im Traum« sicher gekonnt und bewältigt werden, führt das permanente »außer sich sein« zu einer ernsthaften und womöglich gefährlichen Burnout-Situation. Darum wäre es völlig verfehlt, trauernden Menschen sozusagen »alles abzunehmen«, was die Bewältigung des Alltages abverlangt.

Das, was die Leute zuvor gut und gerne gemacht haben, ihr berufliches Know-how, ihre Verpflichtungen in Haus, Hof und Garten, die Versorgung von Menschen und Tieren, ihre besonderen Hobbies und Begabungen im Umgang mit Musik, Kunst, Handwerk, Kommunikation etc. sollte ihnen in dem angemessenen Maße ihrer Selbstdosierung unbedingt zugänglich sein und bleiben.

Einstieg:

Impulsfrage: »Was machen Sie nach wie vor gut und gern? Welche Tätigkeiten ›verführen‹ Sie ab und zu in eine andere Welt der Verschonung? Gibt es etwas, was Ihnen hilft, ein bisschen Normalität zu spüren?«

Verlauf:

In der Weise, wie vor dem Trauerfall Leidenschaft und Hingabe an Tätigkeiten und Alltagsverpflichtungen im Vordergrund oder Hintergrund gestanden sind, so werden sie sich auch jetzt aufs Neue »zurückmelden«.

Zielgedanke:

Auch wenn den Menschen durch den Tod eines Angehörigen vieles genommen wurde, so haben sie sich selbst immer noch »übrig«. Und die Pflichten und Aufgaben, die sich zuvor vertraut gemacht haben, können noch immer entlastend und sinnstiftend sein.

Vereinbarung:
Was kann ich aus meinem »alten Leben« wieder zurückgewinnen? Womit kann ich mich neben der Trauer »belasten«, damit ich phasenweise von der Trauer entlastet bin?

Geschenk:
Liste (siehe Material)

Material

Es gibt zu tun.
Ich werde gebraucht.
Ich habe Pflichten.
Ich werde beatmet
von dem Hauch des Tuns
und vom Verrichten.

Ehe ich ganz
aufgebe,
suche ich mir Aufgaben
und gebe ab
und zu.

Mögliche Aufgaben: (Liste zum Durchstreichen oder Auswählen)
- Brief schreiben
- Blumen gieße
- Bücher blättern
- Gartenbank streichen
- Bankgeschäfte erledigen
- Briefmarken kaufen
- Pizza backen
- Wein kalt legen
- Arbeitsplatz aufsuchen
- Mails beantworten
- rausgehen und fotografieren
- mit dem Rad durch den Park
- vom Hund ausführen lassen
- Wäsche bügeln
- in die Sauna gehen
- jemanden zum Spaziergang überreden

- Kinder besuchen / nicht besuchen
- Enkel einladen
- Nachbarn zuwinken

RISIKO!
Keine Konkurrenz aufkommen lassen! Aktiv sein oder passiv, da geht es nicht um richtig oder falsch, gut oder böse, sondern um »das ist jetzt gerade richtig für mich!«

Thema: »Mir kann es niemand recht machen!«

Das sagen wohlgemerkt Trauernde über sich selber. Es ist keine Anklage. Niemandem gegenüber. Es ist eine Feststellung. Sie ist sachlich und sie ist korrekt. Weil sie pragmatisch einen Befund markiert, der den unkalkulierbaren Zustand eines trauernden Menschen annähernd zutreffend beschreibt. Die Gefühlswelt, die Bedürfnislage, die Aggregatszustände der Seele eines aus der Bahn geworfenen Hinterbliebenen ist stabil instabil, ist nahezu ständig gegenteilig, wechselt abrupt und unvorhersehbar Sicht und Weise. Jegliche Bemühung, sich selbst besser zu verstehen, die Abläufe in der eigenen Verfasstheit zu entziffern und plausibel zu machen, scheitern unentwegt. Erst recht alle gut gemeinten Versuche der Umgebung, im richtigen Moment das Richtige zu tun oder zu lassen.

Und das ist keine vermeidbare Katastrophe, sondern eine unvermeidbarer Zustand.

Einstieg:
Impulsfragen: »Wann hat man es Ihnen zuletzt so richtig ›recht gemacht‹?
Ist Ihre Umgebung zufriedenstellend im Umgang mit Ihnen?
Wie kommentieren Sie die Aussage?"

Verlauf:
Enttäuschungen und Fehlversuche des Begleitens und Tröstens lassen sich trefflich aufzählen.

Zielgedanke:
In der Trauer ist die Wahrscheinlichkeit, dass eine Begegnung, ein

Gespräch, ein Besuch gelingen und für beide Seiten befriedigend verlaufen, ziemlich unwahrscheinlich. Das ist aber nicht schlimm, sondern normal, wenn auch schade.

Vereinbarung:

Menschen, die es gut meinen, entlasten und vergeben.

Geschenk:

Text: »So und so« (siehe Material)

Material

So und so
Ich möchte angerufen werden, aber nicht belästigt.
Ich möchte in Ruhe gelassen werden, aber nicht übersehen.
Ich möchte nichts gefragt werden, aber auch keine Antworten.
Ich will keine Besuche, aber dass man nach mir schaut.
Mit mir kann ich nichts anfangen, wenn niemand was mit mir anfängt.
Blumen will ich keine, aber Farben schon.
Musik kann ich nicht hören, aber schöne Töne fehlen mir.
An Gott glaube ich nicht mehr, aber ich vermisse ihn.

Dilemma
Trauer ist Arbeit.
Sie kostet Kraft.
Die habe ich nicht.
Das macht mich für meine Umgebung zum Problem.
Ich bin ein schwieriger Fall, ein Trauerfall eben.
Dem gefällt erst einmal gar nichts mehr.
Und gefallen lässt er sich auch nichts.
Die andern können mir vielleicht aus dem Weg gehen.
Ich kann es nicht.

Hallo!
Strengt euch nicht an!
Regt euch nicht auf!
Macht euch nichts draus!
Da ist nichts zu machen,
schon gar nichts richtig –
falsch …

RISIKO!
Der Satz »Man kann (oder: muss) es mir nicht recht machen!« gilt übrigens auch für die Trauerbegleitung!

Thema: »Ich glaub, ich bin verrückt!«

Diesen Satz äußern trauernde Menschen immer dann, wenn sie mit ihrer Eigenart im Umgang mit dem zugemuteten amputierten Leben auf Unverständnis in ihrer Umgebung stoßen. Und es sind auch in der Tat mitunter merkwürdige Dinge, die Trauernde tun oder lassen. Sie sehen ihre Toten, sprechen mit ihnen, tragen ihre Kleidung, decken für sie den Tisch, spüren ihre Nähe und meinen, sie auf der Straße gesehen zu haben. Ihre Wahrnehmung der Wirklichkeit unterscheidet sich elementar von der ihrer Umgebung. Das treibt sie in eine schmerzhafte Isolation und Einsamkeit. Unsere Trauerbegleitung bietet oft die einzige Chance, dieses Phänomen zu thematisieren.

Einstieg:
Provokation: »Fühlen Sie sich auch ein bisschen verrückt? Passieren Ihnen in Ihrer Trauer manchmal auch ganz merkwürdige Dinge, die Sie lieber für sich behalten?
Zweifeln Sie manchmal an Ihrem klaren Verstand? Oder gefallen Ihnen die ›verrückten‹ Trauererlebnisse eher?«

Verlauf:
Das ist schon eine Frage des Vertrauens, sich für dieses Themenangebot zu öffnen. Es kann nur einen guten Verlauf nehmen, wenn eine deutliche Bedürfnislage entstanden ist, sich über diese Schamgrenze hinwegzubewegen.

Zielgedanke:
Trauer rückt unser Leben aus der Spur der Normalität. Wer anfängt zu trauern, wird buchstäblich verrückt: in eine für Ahnungslose unerreichbare Welt. Diese bedarf eines besonderen Schutzes und sollte nur preisgegeben werden, wenn keine Be-/Verurteilung droht.

Vereinbarung:
Wenn demnächst wieder etwas Verrücktes passiert, sollte es freund-

lich begrüßt werden als Bestätigung für die außergewöhnliche Zeit, in der mein Leben gerade verläuft.

Geschenk:

Karte mit dem Text von Erasmus von Rotterdam über die Verrücktheit als höchste Form des Glücks. (siehe Material)

Material

Die höchste Form des Glücks
ist ein Leben mit einem gewissen Grad an Verrücktheit.
(Erasmus von Rotterdam)

Gespräch mit einer um ihren verstorbenen Mann Trauernden:

»Ich glaube, ich bin verrückt! Ich sage Ihnen, ich mache in letzter Zeit Sachen, die sind einfach nicht mehr normal. Sagt zumindest meine Tochter ...«
»Woher weiß sie denn davon?«, frage ich.
»Na, ich bin erwischt worden. Auf frischer Tat ertappt sozusagen. Es hat geklingelt an der Tür und ich mache auf und da steht meine Tochter, schaut mich entsetzt an und ruft MAMA! Und da merke ich erst, dass ich den Bademantel meines Mannes angezogen habe und einen Schal von ihm trage. Das hat meine Tochter sofort erkannt und mich dann ausgefragt, ob ich noch mehr solche verrückten Sachen mache.«
»Ja und, haben Sie ihr dann noch mehr erzählt?«
»Ja natürlich, ich habe ja geglaubt, sie sei davon begeistert so wie ich. Ich mache das alles ja, weil es mir gut gefällt – und vor allem, weil es mir gut tut.«
»Ja, dann ist es doch wunderbar. Dann kann es doch gar nicht falsch sein.«
»Na ja, es sind schon komische Sachen. Ich deck zum Beispiel jeden Morgen den Frühstückstisch für uns beide. So wie immer. Mein Mann könnte jeden Moment reinkommen und sich dazusetzen. An den gedeckten Tisch.«
»Großartig ist das ja. Ich kann daran nichts Verrücktes erkennen.«
»Ja, Sie vielleicht, aber meine Tochter sieht das anders. Sie will, dass ich damit aufhöre. Sie glaubt mir auch nicht, dass ich ihn regelmäßig gegen Abend kurz auf der Terrasse stehen sehe.

Dass ich in seinem Schlafanzug schlafe, habe ich gar nicht erst erzählt.«
»Das ist sehr klug von Ihnen. Sie müssen ja nicht alles verraten.«
»Ja, bin ich denn nun verrückt?«
»Ich glaube schon. Ja, zumindest ein bisschen. Das kann auch gar nicht anders sein. Wer trauert, wird immer dabei auch verrückte Sachen machen. Das ist ganz normal. Die Trauer ist genau so verrückt wie die Liebe. Das ist ja auch dasselbe. Sie trauern ja nur so sehr, weil sie ihren Mann so sehr lieben.«
»Na, dann will ich gerne verrückt sein!«

RISIKO!

Hier ist das Einhalten der seelsorglichen Schweigepflicht besonders zu beachten.

Zwischenbilanzen

Wenn sich eine Trauerbegleitung über eine längere Zeit erstreckt, bietet es sich an, ab und zu eine Zwischenbilanz zu ziehen. Es ist wie beim Bergwandern: Man ist schon eine geraume Zeit unterwegs, hat allerhand Strapazen ertragen und an Höhe gewonnen, ist einigermaßen erschöpft und braucht eine Pause. Man kann zurückschauen auf die Wegstrecke, die man schon gemeistert hat, und sich angemessen dafür loben. Noch besser, man wird gelobt von denen, die es einzuschätzen wissen, was für ein Kraftakt der bisher bewältigte Weg bereits darstellt. Es tut gut, sich darüber auszutauschen, wie es bisher »gelaufen« ist, wann die Luft dünn und der Weg zu steil war, wie lange das Seitenstechen wehgetan hat, von den Rückenschmerzen ganz zu schweigen.

Der »Boxenstopp« ist keine verlorene Zeit. Er ist unverzichtbar und für den weiteren Weg beste Voraussetzung. Menschen können sich leichter wieder neu für den weiteren Aufstieg motovieren, wenn sie das bisher geschaffte Stück angemessen würdigen, ausruhen und dabei die Blessuren pflegen, sich gut erfrischen und versorgen, neue Aufstiegspläne machen und dabei ihre bisherigen Erfahrungen einfließen lassen.

Im Folgenden werden 7 Themen und Modelle angeboten, die sich durch vielfache Wiederholung und »Anwendung« sowohl in der Begleitung einzelner Trauernden bewährt haben als auch beim Einsatz in verschiedenen Gruppen. Es kommt dabei jeweils ein Medium zum Einsatz, das ein reflektiertes Betrachten des bisherigen Trauerweges ermöglichen soll. Dabei sind die Vorgaben offen und für die eigene Gestaltung flexibel, sodass die einzelnen Teilnehmenden genug Spielräume haben, sich selbstbewusst und kreativ einzubringen.
Darum wird gearbeitet mit:

- Feder und Stein
- Trauerkalender
- Fieberkurve
- Symbolekoffer
- Trauerhaus-Begehung
- Wetterkarte
- Bilderkartei

Thema: Feder und Stein

Ein Teller, eine Schale wird herumgereicht. Darauf liegen eine Feder und ein Stein. Mit diesen beiden Symbolen macht die Frage die Runde: Was fällt mir inzwischen leicht und was geht nur ganz schwer? Federleichtes abzufragen ist schon eine Provokation für Trauernde. Aber es entspricht der Wahrheit, dass sie in der Tat nach einer gewissen Zeit eine ganze Menge Trauerkompetenz erworben haben und deshalb viele Dinge mit einer gewissen Leichtigkeit beherrschen. Das auszusprechen oder überhaupt zu realisieren ist schon eine Erfolgsmeldung der besonderen Art. Überrascht sind davon vor allem die Betroffenen selbst. Und genau dieser Effekt ist so wichtig. Er gibt Selbstvertrauen und macht Mut für den weiteren Weg. Denn der ist und bleibt schwer. Deshalb ist der Stein nach wie vor schwerwiegend real. Es gibt eben nach wie vor eine ganze Menge an Herausforderungen im Alltag, die tendenziell überfordern und einfach schwerfallen.

Einstieg:

Heute unterbrechen wir einmal unsere Trauerarbeit und machen eine Kummerpause. Wir nehmen uns Zeit für eine Rast und schauen zurück auf den Weg, den wir schon gegangen sind. Und um eine Zwischenbilanz zu ziehen, stellen wir zwei Fragen. Zwei Fragen mit Feder und Stein. Die Feder fragt: *Was fällt mir leicht?* Der Stein steht für: *Was fällt mir schwer?*

Verlauf:

Nicht alle werden der Herausforderung der Feder standhalten und sich tatsächlich attestieren, dass sie inzwischen als Profis der Trauer eine ganze Menge gut machen. Aber alleine die Tatsache, dass es die Feder gibt und sie diese Frage stellt, verändert die Sicht der Dinge. Trauer ist nicht nur »steinreich« an Belastung. Sie entwickelt auch eine federleichte Kunst, das Schwere zu ertragen.

Zielgedanke:

Es gelingt auf dem Trauerweg schon eine ganze Menge. Das ist der Rede wert. Und das Schwere gibt es sowieso. Es zu benennen ist der erste Schritt zur Begrenzung seiner alles beherrschenden Macht.

Vereinbarung:

Das Schwere wird leichter. Nicht leicht. Aber da verändert sich was. Das aufzuspüren wird die kommende Zeit verändern.

Geschenk:

Feder

Material

Leicht zu leben
ohne Leichtsinn,
heiter zu sein
ohne Ausgelassenheit,
Mut zu haben
ohne Übermut –
das ist die Kunst
des Lebens
(Theodor Fontane)

Feder Stein
Und manchmal / ein heller Nach-
mittag
mit Wolken / weiter oben
und weiß
die ihre Bahn ziehen / den
bloßen Himmel entlang
Augen-
Blicke / die aus Licht
bestehen / und fernen Rufen
(jenseits der Häuser)

Und Eidechsen / die
an den Mauern gehn: ein-
fach so.
(Sepp Mall)

RISIKO!

Es kann zu Verweigerung kommen, der Feder überhaupt ein Mitspracherecht einzuräumen. Dann ist das so. Dann ist eben nur Steinzeit. Noch!

Thema: Trauerkalender

Die Trauer hat Termine. Sie trägt sich erbarmungslos in jeden Kalender des Lebens ein. Ihre Chronologie ist auf der Zeitschiene unübersehbar fixiert. Menschen, die gezwungen wurden, einen Abschieds- und Trauerweg zu begehen, können ganz genau sagen, wann was passiert ist. Sie kennen den Tag der Diagnose, des Unfalls, des Infarktes. Sie wissen genau zu sagen, wann der OP-Tag gewesen ist, wann die Zeit der Intensiv-Überwachung im Koma, ganz zu schweigen von Sterbetag und Zeit bis hin zu Stunde, ja Minute. Der Tag der Beerdigung ist und bleibt der Termin, mit dem sich das Leben definitiv von allem unterscheidet, was es zuvor gegeben hat. Jeder Trauerkalender enthält seine Stichtage. Die heißen so, weil sie so sind. Sie stechen. Sie tun weh. Sie verletzen und quälen auf Dauer mit ihrer Wiederholung in der Erinnerung. Mitunter tun sie das auf Lebenszeit.

Einstieg:

Mit der Trauer beginnt in jedem Leben eine neue Zeitrechnung. Seit dem Trauerfall sind die Betroffenen »aus der Zeit gefallen«, die bis dahin das Leben getaktet hat. Jetzt sind es nicht mehr die Jahreszeiten, die Festtage, die Monate, sondern es wird nur noch danach gezählt, wie lange es jetzt schon her ist, seit das Unglück, der Kummer, der Tod und der Abschied passiert sind. Welche Gedenktage sind da besonders wichtig?

Verlauf:

Die Kummerdaten und Abschiedstermine sind absolut präsent und müssen mit großer Aufmerksamkeit betrachtet werden. Das braucht viel Zeit. Das Thema aufzurufen bedeutet, ihm auch den Raum zuzugestehen, der dafür benötigt wird.

Zielgedanke:

Meine Stichtage sind mir präsent. Mit ihnen fixiere ich meine Zeit der Trauer exakt. Sie markieren den Kalender meines Lebens unübersehbar. Und selbst die Geburtstage sind jetzt gefährliche Termine. Das ist so. Das bleibt so.

Vereinbarung:

Auflistung aller wesentlichen Stichtage.

Geschenk:

Text: Mein Trauerkalender (siehe Material)

Material

Ich kann die Zeit totschlagen,
sie vertreiben,
kann sie mir mal nehmen
oder verstreichen lassen,
kann zeitweise zeitlos sein,
sie womöglich mal sinnvoll nutzen.
Es ist egal,
sie ist und bleibt
Zeit
seit
deinem Tod.

Mein Trauerkalender
hat nur schwarze Zahlen.
Er zählt die Tage und Nächte extra.
Und manchmal hält er die Zeit an,
wie ich den Atem.
Mein Trauerkalender hat Stichtage.
Die geben mir einen Stich ins Herz tagelang.
Und manchmal schlägt er die Zeit tot,
wie meinen Willen.
Mein Trauerkalender ist voller Bedenken
und wiederholt meinen Schmerz immerzu.
Und manchmal nimmt er sich Zeit und mir das Leben.
Mein Trauerkalender hat kaum einen Termin frei für Feiertage im Licht.
Und er schüttet mich todsicher zu mit kalten Ängsten ohne Ende.
Und manchmal vertreibt er die Zeit aus dem Leben mit den anderen.
Mein Trauerkalender hängt mir zu hoch.
Ich werde ihn erst los, wenn Glaube, Liebe und Hoffnung
hoffentlich Geburtstag haben in mir.
Bis dahin rechne ich ihm meine Zeit
hoch an.

RISIKO!
Kann sein, dass die Trauer die gesamte Zeit so dominiert, sodass keine Termine mehr frei bleiben für das Leben. Dann ist das so – aber nur eine Zeit lang!

Thema: Fieberkurve

Das Empfinden des Trauerschmerzes ist nie gleich. Es variiert. Es gibt die Trauer am Morgen, im Laufe des Tages, am Abend, in der Nacht. Sie fühlt sich im Laufe der Woche anders an, sie kennt den Sonntag besonders gut, vor allem den Sonntagnachmittag als brennenden Heimweh-Höhepunkt. Die Trauer treibt es mit einem Menschen einmal auf die Spitze und ein andermal gar nicht so weit. Sie ist stabil labil. Manchmal massiv, dramatisch, ein andermal einfach lähmend da. Sie ist nicht immer unruhig, sondern manchmal auch einfach nur müde und erschöpft. Aber immer da. Sie ist lange Zeit pausenlos. Es lohnt sich, ihren Verlauf einmal für eine bestimmte Sequenz abzubilden.

Einstieg:
Wir malen eine Fieberkurve auf ein DIN A-4-Blatt, quer, von links nach rechts. Den Zeitraum bestimmt jede Person für sich selbst. Sie wählt aus: Heute, vergangene Nacht, diese Woche, einen Monat, seit dem Todestag, zwischen Tod und Beerdigung, oder einfach eine ganz markante Zeitspanne, die in besonderer Erinnerung ist.

Verlauf:
Das ist eine Stillarbeit. Da braucht es Ruhe. Dieses Thema kann nur anberaumt werden, wenn schon eine vergewisserte Vertrauensbasis vorhanden ist. Die Schweigsamkeit und die Konzentration auf diese Aufgabe sind eine aufwendige Intimität.

Zielgedanke:
Ich zeichne eine Verlaufskurve meiner Trauer und kommentiere sie – vor allem für mich.
Was kann als Auslöser für welchen Verlauf erkannt werden?

Vereinbarung:
Wiederholung der Aufgabe nach einer Woche zu Hause.

Geschenk:

Leeres Blatt

Material

Gebrochenes Herz – schmerzende Seele
Der Schmerz, den ich fühle,
Ist wie das Meer.

Das Brechen meines Herzens
Ist wie das Brechen der Wellen.

Das Schmerzen meiner Seele
Ist wie Ebbe und Flut.

Meine Tränen werden verdeckt
Wie der Sand durch das Meer.

Mein gebrochenes Herz –
meine schmerzende Seele.
(Julie Fritsch/ Sherokee Ilse)

Aus »Ariadne auf Naxos«
Lieben, Hassen, Hoffen, Zagen,
alle Lust und alle Qualen,
alles kann ein Herz ertragen
einmal um das andre Mal.

Aber weder Lust noch Schmerzen,
abgestorben auch der Pein,
das ist tödlich deinem Herzen
und so darfst du mir nicht sein.

Mußt dich aus dem Dunkel heben,
wär es auch um neue Qual,
leben mußt du, liebes Leben,
leben noch dies eine Mal.
(Hugo von Hofmansthal)

RISIKO!

Die Dokumentation des Trauerlaufs kann leicht als Endlosschleife deprimieren. Es wird sehr darauf ankommen, den Schwankungen etwas Positives, nämlich »Prozessives« abzugewinnen.

Thema: Symbole-Koffer

Für die Durchführung einer sogenannten »Zwischenbilanz« auf dem langen Weg der Trauer kann der Einsatz eines Symbole-Koffers eine wertvolle Hilfe sein. Es ist eine lohnende Investition in diese Arbeit, sich einen Koffer anzuschaffen, in dem ganz alltägliche Sachen liegen, die sich eignen, der Trauer-Erfahrung Ausdruck zu verleihen. Symbole sind ja nicht unbedingt per se symbolträchtig, sondern sie werden es erst in dem Moment, in dem jemand in ihnen mehr sieht als ihren primären Zweck. Symbole gibt es in diesem Sinne nicht, sondern sie müssen sich erst ergeben. Erst wenn jemand einen Gegenstand auswählt, um mitzuteilen, wie sich seine Trauer im Moment anfühlt, was sie mit ihm oder ihr macht, bekommt dieser Gegenstand einen Mehrwert, der etwas aussagt über diese Erfahrung. Wählt jemand zum Beispiel ein Herz aus Stein und zeigt es als Anzeichen seiner Befindlichkeit, wird ganz schnell klar, wie es um ihn steht. Diese Kommunikationsmethode hat sehr viel Eigendynamik und versteht sich von selbst.

Einstieg:
Im Raum sind auf Tischen oder auf dem Boden viele alltägliche Gegenstände ausgebreitet. Alleine diese »Überraschung« ist schon Motivation genug, um neugierig zu erwarten, was damit passieren soll. Der Arbeitsauftrag lautet dann etwa: *»Bitte suchen Sie sich einen Gegenstand aus, von dem Sie sich angesprochen fühlen, weil er Ihnen hilft, etwas zu sagen über Ihre Trauer, wie sie sich zur Zeit anfühlt. Was macht Ihre Trauer mit Ihnen? Erschlägt sie Sie, dann wählen Sie den Hammer usw.«*

Verlauf:
Für die Auswahl brauchen die Teilnehmenden eine gewisse Zeit. Manche greifen in Sekundenschnelle zu. Andere gehen lange auf und ab und können sich nicht recht entscheiden. Und einige (wenige) kommen am Ende mit leeren Händen zurück, weil sie nichts gefunden haben. Aber auch das ist der Rede wert.

Zielgedanke:
Meine Trauer ist wie …
Das macht denjenigen, der sich äußert, zum Akteur und begrenzt die Unberechenbarkeit und Dominanz der Trauermacht.

Vereinbarung:

Suche zuhause nach einem neuen Symbol.

Geschenk:

Scherbe mit Text (siehe Material)

Material

Vorschläge für das Bestücken eines Symbolekoffers:

Vorhängeschloss, Hammer, Metermaß, Schlüssel, Sanduhr, Stein, Wecker, Kalender, Würfel, Geduldsspiel, Herz aus Glas, Herz aus Stein, kleines Haus, Kombi-Zange, kleiner Spiegel, Kreuz, Türklinke, Anfänger-Schild, Gießkännchen, Matchbox-Auto, Handschuhe, Seifenblasen, Stofftier, Blumensamen, Tonscherben, kleines Buch, leeres Heft, Telefonbuch, Engel, Bilderrahmen, kleiner Trichter, Rechenmaschine, Fahrradklingel, Grablicht, Radiergummi, Lupe, Schraubenzieher, warme Strümpfe, Teebeutel, Tasse, Nussknacker, Sonnenbrille, Mundschutz, Schienbeinschoner, CD, Federball, Streichhölzer, Sonnenöl, Postkarte, Briefumschlag, Handy, Stützräder, Fahrradhelm, Watte, Pflaster, Taschentücher, Kerze, Fragezeichen, etc.

Text zum Symbol »Scherbe«:

Scherbenglück
Zerbrochen bin ich
nicht mehr ganz ganz
unversehrt ist mein Glück nimmermehr
in Scherben nur noch bruchstückhaft
vollkommen unvollkommen
ohne dich bricht dauernd ein Teil vom Ganzen
übrig bleibe ich mit meinem Scherbenglück zurück
Gebrechen habe ich an Körper und Seele
das Unheil heilt langsam wenn überhaupt
ungebrochen aber sind meine Liebe und mein dankbar Erinnern
mein spurvolles Spüren dir nach
wo du schon bist werd ich einmal sein
und dann endlich fügt sich wieder zusammen
dein Teil an meins
bis dahin bist du es
woran mir gebricht …

RISIKO!

Symbole zu finden und zu sich sprechen zu lassen ist manchen Menschen komplett unzugänglich. Sie dürfen mit dieser Aufgabe nicht unter Druck gesetzt werden. Sie finden auch Worte ohne das Zeichen.

Thema: Wer wohnt mit mir im Trauerhaus?

Ein Rundgang durch »mein Trauerhaus« bedeutet: Wir stellen uns vor, die Trauer sei das Dach, unter dem jeder Mensch wohnt, dem der Tod einen lieben Menschen genommen hat.

Alle Gefühle, die damit ausgelöst werden, sind nun in dieses Trauerhaus eingezogen. Und da hat sich bei jedem Menschen allerhand anberaumt, da gibt es viele Zimmer, Kammern, Kellerräume und Dachstübchen. In manchen ist es ganz gut auszuhalten, lässt es sich wohnen, einigermaßen zumindest, andere sind eher unheimlich, vielleicht sogar verschlossen, tabu, vorerst unbewohnt und leer. Und nun kommen wir zu einem Rundgang zusammen und wollen einfach mal schauen, welche Empfindungen und Befindlichkeiten da und dort eingezogen sind, zur Untermiete wohnen, sich breitmachen oder verstecken.

Einstieg:

Wir verteilen ein Blatt, auf dem schematisch ein Haus mit einfachen Strichen zu erkennen ist. Es besteht aus lauter einzelnen Räumen. Manche sind beschriftet mit unterschiedlichen Gefühlen, andere sind noch leer und warten darauf, von den Teilnehmenden beschriftet zu werden. Wie sieht also meine Trauer-Wohn-Gemeinschaft aus? Vom Erdgeschoss bis unters Dach sind da meine »Trauergäste« untergebracht. Und sie heißen: Mut und Wut, Hass und Zweifel, Liebe und Zärtlichkeit, Sehnsucht und Dank, Lachen und Weinen, Schuld und Vertrauen, Angst und Hilflosigkeit, Schmerz und Leere, Einsamkeit und Ruhe, Entspannung und Glück.

Verlauf:

Es geht jetzt um die Fragen, wie wir zusammenwohnen mit den Gefühlen, welche Räume wir gerne aufsuchen, welche wir meiden, welche sogar vollkommen tabu sind zur Zeit, hinter welche Türen wir erst gar nicht schauen wollen und wohin es uns am meisten zieht, wenn wir uns zurückziehen wollen. Das können alle erst einmal für sich bedenken, danach folgt ein Austausch mit gegenseitiger »Führung« durch das Trauerhaus.

Zielgedanke:

Alle Gefühle dürfen im Haus der Trauer wohnen. Zumindest auf Zeit. Manche tun gut, andere stören, verunsichern, randalieren und geben keine Ruhe. Ich darf entscheiden, welche ich besuche, wo ich reingehe und welche Räume ich eher meide. Ich ziehe in meinem Haus der Trauer um von Zeit zu Zeit. Ich wechsle manchmal die Räume. Und am Ende werde ich bestimmen, wer bleibt und wer wieder ausziehen muss.

Vereinbarung:

Kündigungen für ungebetene Gäste in meinem Trauerhaus vorbereiten.

Geschenk:

Kleines Haus

Material

Sich nicht mehr vor der Welt verschließen,
sondern sich dem Leben im Augenblick öffnen.
Nicht mehr mit dem Kopf durch die Wand wollen,
sondern dem Alltag die Stirn bieten.
Nicht immer nur um sich selbst kreisen,
sondern die Gefühle der Liebe Kreise ziehen lassen.
Sich nicht immer alles zu Herzen nehmen,
sondern dann und wann aus vollem Herzen schenken.
Nicht mehr den Wunden von gestern die Macht überlassen,
sondern die heilende Kraft des Wunders heute zulassen.
Nicht mehr jedem dunklen Gedanken nachspüren,
sondern die lichten Spuren der Engel ertasten –
heute und morgen, Schritt für Schritt.

(Christa Spilling-Nöker)

Ein Lied, das dieses Thema explizit aufgreift, stammt von Herbert Grönemeyer und heißt »Unbewohnt«. Text: *https://www.songtexte.com/songtext/herbert-gronemeyer/unbewohnt-43dcf74b.html* (Aufruf 14.02. 2022).

Audio/Video: *https://www.youtube.com/watch?v=GyTP1DqU5uM* (Aufruf 14.02.2022).

RISIKO!
Die Tür zum Trauerhaus geht nur von innen auf. Wir können anklopfen, uns aber nicht selber hereinlassen. Alles hängt davon ab, ob jemand »Herein!« sagt und sich öffnet.

Thema: Wetterkarte

Das Wetter ist zweifellos das am meisten besprochene Thema im Small Talk des Alltags. Die Wetterlage scheint allemal der Rede wert. Immer. Und überall. Auch im Land der Trauer. Da ist auch »alle Wetter«! Und es ist wie im richtigen Leben: Die Vorhersage ist immer nur vollkommen zutreffend, was das Datum betrifft. Ansonsten schlägt es um und bleibt veränderlich. Beim Bilanzieren des bisherigen Trauerweges kann es helfen, danach zu fragen, wie denn so das Wetter war?

Einstieg:
Wir legen auf einen Tisch oder in eine gestaltete Mitte die verschiedenen Symbole der Wetterlagen, wie sie bei jeder Wettervorhersage verwendet werden. Mit reichlich vielen Kopien liegen bunt gemischt alle Optionen vor:
Heiter, wolkig, Gewitter, Nebel, Sturm, Glatteis, Sonne, Regen, Unwetter …
Die Teilnehmenden wählen 2 Zeichen aus: Welches Wetter war oft, welches selten oder nie?

Verlauf:
Beim gegenseitig vorgestellten Wetterbericht kommen die verschiedenen Stimmungen und Gezeiten der Trauer zur Sprache. Es wird relativ wenige Lichtblicke geben, wenig Sonnenschein, dafür jede Menge Nebel und Sturm. Trauerwetter eben.

Zielgedanke:
Im Land der Trauer ist oft schlechtes Wetter. Aber es verzieht sich so manches Gewitter und es legt sich so mancher Sturm. Und es wächst die Sehnsucht nach mehr Wärme und Sonnenschein.

Vereinbarung:
Sonnenstrahlen zählen

Geschenk:
Kleiner Schirm

Material

Gott verspricht: »Solange die Erde steht, sollen nicht aufhören
Saat und Ernte, Frost und Hitze, Sommer und Winter,
Tag und Nacht«
(Genesis 8,22).

Wetterbericht
In meinem Trauerland ist manchmal
gar kein Wetter.
Wetter wäre Leben.
Aber in meinem Trauerland ist
das Leben ausgewandert
und hat das Wetter mitgenommen.
Und genauso seh ich auch aus:
Nach gar keinem Wetter.
Kein Lüftchen regt sich am Himmel.
Nur grau in grau.
Kein Licht-
blick,
kein Hoffnungs-
schimmer,
nur frieren tu ich,

unsagbar
kalt
ist es,
heißkalt!
Wenn es erst einmal wieder anfängt,
ein Wetter zu haben
im Trauerland,
ungemütlich von mir aus,
gewittermäßig meinetwegen,
dann,
irgendwie,
gibt's auch wieder Leben
unterm
Himmelszeit.

RISIKO!
Gespräche über das Wetter können leicht banal werden, oberflächlich, nörglerisch mit mieser Laune. Das würde der Trauer eher nicht gerecht ...

Thema: Bilder einer Einstellung

Wenn wir versuchen, uns über etwas kundig zu machen, wenn wir besser verstehen wollen, wie es um eine Sache steht, dann sagen wir umgangssprachlich, wir wollten uns »ein Bild davon machen«. Um sich selbst und anderen einen Einblick zu gewähren, wie (m)eine Trauer aussieht, können Bilder eine große Hilfe, eine Sprechhilfe, eine Sehhilfe sein.

Einstieg:
Es werden jede Menge Bilder einer gut bestückten Bilderkartei ausgelegt, (die in jeder Trauer-Werkstatt unbedingt vorgehalten und ständig erweitert werden sollte.) Vornehmlich sollten es Landschaftsbilder sein; gut geeignet sind aber auch Bilder von Gesichtern, von Bäumen in verschiedenen Jahreszeiten, auch völlig normale Alltagsszenen, Begegnungen, Gesten, Augenblicke.

Verlauf:

Die Bilder wirken lassen. Den Auftrag geben, sich genau und langsam alles anzuschauen, um dann, irgendwann das Bild auszuwählen, das sich am meisten um einen bemüht hat. Es geht nämlich vor allem darum, sich lange genug umzuschauen, bis das Bild, das zu einem gehört, die Gelegenheit nutzen konnte, sich bemerkbar zu machen. Die Leute sollen also nicht krampfhaft nach Bildern suchen müssen, sondern dürfen sich selber finden lassen.

Zielgedanke:

Die Trauer bildet sich ab und beeindruckt durch den Ein-Blick, den sie gewährt.

Vereinbarung:

Die persönliche Trauereindrücke zu einem Bilderbuch zusammenstellen.

Geschenk:

Bilder-Album

Material

Wortfeld: Bild

Sich ein Bild machen – sich etwas einbilden – Bildung – Einbildung – bildschön – abbilden – Bilderbuch – Bildbetrachtung – bildhaft – Menschenbild – Gottesbild – Bilderalbum – Familienbilder – Urlaubsbilder – Kinderbilder – ein trauriges Bild abgeben – ins Bild setzen – nicht im Bilde sein – Bilderrahmen – Meinungsbildung – Ausbildung – …

Leg mein Gesicht frei, mach mich schön.
Wer mich entlarvt hat, wird mich finden.
Ich hab Gesichter, mehr als zwei.
Augen, die tasten vor im Blinden.
Herzen aus Angst, die vor Angst vergehn.
Leg mein Gesicht frei, mach mich schön.

Leg mein Gesicht frei, mach mich schön.
Wer sich entlarvt sieht, wird gefunden
Und wird ganz neu sich selbst verstehn,

wird leben, offen, unumwunden
und nirgends hin verloren gehen.
Leg mein Gesicht frei, mach mich schön.
(Huub Oosterhuis)

In der Schöpfungsgeschichte der Bibel heißt es:
»Und Gott schuf den Menschen zu seinem Bilde,
zum Bilde Gottes schuf er ihn.«
(Genesis 1,27)

RISIKO!

Beim Auswählen von Bildern kommt es immer wieder zu einem ganz bestimmten Konflikt, weil nämlich zwei oder sogar mehrere Leute ein und dasselbe für sich ausgewählt haben. Es ist ganz schlecht, wenn eine solche Anfangssituation schon für frustrierte Gemüter sorgt. Darum ist es gut, diese Situation als denkbare anzukündigen und deshalb dazu zu raten, bei der Auswahl immer auch einen Plan B zu haben, bzw. sich zu verständigen. Es können ja auch verschiedene Leute nacheinander dasselbe Bild interpretieren.

Bin im Garten (Gethsemane)

Wenn Menschen trauern, sind sie ganz bei sich. Sie kommen ähnlich wie Verliebte überhaupt nicht weg von dem Gefühl, das sie mit dem Gegenüber verbindet, das sie vermissen. Ziemlich exklusiv schließen sich Trauernde in ihre Welt ein und lassen nur sehr zögerlich andere in ihre Nähe. Darum ist die Begleitung auch immer so riskant, weil das Betreten des Hoheitsgebietes eigentlich nicht möglich ist. Dieses Phänomen ist ziemlich verhängnisvoll, weil es einerseits die Trauernden schützt, andererseits aber auch isoliert. Nach einer gewissen Toleranzzeit wird den Trauernden darum allmählich die Sympathie ihrer Umgebung entzogen, weil man sie zunehmend egozentrisch erlebt und das sieht der Arroganz und der Überheblichkeit mitunter zum Verwechseln ähnlich. Manche Trauernde machen sich in der Tat oft unbewusst innerhalb ihrer Familien und in ihrem bisherigen Freundeskreis ziemlich unbeliebt, weil sie so eigenartig daherkommen, so beharrlich den sozialen Normalkontakt vermeiden, immer behaupten, in außergewöhnlicher Verfassung zu sein, die niemand verstehen könne. Diese insularen Verhaltensweisen sind ganz auf die Einsamkeit hin aus und stellen sie permanent selber her bzw. verstärken sie. Irgendwann hört dann die Umgebung einfach auf, anzuklopfen mit der Banalität des ganz normalen Lebens. Darum ist es in der länger durchgehaltenen Begleitung unerlässlich, den Trauernden zuzumuten, ab und zu von sich abzusehen. Das ist für eine sich fortentwickelnde Trauerarbeit unverzichtbar. Sonst geht es den Betroffenen tatsächlich so wie dem Betrunkenen, der auf dem Heimweg auf eine Litfasssäule trifft, diese umarmt und als festen Halt dankbar ein ums andere Mal umschreitet, um schließlich völlig erschöpft davor zusammenzusinken in der Überzeugung, dass es hier keinen Weg heraus mehr gibt.

Um aus der magischen Anziehungskraft des Dauerkreisens um sich selber herauszukommen, bedarf es eines starken Impulses von außen: eines Perspektivwechsels, zumindest für einen Moment. Und der kann durch das Präsentieren einer anderen Geschichte sich auftun, die zunächst den Anschein hat, nichts mit der eigenen zu tun zu haben. Es folgt darum jetzt eine siebenteilige Erzählstaffel, in der die biblische Geschichte vom allmählichen Prozess der Hingabe Jesu im Garten Gethsemane betrachtet wird. Um dies haptisch deutlich abzubilden, benutzen wir eine schöne Bibel, die beim Matthäusevangelium Kapitel 26 aufgeschlagen auf dem Tisch liegt und aus der jeweils ein Vers zitiert wird. Und so tasten wir uns versweise durch den Garten und thematisieren nacheinander das Zurückziehen mit den engsten Vertrauten, das einsame Ringen mit Gott mit der Bitte um Verschonung, der schwere Arbeitsweg zur Hingabe an Gottes Willen bis zum Gewinnen des aufrechten Ganges gerade im offenkundigen Verlieren.

Thema: Sich zurückziehen

Wenn Menschen einen schweren Weg vor sich haben, dann ziehen sie sich gerne zurück. Die Öffentlichkeit mit ihrem ganzen ahnungslosen Alltagsleben passt nicht zu dem ängstlichen Auf-sich-Geworfensein des Einzelnen. Das kann man eindrucksvoll bei Jesus sehen. Er hat sich vor seinem Abschiedsweg zum Kreuz ebenfalls zurückgezogen.

Einstieg:

Frage: »Sagt Ihnen der Garten Gethsemane was? Das ist der Ort, an den sich Jesus zurückgezogen hat, als abzusehen war, dass er würde sterben müssen. Es heißt da in der Bibel bei Matthäus:
»Da kam Jesus mit ihnen zu einem Garten, der hieß Gethsemane, und sprach zu seinen Jüngern: Setzt euch hierher, solange ich dorthin gehe und bete.« (Matthäus 26,36)

Verlauf:

Die Umstände der biblischen Geschichte kann frei erzählt werden. Man kann aber auch den im Material angebotenen Text verwenden. Schließlich kann es um den Austausch der eigenen Erfahrungen mit Rückzug und der Nähe ganz weniger vertrauter Menschen gehen.

Zielgedanke:

Sich zurückzuziehen, um Kraft zu sammeln für den Weg, der vor einem liegt, ist notwendig und gelingt am besten im Gebet und mit der Nähe ganz weniger Vertrauter.

Vereinbarung:

Mein »Garten Gethsemane« – wo könnte der sein?

Geschenk:

Bild vom Garten Gethsemane

Material

Der Garten Gethsemane – Die Ruhe vor dem Sturm

Jesus zieht sich mit seinen engsten Freunden vor seiner Verhaftung zurück: Gärten sind Schutzräume. Da kann man wunderbar zur Ruhe kommen. Und neue Kraft tanken.
Einer der berühmtesten Gärten der Welt ist der Garten Gethsemane. Der ist jeden Tag von 8 – 18 Uhr geöffnet. Er liegt in Jerusalem am Ölberg und ist mehr als 2000 Jahre alt. Uralte Olivenbäume ziehen die Touristen an bis heute. Manche glauben, dass dort Bäume stehen, die schon zu Jesu Zeiten gepflanzt worden seien. Auf jeden Fall ist der Garten Gethsemane sehr berühmt. Vor allem, weil sich Jesus nach dem letzten Abendmahl dorthin zurückgezogen hat. Ehe seine Passion passiert, sucht er sich noch einmal einen Rückzugsort.
So etwas braucht der Mensch, wenn ein schwerer Weg auf ihn wartet. Niemand kann sich einfach hineinstürzen in die Herausforderungen seines Lebens. Wir alle brauchen eigentlich so einen Ort, so einen Gethsemane-Schutzraum. Ehe wir uns ins Getümmel stürzen, ehe wir uns einer großen Aufgabe stellen, ehe wir uns einlassen auf das, was uns an Leid und Kummer zugemutet wird. Noch einmal kurz sammeln – das gibt Kraft und macht Mut. Jesus hat das damals gebraucht und wir brauchen das heute. Diese Konzentration. Jesus nimmt dazu all seine Jünger mit. Bis auf Judas. Der ist schon anders unterwegs. Aber mehr wird jetzt nicht verraten …
Alle anderen sind dabei. 11 Freunde müsst ihr sein! In der Bibel heißt es dazu: »Da kam Jesus mit ihnen zu einem Garten, der hieß Gethsemane und sprach zu seinen Jüngern: Setzt euch hierher, solange ich dorthin gehe und bete.« (Matthäus 26,36)
Es tut gut, Menschen in der Nähe zu wissen, die einfach da sind, zu einem gehören, denen man nichts erklären muss, die nicht fragen, die was aushalten, einfach dableiben, was eine ziemlich große Anstrengung ist.

RISIKO!
Man muss auf die Frustreaktion von Menschen gefasst sein, die sagen: »Als ich jemanden gebraucht hätte, war ich ganz allein!« Das gibt es natürlich. Die Frage ist, ob es dabei bleiben muss.

Thema: Engste Vertraute

Wenn es eng wird im Leben, brauchen wir nur wenig Menschen. Aber die brauchen wir dringend! Freundschaft in der Not ist unersetzlich.

Wer von Trauer und Leid heimgesucht wird, löst ungewollt eine Doppelbewegung in seiner Umgebung aus. Die stärkere von beiden Reaktionen ist die der Distanz. Um Trauerhäuser wird gern ein Bogen gemacht. Um trauernde Menschen auch. Es gibt aber auch das entgegengesetzte Echo, nämlich die bewusste Zuwendung und Begleitung.

Einstieg:
Impulsfrage: »Wie viele Menschen brauchen Sie, wenn es wirklich ernst wird und drauf ankommt? Wie viele mindestens?«

Verlauf:
Es ist klar, dass es nur ganz wenige Menschen braucht, um in der Not nicht ganz verlassen zu sein. Man würde auch die Nähe von vielen nicht wirklich verkraften.
Nach dem Weitererzählen der Gethsemane-Geschichte kann es einen Austausch geben über die eigenen wenigen Herzensmenschen, die man ganz eng bei sich haben möchte.

Zielgedanke:
Es gibt meist nur ganz wenige Menschen, die uns so nahestehen, dass sie es sogar in unserem Gethsemane-Garten aushalten und sich unsere Not mitansehen. Den Kontakt zu denen oder der/dem einen wenigstens sollten wir pflegen wie einen Schatz, weil es einer ist.

Vereinbarung:
»Liebesbrief« an einen Herzensmenschen.

Geschenk:
DANKE-Karte

Material

Engste Vertraute

Gut, wenn man Menschen hat, die da sind, wenn man sie braucht. Jesus hat sie gehabt, damals im Garten Gethsemane. Der liegt in Jerusalem am Ölberg und ist mehr als 2000 Jahre alt. Seine uralten Olivenbäume ziehen die Touristen an bis heute.

Unter solchen Bäumen hat sich Jesus seinerzeit zurückgezogen, ehe seine Passion passiert ist. Mit seinen Freunden. Mit denen jedenfalls, die noch übrig waren. Gut, wenn man Freunde hat, die einfach da sind.

Das müssen nicht viele sein. Im Gegenteil! Zum Anteilnehmen und Anteilgeben braucht es eigentlich nur ganz wenige. Darum heißt es in der Bibel auch, dass Jesus nicht alle 11 ganz ins Vertrauen zieht. Er bittet sie zwar alle, in seiner Nähe zu bleiben, aber mitnehmen tut er nur drei: Petrus und die beiden Söhne des Zebedäus, Jakobus und Johannes.

Nur drei also sind im ganz engen Kreis. Jetzt frage ich: Wer könnte das für Sie sein?

Hätten Sie womöglich drei Menschen, die Sie bei sich haben könnten, wenn es in den Garten Gethsemane geht? In den Raum der Stille, des Gebetes, der totalen Offenheit und den Ort rückhaltlosen Vertrauens?

Ja, es ist schon ein Glück, wenn es wenigstens einen gibt, zu dem man sagen kann: »Bleib hier und wache mit mir, wache und bete!« Jesus sagt das zu den Dreien. Und er tut es mit einer unfassbaren Offenheit. Er lässt zu, dass sie sehen und ertragen, wie es ihm wirklich geht. Das kann und will man nicht jedem zeigen. Meistens will man ja lieber ganz stark sein, entschlossen, tapfer.

Wem kann ich schon anvertrauen, wie es wirklich in mir aussieht? Jesus tut das. Er sagt zu den drei engsten Freunden: »Ich bin so sehr verzagt, meine Seele ist todtraurig!«

Wie gut das tut, wenn wir so etwas Großes zueinander sagen können.

RISIKO!

Es ist immer mit einzuplanen, dass es tatsächlich Anwesende gibt, die wirklich keinen einzigen Menschen haben (glauben sie zumindest). Das wäre dann die beste Gelegenheit, daran etwas zu ändern …

Thema: Bitte um Verschonung

Es ist ein unveräußerliches Menschenrecht, Gott um Verschonung zu bitten. Wenn Jesus das tut, dann dürfen wir das auch. Niemand muss immer gleich kapitulieren und sich seinem Schicksal beugen. Es ist erlaubt, zu bitten und zu sagen: »Lass diesen Kelch an mir vorübergehen!« Auch wenn der Leidensweg längst begonnen hat, auch wenn Abschied und Tod längst alles aufgewühlt haben; immer noch und immer wieder darf der Mensch um Verschonung vor weiterer Mühsal bitten.

Einstieg:

Der Tod kommt nie zur rechten Zeit. Selbst wenn er erwartet, befürchtet, womöglich sogar herbeigesehnt wird. Wenn er tatsächlich kommt, sind wir immer davon überfordert. Darum dürfen wir immer auch darum bitten, davon verschont zu bleiben. Jesus selbst macht es uns vor.

Verlauf:

Es ist unvermeidlich: Hier kommt natürlich zur Sprache, dass jede Bitte um Verschonung auch ins Leere gehen kann. Das macht sie aber nicht überflüssig.
Dies zu betonen sollte im Verlauf des Austausches möglich sein möglich sein. Die Bitte um Verschonung ist ein Zeichen des Selbstwertgefühls und der ehrlichen Angst vor dem, was kommt oder hoffentlich ausbleibt. Die Bitte um Verschonung ist kein Ausdruck von Schwäche, sondern von Stärke.

Zielgedanke:

Ermutigung zum selbstbewussten Widersprechen, wenn uns Schweres aufgebürdet wird.

Vereinbarung:

Der Frage nachgehen: Wovon möchte ich unbedingt verschont werden?

Geschenk:

Verschongebet (siehe Material)

Material

Bitte um Verschonung

Der Garten Gethsemane ist jeden Tag von 8-18 Uhr geöffnet. Er liegt in Jerusalem am Ölberg und ist mehr als 2000 Jahre alt. Uralte Olivenbäume ziehen die Touristen an bis heute. Für die Christen ist es ein ganz besonderer Ort.
Als Schutzraum für Jesus in seiner Ausweglosigkeit. Als Kraftraum für den Ohnmächtigen. Als Stützpunkt auch für den Fassungslosen. Denn genau hierher hat sich Jesus vor seiner Verhaftung zurückgezogen mit seinen treusten Jüngern.
Drei von ihnen hat er dabei ganz eng an sich herangelassen und ihnen seine ganze Angst und Verzweiflung offenbart. »Wachet und betet!«, hat er zu ihnen gesagt. Und dann ist er noch ein Stück weitergegangen, ganz allein, hat sich auf die Erde geworfen und zu Gott gebetet: »Lass diesen Kelch an mir vorübergehen!«
Bitte nicht! Nicht ich, nicht jetzt! Der Gottessohn und Menschenfreund ist keineswegs von vornherein einverstanden mit dem, was ihm da zugemutet werden soll: Verhaftung, Verhör, Spott und Hohn, Kreuz und Leid, Tod und Sterben. Bitte nicht diesen Kelch! Gefüllt mit Leid bis an den höchsten Rand ...
Wie viele Menschen haben nach Jesus genauso gebetet und konnten dabei Jesus an ihrer Seite wissen. Denn er reagiert zuerst auf das ihm zugemutete Schwere genauso wie wir alle. Er ist nicht der Held, den nichts schrecken kann. Nein, er bittet um Verschonung. Es ist ihm zu viel, zu schwer, zu bitter. Und damit zeigt er, dass es erlaubt ist, dass Menschen aufbegehren gegen das Leid, das ihnen auferlegt wird. Jesus adelt das Gebet, das sich nicht furchtlos einverstanden erklärt. Es ist ein wichtiger Teil gelebten Glaubens, Gott zu widersprechen. Das ist kein Unglaube, das ist nicht gottlos, im Gegenteil!
»Lass diesen Kelch an mir vorrübergehen!«, das ist ein wesentliches Stück innigster Gottesbeziehung. Jesus ist unser Zeuge. Auf ihn berufen wir uns, wenn wir in Gethsemane auf den Knien liegen und wissen: Das wird ein schwerer Weg!

Verschon-Gebet

Nein, GOTT, ich will diesen Kelch nicht trinken.
Verschon mich doch vor diesem Trauerschmerz.
Ich kann Dich nicht verstehen.
Ich kann Dich nicht finden in all dem, was Du mir schickst.

Ich vermisse Dich und Deine Hilfe. Wie Jesus damals.
Der versteht mich wenigstens ....
Der hat auch nicht einfach Ja und AMEN gesagt.

RISIKO!
Es ist nicht leicht, es ist nicht plausibel, vom Sinn der Bitte um Verschonung zu sprechen, wenn sie unerhört geblieben ist. Die Zumutung bleibt!

Thema: Schwerstarbeit

Menschen zu begleiten in schwerer Not und Bedrängnis ist sehr anstrengend. Wer schon einmal eine Nachtwache an einem Krankenbett versucht hat, weiß, wie schnell wir da an unsere Grenzen geraten. In der Nähe der Not zu bleiben und nicht wegzulaufen, das kostet ganz viel Kraft und Energie. Und das heißt auch: Es ist eigentlich eine Überforderung. Nicht, weil jemand zu schwach dazu wäre, sondern weil die Aufgabe, die Herausforderung so stark ist. Gerade die trauernden Menschen, die wir zu begleiten versuchen, haben noch in ganz starker Erinnerung, wie furchtbar kräftezehrend die Begleitung beim Leiden und Sterben ihrer Angehörigen gewesen ist. Sie können diese schwere Erschöpfung noch regelrecht in ihrem Körper spüren. Sie sind Experten der bewährten Erschöpfung. Sie kennen sich aus.

Einstieg:
Frage: »Können Sie sich noch daran erinnern, wie anstrengend es war, bei Ihrem Kranken und Sterbenden zu sein, zu bleiben, zu wachen?
Wissen Sie noch, wie erschöpft Sie waren? Wie müde?«

Verlauf:
Dass Begleitung und Nähe die Tendenz zur Schwerstarbeit haben können, das müssen wir trauernden Angehörigen nicht erklären. Womöglich ist es aber seelsorglich geboten, ihnen das schlechte Gewissen zu nehmen, wenn sie etwas verschämt an ihre Augenblicke des Überfordertseinsseins zurückdenken.

Zielgedanke:

Angst und Verzagen unmittelbar und nahe mit aller Wucht und Unentrinnbarkeit zu ertragen kann überfordernd sein. Das ist keine Schande. Es gilt also, sich und andere barmherzig anzuschauen, wenn es um die Grenzerfahrungen in Gethsemane geht.

Vereinbarung:

Niemanden überfordern, auch nicht sich selbst!

Geschenk:

Schlafmützen (Humor ist nämlich auch im Garten Gethsemane unverzichtbar!)

Material

> ***Von Schlafmützen und anderen Helden in Gethsemane***
> *Der Garten Gethsemane ist in Jerusalem. Nahe beim Ölberg. Für Touristen und Besucher ist er täglich geöffnet von 8-18 Uhr. Im Winter nur bis 17 Uhr. Aber immerhin, er gehört zu den prominenten Sehenswürdigkeiten dort, vor allem wegen seiner uralten Olivenbäume. Man hat sogar direkt hinein eine Kapelle gebaut, die man die Todesbasilika nennt. Im Inneren beherbergt sie einen Stein, bei dem Jesus todesängstlich um Verschonung gebetet haben soll. »Ist's möglich, dann lass doch bitte diesen Kelch an mir vorübergehen!«*
> *Was für ein Ort!*
> *Hätte man als Erinnerung an seine drei engsten Begleiter Petrus, Jakobus und Johannes auch ein Denkmal gebaut, dann hätte das womöglich die Form einer Schlafmütze gehabt. Denn ausgerechnet die drei Elitenachfolger, denen sich Jesus ganz und gar anvertraut, ausgerechnet die wachen und beten nicht etwa, so wie er es sich gewünscht hat, sie schlafen ein, sie sind ihrer Müdigkeit und Erschöpfung nicht gewachsen. Die Bibel sagt dazu: »Und er kam zu seinen Jüngern und fand sie schlafend. Und er sprach zu Petrus: ›Konntet ihr denn nicht eine Stunde mit mir wachen?‹« (Matthäus 26,40)*
> *Was für eine bittere Erfahrung muss Jesus da machen – und die drei Jünger ebenfalls. Es ist nämlich schlichtweg eine Überforderung für alle, so viel Angst und Verzagen zu ertragen.*

Unerträglich ist es für Jesus selbst und unerträglich ist es auch für die Seinen.
Das muss man einfach wissen und sagen und zugestehen: Wenn wir andere Menschen mit allerbester Absicht in ihrer ganzen Not begleiten wollen, dann übermannt uns doch manchmal die totale Erschöpfung. Und wenn wir andererseits auf hellwache Begleitung und Nähe hoffen, wenn wir selber in der Todesbasilika sitzen, dann müssen wir barmherzig und liebevoll mit den Schlafmützen umgehen. Denn: »Der Geist ist willig, aber das Fleisch ist schwach!« (Matthäus 26,41)

RISIKO!

Es ist ein offenes Geheimnis, dass Sterbende selbst oftmals ihre todmüden Angehörigen nachhause ins Bett schicken, um dann in Ruhe zu sterben. Dieses vermeintliche »Versagen« tragen viele Trauernde mit Schuldgefühlen mit sich herum. Es könnte in diesem Zusammenhang zum Thema werden.

Thema: Hingabe

Am Ende ist jeder Weg, den Menschen gehen müssen, eine Frage des Vertrauens. Wenn alle Ängste und alle Zweifel durchlitten und durchkämpft sind, wenn die Kräfte aufgebraucht sind und kein Widerstand sich mehr aufraffen mag, dann kommt es endlich zur Ergebung, zur Hingabe, zum Sich-Fallen-lassen in Gottes Hand.

Nichts anderes, nicht mehr und nicht weniger wird am Ende allen abverlangt, zugemutet, geschenkt. Jesus zeigt auf beeindruckende Weise, wie das gehen kann – und das es keine Kapitulation ist, keine resignative Niederlage, sondern der Sieg des sich zum bedingungslosen Vertrauen durchgerungenen befreiten Kindseins.

Einstieg:

Impulsfrage:

- Haben Sie einen starken Willen? Können Sie sich gut durchsetzen?
- Kennen Sie Leute, die immer ihren Willen bekommen müssen?
- Kann es mehr als einen Willen geben?
- Im Garten Gethsemane gibt es zwei!

Verlauf:

Über Willensstärke und Durchsetzungsvermögen können Trauernde gut reden. Sie haben ein langes Trainingslager hinter sich. Sie haben mehr als eine Auseinandersetzung mit ihren Angehörigen, mit Pflegenden und Ärzteschaft erlebt. Und sie sind oft genug an der Frage nach dem, was sie jetzt selber am besten wollen sollen, fast verzweifelt.

Zielgedanke:

Wenn es mehrere sich ausschließende Absichten und Willensbewegungen gibt – und die gibt es oftmals –, dann wird am Ende allein der Wille Gottes geschehen.

Vereinbarung:

Bewusstes Beten des Vatersunsers mit der Passage: »Dein Wille geschehe ...«

Geschenk:

Gebet von Jörg Zink (siehe Material)

Material

Von der Größe der Hingabe Jesu in Gottes Plan

Zu den meistbesuchten Sehenswürdigkeiten in Jerusalem gehört der Garten Gethsemane. Nahe beim Ölberg gelegen, gehört er zum Pflichtprogramm der Touristen. Von morgens 8 bis abends 18 Uhr strömen die Leute.

Damit zwischendurch aufgeräumt werden kann und etwas Ruhe einkehrt, hat man seit Neuestem eine Mittagspause von 12-14:30 Uhr eingeführt. Da können sich dann die uralten Olivenbäume ein bisschen erholen.

Aber ansonsten herrscht da reger Betrieb. Das ist auch kein Wunder, denn hier hat sich das Gethsemanedrama Jesu abgespielt. Hierher hat er sich nach dem Abschiedsabendmahl und vor seiner Verhaftung zurückgezogen. Hier hat er seine engsten Vertrauten um sich versammelt. Und vor allem hat er in Todesangst gerungen mit seinem himmlischen Vater. Um Verschonung zuerst und dann um Vertrauen zuletzt. Erst Widerstand, dann Ergebung. Erst »Bitte nicht!«, und dann »Nicht mein, sondern dein Wille geschehe!« So lautet das finale Hingabegebet.

Aber man beachte! Es gibt da immer noch zwei Willen! Und die wollen Unterschiedliches! Immer noch! »Nicht mein, sondern dein Wille« – bedeutet doch wohl: keine völlige Übereinstimmung, kein vorbehaltloses Einverständnis; es bedeutet: Wenn mein Wille nicht geht, dann eben deiner, du rätselhafter Gott und Vater. Auch hier wieder ein keineswegs kapitulierender Jesus, sondern einer, der sich hineinstürzt und fallen lässt mit seinem Vorbehalt in den Vaterwillen. Am Ende kommt es auf die Hingabe an, darauf, dass Mensch trotz allem, was ihm rätselhaft und unzumutbar erscheint an seinem Weg, dass er irgendwann dann doch sagen kann: »Dein Wille geschehe!«
Der Garten Gethsemane kostet übrigens keinen Eintritt, nur Überwindung!

Gebet
Gott, ich bejahe deinen Willen.
Ich möchte ihn bejahen.
Hilf mir. Ich kann es nicht allein.

Ich bin stumm und stumpf in mir selbst.
Ich fange nicht einmal damit etwas an,
dass ich zu dir spreche.

Ich weiß, dass du mich hörst,
und ich weiß dennoch nicht, warum ich sprechen soll.

Ich weiß, dass du mich führst,
und weiß dennoch keinen Weg.

Ich weiß, dass du mir mein Geschick zuteilst,
und kann es dennoch nicht annehmen.

Ich weiß, dass du meine Seele hebst und trägst,
und versinke dennoch in meinen schweren Gedanken.

Ich weiß, dass mein Wille und der deine eins sind,
und werde dennoch meine Angst nicht los.

Ich weiß, dass du mir Freiheit zugedacht hast,
und lebe doch im Kerker.

Ich weiß, dass dein Zeitplan anders ist als der meine,
und habe dennoch keine Geduld.

Es ist leer in mir. Ich wiederhole die Worte,
die ich früher einmal verstanden hatte.
Sprich du wieder zu mir, dass ich dich höre.
Ich weiß, dass ich dir am nächsten bin,
wenn ich mich ängste.
Ich weiß, dass du mich hältst, auch wenn ich falle.

Nein, ich weiß es nicht. Ich glaube es.
Ich möchte es glauben.
Trotz allem. Hilf mir.
(Jörg Zink)

RISIKO!

Die Hingabe in Gottes Hand ist eine hohe Anforderung, die man Glaube nennt. Wenn sie als zu große Zumutung abgelehnt wird, darf das auch ein Gebet sein.

Thema: Aufrecht gehen

Trauernde Menschen kommen sehr oft gebeugt daher. Der aufrechte Gang, das selbstbewusste Auftreten ist ihnen im Laufe ihres Abschieds- und Trauerweges abhandengekommen. Zu viel Last liegt auf ihren Schultern. Sie fühlen sich in der Welt der Unversehrten unsicher und meiden deshalb oft die Begegnungen. Doch während behutsamer Begleitung auf dem Trauerweg können sich viele Betroffene allmählich wieder aufrichten. Sie bekommen durch die ihnen gezeigte Wertschätzung und Aufmerksamkeit wieder mehr Selbstvertrauen und lernen, zu sich zu stehen.

Da kann es nur gut tun, wenn sie von der Geschichte aus dem Garten Gethsemane erfahren, wie ein vermeintlich gescheiterter Jesus seinen Feinden entgegengeht.

Einstieg:

Frage: »Haben Sie in Ihrer Trauer einen anderen Gang bekommen?
Ist Ihre Körperhaltung dadurch verändert?
Welche Beobachtungen haben Sie damit gemacht?«

Verlauf:

Es werden einige Variationen davon zu hören sein, wie der Kummer und die Trauer Menschen kleinmachen und krümmen können. Abschied, Tod und Trauer erzeugen selten Unbeugsamkeit. Eher das Gegenteil.

Zielgedanke:

Wer schweres Leid ertragen muss, wird davon oft zu Boden gedrückt. Aber um viel zu ertragen, braucht es einen aufrechten Gang, damit man nicht zerbricht an dem, was einem auferlegt worden ist. Jesus macht es uns vor. Er geht seinen Leidensweg selbstbewusst.

Vereinbarung:

Probeweise üben, wie es ist, öfter zum Himmel hinaufzublicken, um den Kopf nicht so hängen zu lassen.

Geschenk

Öl für schöne Haut

Material

Aufrecht gehen

Im Garten Gethsemane kann man nicht übernachten. Da gibt es feste Öffnungszeiten für die zahlreiche Besucherschar, aber um 18 Uhr ist Schluss. Irgendwann müssen die altehrwürdigen Olivenbäume ja regenerieren. In Jerusalem, nahe am Ölberg gelegen, gehört der über 2000 Jahre alte Garten zu den absoluten Highlights jeder Stadtbesichtigung.

Das hat aus christlicher Sicht vor allem damit zu tun, dass sich hier die Verhaftung Jesu abgespielt hat. Und vorher dramatische Stunden des Ringens mit Gott. Jesus übernachtet aber nicht hier. Er versteckt sich auch nicht. Nachdem er sich durchgerungen hat zu einer Hingabe an Gottes Willen und Macht, wird der eben noch Zitternde und Zagende ganz stark und selbstbewusst. Er wartet nicht passiv auf seine Passion. Im Gegenteil! Er sagt zu seinen Jüngern: »Steht auf, lasst uns gehen! Siehe, er ist da, der mich verrät.«

Ich finde es sehr bewegend, wie offenbar aus dem Warteraum für Ängstliche der Vorhof für die Aufbrechenden wird. Es muss offenbar so viel innere Kraft und Entschlossenheit davon

kommen, dass sich Jesus ganz und gar seiner Verzagtheit stellt, sich öffnet, seine starke Schwäche auslebt, ganz bei sich ist, seine ganze Erschöpfung und seinen Widerstand nicht verscheucht, sondern ins Gebet nimmt. Und dann – eben noch am Boden – aufsteht und dem, was da unweigerlich auf ihn zukommt, sein klares, bereites Gesicht zeigt.
Es ist eben doch ein Unterschied, ob sich jemand erschöpft geschlagen gibt, sich in sein Schicksal kraftlos fügt, oder aufsteht und mit aufrechtem Gang dem Unvermeidlichen entgegengeht. Klar, selbstbestimmt, entschlossen, bereit. So kommt Jesus denen entgegen, die sich von Judas zeigen lassen, wer und wo er ist im Garten Gethsemane. Mit einem Kuss. Jesus wird abgeführt. Die Passion beginnt. Gethsemane schließt seine Pforten.

RISIKO!

Den aufrechten Gang suchen Menschen nur dann in der Trauer, wenn sie ihn auch vorher schon geübt haben.

Thema: Mein Garten Gethsemane

Symbolisch steht dieser Garten in Jerusalem für das Abarbeiten und Durchkämpfen eines schweren Willenskampfes. Von der berechtigten Auflehnung und Verzweiflung bis zu einem inneren Einverständnis, widerwillig zwar, aber vertrauensvoll, ist es ein weiter Weg. Es lohnt sich, den Parcours am Ende noch einmal von Station zu Station entlangzugehen und aufmerksam zu repetieren. Es ist ein Kreuzweg vor dem Kreuzweg.

Einstieg:

Zum Abschluss der Betrachtung der Gethsemane-Geschichte sollen alle Schritte noch einmal rückblickend angeschaut werden.

Verlauf:

Es ist interessant, nach den einzelnen Szenen des Gethsemane-Drehbuchs zu fragen. Die Beteiligten werden nicht unbedingt chronologisch antworten, sondern sie werden sich an *die* Stelle zuerst erinnern, die sie selbst am meisten beeindruckt hat. Das ist dann auch für sie die entscheidende Passage.

Insgesamt sollte mit der rückblickenden Aufmerksamkeit noch einmal an alle Sequenzen erinnert werden:

Sich zurückziehen
Engste Vertraute
Bitte um Verschonung
Schwerstarbeit
Hingabe
Aufrechter Gang

Zielgedanke:
Sich einfinden in Gottes unfassbaren Willen ist und bleibt ein Lebensthema.

Vereinbarung:
Die Gethsemane-Geschichte zuhause noch einmal nachlesen (Matthäus 26)

Geschenk:
»Bin im Garten!«-Schild

Material

Seht hin, er ist allein im Garten.
Er fürchtet sich in dieser Nacht,
weil Qual und Sterben
auf ihn warten
und keiner seiner Freunde wacht.

Du hast die Angst auf dich genommen,
du hast erlebt, wie schwer das ist.
Wenn über uns die Ängste kommen,
dann sei uns nah, Herr Jesu Christ.
(Friedrich Walz, EG 95)

Gottes Gartenarbeit
Mit dem Garten Eden hat es angefangen.
Ganz gut sogar. Sehr gut heißt es.
Paradiesisch eben.
Kaum zum Aushalten.
Zu schön, um wahr zu sein.

Vor lauter Bäumen
Gottes Walten übersehen
haben sie und er dann auch.
Und schon war es aus mit dem Schrebergartenidyll.
Erst recht im Garten Gethsemane dann,
jenseits von Eden, weit, himmelweit weg
mit baumstarkem Ringen
schlaftrunkenem Wachen
todesängstlichem Zagen.
»Bin im Garten!«, sagt Jesus
und tritt aus dem Schatten des Ölbaums
ins Rampenlicht der Schinder.
Und am Ende wird er doch für den Gärtner gehalten.
für den Friedhofsgärtner – mit Osterglocken ...

RISIKO!

Diese »Gartenarbeit« liegt vielleicht nicht jedem/jeder Trauernden. Womöglich kürzen?

Trauerlieder

Der Einsatz von Musik kann in der Trauerbegleitung eine starke Wirkung haben. Denn das Gefühl der Trauer äußert sich nicht nur verbaliter. Im Gegenteil. Wo uns die Worte fehlen, kommt die Musik zu Hilfe und vertont das Unsagbare. Ihre Schwingung berührt, tröstet und beunruhigt zugleich. Hier ist die Stärke auch gleichzeitig die Schwäche bzw. das Risiko. Denn die Musik ist in jedem Fall wirkungsvoll und setzt Emotionen frei, die mitunter auch überdosiert und überfordernd sein können. Beim Treffen von Trauergruppen meditative (instrumentale) Musik einzusetzen kann als Rahmung und wiedererkennbare Ritualisierung durchaus hilfreich sein. Das wird durch die zuverlässige Wiederholung zum vertrauten Tonraum und hilft beim Ankommen und zum Aufbrechen. Folgende Musikstücke haben sich neben modernen meditativen Klängen unter anderen in meiner Praxis besonders bewährt:

- Antonin Dvorak: Symphonie Nr.9, e-moll
- Modest Mussorgsky: Eine Träne
- Johannes Brahms: Es ist ein Schnitter
- Filmmusik: Jenseits der Stille
- Johann Sebastian Bach: Nun ruhen alle Wälder
- Wolfgang Amadeus Mozart: Konzert für Klavier und Orchester, Nr. 20, d-moll KV 466 oder: Konzert für Klavier und Orchester, Nr. 13, c-dur, KV 415
- Enya: Only time
- Simon and Garfunkel: Bridge over troubled water
- The Byrds: Turn, Turn, Turn
- Clemens Bittlinger: Klage

Hochemotionale Texte sollten auf keinen Fall unkommentiert als »Hintergrundmusik« verwendet werden. Wenn sich bei der Begleitung der punktuelle Einsatz von Musik bereits bewährt hat, kann dies auch als Programm für nächste Begegnungen angekündigt werden. Das hat den Vorteil, dass sich die Teilnehmenden das angekündigte Lied bereits zuhause einmal anhören können, folglich darauf eingestellt sind und ihre Toleranz bereits »getestet« haben.
Im Folgenden werden 7 Titel exemplarisch vorgestellt:

- Herbert Grönemeyer: *Der Weg*
- Karat: *Über sieben Brücken*
- Peter Maffay: *Ewig*
- Andreas Gabalier: *Amoi seg ma uns wieder*
- Udo Lindenberg: *Hinterm Horizont*
- Eric Clapton: *Tears in heaven*
- Unheilig: *So wie du warst*

Thema: Der Weg (Herbert Grönemeyer)

Als Herbert Grönemeyer dieses Lied an einem Samstagabend bei Gottschalks »Wetten dass, ...?« erstmals öffentlich vorgestellte, gab es eine für die Fernsehgeschichte einmalig lange Stille danach im Publikum. So ungemein wirkungsstark und überwältigend kam dieses atemberaubende Trauerlied an.

Die Authentizität des Vortrags war so stark spürbar, dass es selbst vor den Bildschirmen bei den Leuten zuhause eine Gänsehaut ausgelöst hat. Der Tod des Bruders und der eigenen Frau haben Grönemeyer dieses Lied in das Logbuch seiner eigenen Biographie diktiert. Und diese Echtheit gibt diesem Song seine Wucht und seine Dichte bis heute.

Einstieg:

Wer über Trauer etwas aussagen oder singen will, ohne sie selber hautnah erlebt zu haben, berichtet über die weite Welt wie jemand, der noch nie verreist ist. Deshalb wirken Lieder, die eine eigene Trauererfahrung verarbeiten, ganz besonders stark auf uns.

Verlauf:

Nachdem der Liedtext an alle ausgeteilt worden ist, wird das Lied eingespielt. Danach sind spontane Reaktionen möglich, dann beginnt die systematische Bearbeitung. Alle suchen sich eine Passage aus, die sie besonders anspricht. Das wird dann reihum vorgestellt von denen, die das gerne tun wollen.

Zielgedanke:

Folgende Kernaussagen dürften besonders zu markieren sein:

- Tod und Trauer stellen die ganze Welt auf den Kopf.

- Die Mixtur der dadurch ausgelösten Gefühle ist dramatisch und gegensätzlich.
- Der Blick auf den verstorbenen Menschen ist ehrlich.
- Die Trauer sieht auch die vergeblichen Versuche der Nähe und die Lüge.
- Der geliebte Mensch ist gegangen und doch noch da.
- Die Trauer darf übertrieben sein.
- Die Trauer weiß um das bleibende unentschlüsselte Geheimnis des anderen Menschen.
- Sich vorwärts entwickelnde Trauerwege führen zurück in ein bejahtes Leben.
- Der verstorbene Mensch wird nicht losgelassen, endgültig verabschiedet oder gar gelöscht, sondern bleibt ein fester Teil.
- Trauer um den Anderen weiß um die eigene Endlichkeit.

Geschenk:
CD

Material

Liedtext: *https://www.songtexte.com/songtext/herbert-gronemeyer/der-weg-4bdcf756.html* (Aufruf 15.02.2002).

Audio/Video: *https://www.youtube.com/watch?v=xSWJBClrmgo* (Aufruf 15.02.2002).

RISIKO!
Um diejenigen, die weinen, muss man sich keine Sorgen machen.

Thema: Über sieben Brücken (KARAT)

Die ostdeutsche Musikgruppe KARAT hat dieses Lied 1978/79 gesungen. 1980 wurde es von Peter Maffay gecovert und im Westen sehr erfolgreich. Es ist auf den ersten Blick gar nicht als Trauer-Lied erkennbar. Es kommt vollkommen ohne den Gebrauch herkömmlicher Trauersprache aus. Die Vokabeln geben ihre Mehrdeutigkeit erst preis, wenn man sozusagen die typischen Symptome eines Trauerweges kennt, die Verhaltensweisen deuten kann und die Symbolsprache des Liedes »übersetzt«.

Einstieg:

Die Zahl 7. Welche Bedeutung hat sie? Sie ist seit der Schöpfungsgeschichte der Bibel die Zahl der Vollkommenheit. Die Zeitspanne der 7 symbolischen Schöpfungstage umfasst eben die ganze Kreatur. Hinzu kommt der sogenannte 7. Sinn, die 7 Meere, (die 7 Zwerge, die 7 Berge).

Die 7 Brücken sagen also: So weit, so denkbar weit, die größte anzunehmende Distanz muss überwunden werden, um von hier nach da zu kommen. Und das ist eben auch der »Umzug« in eine andere Welt. Von der Zeit in die Ewigkeit.

Verlauf:

Alle erhalten die Kopie des Textes zum Mitlesen.

Nach dem Hören ist Raum für spontane erste Eindrücke und Gedanken.

Danach markieren sich alle die Passage, die ihnen aktuell am meisten Eindruck gemacht hat. Darüber gibt es dann ein offenes Gespräch.

Zielgedanke:

Am Ende sollten folgende besonderen Kennzeichen besonders hervorgehoben worden sein:

- Das Gefühl der Melancholie und Traurigkeit ist besonders beschrieben durch diese Worte: »Manchmal«, »ohne Blick«, »Schaukelpferd«, »Ohne Rast und Ruh«, »schließ ich alle Türen nach mir zu«, »kalt und heiß«, »schon am Morgen müd«, »Trost« und »Leid«.
- »Asche« steht für Tod und Vergehen, »heller Schein« für Licht und Leben.
- Die Ambivalenz der Trauer steckt in der stehen gebliebenen Uhr, dem sich »im Kreis« bewegen, dem »Fernweh«, das eigentlich ein Heimweh ist.
- Die Zurückgezogenheit markiert das Symbol der »Bank«.
- Das Phänomen der Hass-Liebe entspricht dem Hin-und-hergerissen-Sein in der ruinösen Turbulenz des Gefühlschaos.

- Die Sehnsucht nach Erlösung und Glück »greift nach der ganzen Welt«.
- Das gespaltene Bedürfnis nach Geben und Nehmen macht einen selbst zum Rätsel.

Geschenk:
CD

Material

Liedtext: *https://www.songtexte.com/songtext/karat/uber-sieben-brucken-musst-du-gehen-23ce4417.html* (Aufruf 15.02.2022).

Audio/Video: *https://www.youtube.com/watch?v=eKwl-5HclBeQ* (Aufruf 15.02.2022).

RISIKO!

Es wird immer Teilnehmende geben, die Karat oder Peter Maffay nicht kennen oder mögen.

Thema: Ewig (Peter Maffay)

Es ist schon immer viel Leid im Lied. Immer wenn die Liebe ehrlich besungen wird, kann sie den dazugehörigen Kummer kaum verschweigen. Und so kommt das Liebesleid immerzu ins Liebeslied. Im Jahr 2008 hat Peter Maffay ein Album herausgebracht mit dem Titel EWIG. Mit dieser Wahl einer nicht gerade populären Vokabel hat er nicht nur seine Fans total überrascht. Er gebraucht hier eine Kategorie aus dem Bereich des Religiösen, die damit rechnet, dass Menschen zwar nicht unsterblich sind und deshalb nicht immer hier lieben und leben können, aber dass es über dieses Hier und Heute hinaus eine weitere Dimension gibt, die größer und umfassender ist – nämlich ewig.

Einstieg:

Wer liebt, möchte das am liebsten für immer und ewig tun. Es gehört aber zu den schmerzhaftesten Erfahrungen der Liebe, dass sie begrenzt ist, nicht unendlich. Die Liebe kann enden entweder bei lebendigem Leibe schon oder am Ende des Lebens durch den Tod. Und in jedem Fall ist der Abschied ein genuiner Bestandteil der Liebe und des Lebens, weil wir zeitlich sind, vergänglich, endlich. Es gehört aber schon immer zu der Himmelsbotschaft, dass es eine göttliche Liebe gibt, die bleibt, auch wenn wir gehen. Und in genau dieser Perspektive sieht Peter Maffay auch seine Liebe untergebracht, und er wagt eine steile These, die besagt, dass es eine über die zeitliche irdische Begrenzung hinausragende Liebe gibt, die ewig ist.

Verlauf:

Es kann nichts schaden, wenn dieser anspruchsvolle, fast philosophisch-theologische Text vor dem Anhören des Liedes einmal laut vorgelesen wird. Allen sollte hierzu der Text schriftlich vorliegen.

Zielgedanke:

Die Botschaft dieses gewagten Liedes ist eine echte Herausforderung: Sie bleibt erst einmal realistisch bei der Einsicht in die eigene Sterblichkeit. Daraufhin beschwört sie eine nicht endende Verbindung über den Tod hinaus. Es wird eine symbiotische unzerstörbare Bindung besungen, die auf ein Wiedersehen baut und auf eine kurios anmutende überirdische Zeitrechnung – und die heißt ewig!
Der Name Gott kommt so wenig vor wie der ausdrückliche Glaube an ein »ewiges Leben«. Und doch arbeitet das Lied auf genau dieser Basis einer bedingungslosen Gläubigkeit, die sich nicht von der zeitlichen Begrenzung besiegen lässt. So gesehen ist das Lied ein sensationelles Credo.

Geschenk:

CD

Material

Liedtext: *https://www.songtexte.com/songtext/peter-maffay/ewig-bcf0d82.html* (Aufruf 15.02.2022).

Audio/Video: *https://www.youtube.com/watch?v=E6acVf5RGIk* (Aufruf 15.02.2022).

RISIKO!

Nur wer's glaubt, wird selig …

Thema: Amol seg ma uns wieder (Andreas Gabalier)

Für viele Menschen ist im Hinblick auf Abschied und Sterben die Frage nach einem Wiedersehen auf der anderen Seite der Wirklichkeit ganz wichtig. Wenn schon der Tod unabwendbar nahe kommt und es keine Hoffnung mehr gibt, geheilt zu werden, dann ist die Ausssicht auf ein Wiedersehen oftmals der einzige Trost. Der österreichische Volks Rock'n'Roller Andreas Gabalier singt seit 2014 am Ende jeden Konzertes sein Lied vom Wiedersehen. Seine Anhänger und Fans zelebrieren dieses Ritual mit großer Ernsthaftigkeit, weil sie wissen, dass der Künstler durch die tragischen Todesfälle in seiner Familie dieses Lied als persönliches Hoffnungszeichen ganz bewusst platziert.

Einstieg:

»Auf Wiedersehen!«, sagen wir bei jedem Abschied.
Können wir das auch beim letzten Abschied des Sterbens zueinander sagen?

Verlauf:

Wegen des durchaus schwierigen Zungenschlags des Österreichers ist es durchaus sinnvoll und eigentlich auch notwendig, den Text vor dem Anhören zu lesen und zu »übersetzen«. Wenn alle Fragen dazu geklärt sind, kann man sich beim Anhören viel besser auf die Schlichtheit und die daraus erwachsende Stärke des Liedes konzentrieren.

Zielgedanke:

Die Botschaft dieses sehr persönlichen Standpunktes im Hinblick auf Sterben und Tod ist beeindruckend klar und deutlich:

- Unsere Lebenszeit ist begrenzt. Auch meine.
- Wir kehren alle irgendwann dahin zurück, woher wir gekommen sind.
- Das ist kein Grund, Angst zu haben, weil wir getragen werden.
- Es gibt etwas nach diesem Leben.
- Und deshalb werden wir uns einmal wiedersehen.
- Aus diesem Grund kann ich mich am Ende meiner Tage verabschieden.
- Und das will ich voller Dankbarkeit tun.
- Wer zurückbleibt, kann weiterleben mit der Kraft, die aus der Hoffnung auf das Wiedersehen erwächst.

Geschenk:

CD

Material

Liedtext: *https://www.songtexte.com/songtext/andreas-gabalier/amoi-seg-ma-uns-wieder-be925ca.html* (Aufruf 15.02.2022).

Audio/Video: *https://www.youtube.com/watch?v=vyQf-9nB4eYk* (Aufruf 15.02.2022).

Eine hochdeutsche Interpretation: *https://www.youtube.com/watch?v=vKnzwH7aIYg* (Aufruf 15.02.2022).

RISIKO!

Das Wiedersehen muss nicht immer ein vielversprechendes, erstrebenswertes Phänomen sein, es kann auch als Bedrohung empfunden werden.

Thema: Hinterm Horizont geht's weiter (Udo Lindenberg)

Ich habe es immer für ein Lied über eine verflossene Liebschaft gehalten. Das hat eher meinem Vorurteil über diesen Schlapphut-Udo hinter der Sonnenbrille gepasst. Seit der »Adrea Doria« schien mir alles klar, was diesen exzentrischen Supertypen betrifft, der es als einziger Mensch auf der Welt vorzieht, in einem Hotel auf Dauer zu wohnen. Seine Texte und seine Musik sind über die Jahre immer jung und kreativ geblieben. Respekt! Und dann hörte ich auf einer Autofahrt zufällig ein Interview mit Udo Lindenberg. Und ich erfuhr zum ersten Mal, dass hinter dem Lied »Hinterm Horizont geht's weiter ...« eben nicht das traurige Ende einer Liebesgeschichte steckt, sondern der tragische Motorradunfall eines Freundes. Seither höre ich dieses Lied anders und bewusster denn je.

Einstieg:

Was kommt, wenn wir gehen?
Gibt es etwas, was weiter geht, als wir von hier aus sehen können?

Verlauf:

Es empfiehlt sich auch hier wieder, den Liedtext für alle schriftlich vorzuhalten, weil man den Sänger nicht unbedingt so deutlich verstehen kann.

Zielgedanke:

Die Kernaussagen des Liedes sollten im offenen Gespräch nach dem gemeinsamen Hören zusammengetragen werden:

- Wunderbare Beschreibung einer Freundschaft: »Wilde Typen«, »du und ich«, »ein Paar wie Blitz und Donner«, »Freunde für die Ewigkeit«
- Ein Unfall passiert und niemand hat etwas geahnt. So ist die Realität.
- Aber es gibt Bindungen, die hören einfach nicht auf: »Doch zwei wie wir, die dürfen sich nie verliern.«

- Und darum geht der gemeinsame Weg weiter, als man von hier aus sehen kann.
- Horizonterweiterung! Es geht weiter. Hinterm Horizont!
- Das ist keine vage Vermutung, keine Spekulation, kein leiser Hoffnungsschimmer, sondern Gewissheit, unerschütterliche Überzeugung: »Das mit uns geht so tief rein, das kann nie zu Ende sein!«
- Kein Wort über Gott, Jenseits, ewiges Leben, Himmel, Leben nach dem Tod, sondern komplett unreligiöses Glaubensbekenntnis – und darum so glaub-würdig.

Geschenk:
CD

Material

Liedtext: *https://www.songtexte.com/songtext/udo-lindenberg/horizont-1bda7508.html* (Aufruf 15.02.2022).

Audio/Video: *https://www.youtube.com/watch?v=IeOSQlgPUFQ* (Aufruf 15.02.2022).

RISIKO!
Manchen wird es zu weit gehen, Udo Lindenberg hier einen Glauben an ein Leben nach dem Tod zu »unterstellen.«

Thema: Tears in heaven (Eric Clapton)

Eric Clapton verlor 1991 seinen kleinen Sohn durch einen Sturz aus dem Fenster. Er hat dieses tragische Unglück mit diesem Song für sich verarbeitet. Es ist seine erfolgreichste Veröffentlichung geworden. Ich habe dieses Lied zum ersten Mal bei der Beerdigung eines ehemaligen Konfirmanden eingesetzt, der ebenfalls durch einen tragischen Unfall ums Leben gekommen ist. Der Friedhof war damals voller junger Menschen, denen das Einspielen dieses Liedes beim Aufspüren ihrer Trauer helfen sollte. Viele haben mich später darauf angesprochen, weil es ihnen gut getan hat und ihren Tränen freien Lauf ließ. Ich habe es seither unzählige Male in der Trauerarbeit eingesetzt. Seine Authentizität macht es zu einem wertvollen Trostspender.

Einstieg:

Fragen :

- Wie wird es wohl im Himmel einmal sein?
- Welche Vorstellungen haben
- Was wünschten Sie sich?
- Das Lied »Tears in heaven« hat eine Vorstellung davon, was es im Himmel nicht mehr geben wird: Tränen.

Verlauf:

Es ist sinnvoll, eine Übersetzung ins Deutsche anzubieten. Diese sollte vor dem gemeinsamen Hören einmal zusammen gelesen werden. Danach kann man dem englischen Text besser folgen.

Zielgedanke:

Die wichtigsten Aspekte des Liedes stellen für den Himmel mindestens drei Besonderheiten in Aussicht:

- Es wird dort ein Wiedersehen geben.
- Es bleibt offen, ob wir uns dann auch wiedererkennen werden.
- Solange wir noch leben, gehören wir nicht in den Himmel, unser Platz ist hier.
- Es wird im Himmel (endlich) Friede sein.
- Es wird dort keine Tränen mehr geben.
- (Die Bibel stützt diese Erwartungen ebenfalls. Zum Beispiel in Offenbarung 21,Vers 4: »Und Gott wird abwischen alle Tränen von ihren Augen und der Tod wird nicht mehr sein, noch Leid noch Geschrei, kein Schmerz wird mehr sein.«)

Geschenk:

CD

Material

Deutscher Text: *https://www.songtexte.com/uebersetzung/eric-clapton/tears-in-heaven-deutsch-6bd6be3e.html* (Aufruf 15.02.2022).

Audio/Video: *https://www.youtube.com/watch?v=JxPj3GAYYZ0* (Aufruf 15.02.2022).

RISIKO!

Es gibt Trauernde, die (noch) nicht weinen können. Das kann eine schmerzhafte Blockade sein. Für sie ist das Lied nicht tröstlich.

Thema: So wie du warst (Unheilig)

"Unheilig" war eine deutsche Musikgruppe aus Aachen. Der Texter und Sänger hat sich »der Graf« genannt. Mit seinen Liedern hat er das Tabuthema Tod unkonventionell und mutig thematisiert, 17 Jahre lang. Die Lieder gehören längst zu den am meisten eingespielten Beiträgen bei Beerdigungen. Am 10.9. 2016 hat sich Unheilig nach einem großen Abschiedskonzert vor 45 000 Menschen in Köln komplett verabschiedet. Der Graf hatte das lange zuvor angekündigt. Das hatte Stil und Format, wie die Lieder selbst. Und die wirken bis heute.

Einstieg:

Wenn ein Mensch gehen muss, gilt es, Abschied zu nehmen. Das tut immer weh. Aber es kann auch gut tun. Wenn dankbare Wertschätzung für die gemeinsame Zeit ausgedrückt wird.

Verlauf:

Auch wenn der Text einfach ist, gut verständlich, ohne belastendes Pathos, bemerkenswert klar und schlicht – es ist unbedingt dazu zu raten, ihn erst einmal nur zu lesen und erst dann zu hören und in einem offenen Austausch zu besprechen.

Zielgedanke:

Die bemerkenswertesten Aspekte des Liedes sind:

- Der Sterbende wird direkt angesprochen.
- Dieses Du ist total berührend und nah, ohne übergriffig zu wirken.
- Eine große liebevolle Nähe vertreibt die Angst.
- Der Tod kann nicht auslöschen, was Menschen füreinander bedeuten.
- Alles mag vergänglich sein, wertvoll bleibt es für immer.
- Der Freund darf gehen, ja, er wird sogar dazu ermutigt.
- Am Ende steht das Versprechen, für die, »die du liebst«, da zu sein.
- Der Tod wird nicht verdrängt, verschwiegen, schön geredet, aber er versetzt nicht in Angst und Schrecken. Er tritt ein. Aber er kann der Dankbarkeit, dem Stolz und die Erinnerung scheinbar nichts anhaben.

Geschenk:

CD

Material

Liedtext: *https://www.songtexte.com/songtext/unheilig/so-wie-du-warst-5382d349.html* (Aufruf 15.02.2022).

Audio/Video: *https://www.youtube.com/watch?v=xkyc3zrTDcU* (Aufruf 15.02.2022).

RISIKO!

So menschlich liebevoll der Text auch ist, er tröstet nicht mit einer christlichen Perspektive auf ein bleibendes Leben bei Gott. Er bleibt rein diesseitig. Aber das tut er eindrucksvoll.

Trauerproviant (Trosttasche packen)

Wer einen weiten Weg vor sich hat, kommt ohne Wegzehrung nicht aus. Und der Trauerweg ist weit und dauert seine Zeit. Was liegt also näher, als dafür Proviant einzupacken? Nicht völlig unversorgt aufzubrechen, das kann Mut machen und als gutes Vorzeichen darauf hindeuten, dass die Herausforderung zwar enorm sein wird, aber für die nötige »Verpflegung« schon gesorgt wird.

Es ist also als eine vertrauensbildende Maßnahme gemeint, wenn einer einzelnen trauernden Person oder eine ganzen Gruppe von trauernden Menschen zu Beginn eines gemeinsam geplanten Trauerweges eine Proviant-Tasche ausgehändigt wird. Mit diesem Symbol wird eine gewisse Kontinuität angedeutet, weil sich die Tasche allmählich füllen wird – und es steht positiv vielversprechend für die Aussicht der Teilnehmenden auf ihr Durchhalten und Ankommen. Es steckt unausgesprochen auch ein gewisse Erwartung dahinter, nämlich die, dass die Wanderer für eine gewisse Zeit dabei bleiben mögen und den Weg mitgehen, auch wenn er zwischendurch steil und beschwerlich wird.

Das kann durchaus auch gemeinschaftsstiftend sein. (Es kommt zum Beispiel immer wieder vor, dass jemand fürsorglich das Symbol eines Abends für jemanden mitnimmt, dem die Teilnahme diesmal nicht möglich war. Das sind wertvolle »Nebenwirkungen«, die durchaus tröstlich sein können.)

Im Einzelnen werden folgende Proviant-Angebote verteilt:

- Hautcreme
- Kerze
- Taschentücher
- Süßigkeit
- Trauertagebuch
- Seifenblasen
- Perlen des Glaubens

Die Reihenfolge ist nicht zwingend. Es sollte eben ein Wechsel zwischen Versorgung von Körper und Geist sein. Und da der Mensch (vor allem auch der Trauernde) nicht vom Brot allein lebt, gibt es eben vorwiegend Nahrung für die Seele.

Thema: Hautcreme

Am Anfang des Packens der Provianttasche soll eine richtige Überraschung stehen. Trauernde Menschen zu verblüffen, zu überraschen, positiv aufmerksam zu machen ist ein Versuch wert. Immer. Trauernde Menschen sind nämlich tendenziell resignativ und blass. Seit ihrem Trauerfall sind sie nicht mehr so sorgsam in der Pflege ihrer selbst. Ihnen ist der höchste Wert ihres Lebens erst einmal abhandengekommen, nämlich das Gegenüber, das ihnen ganz viel bedeutet hat. Und mit deren Sterben haben die Werte sich verschoben, bzw. sie sind zunächst verschwunden. Regelmäßige Nahrungsaufnahme und Körperpflege werden eher vernachlässigt. Das Leben ist nicht mehr schön, warum sollten es dann die Trauernden sein?

Die Traurigkeit steht ihnen im Gesicht, die ganze Körpersprache deutet auf das erlebte Leid hin. Da bleibt nichts von ehemaligem Glanz und strahlendem Lebenswert. Gegen das Vergessen des eigenen Wertseins soll die Hautcreme kess konkurrieren.

Einstieg:

Die Trauer vertreibt alles Schöne aus der Welt. Wenn Menschen in die Trauer fallen, steht ihnen Angst und Schrecken mehr im Gesicht als Lebenslust und gute Laune. Mitleidig sagen Freunde dann: »Du siehst aber auch gar nicht gut aus.« Eitel sind trauernde Menschen eher nicht. Sie sind es sich selber kaum wert, sich gutzutun. Sie schauen in den Spiegel und sehen sich trauern. Was sonst. Höchste Zeit, sich etwas Gutes zu tun – oder?

Verlauf:

Es gibt Phasen in unserem Leben, da können wir uns gut riechen. Düfte bestimmen sowieso unser Leben ganz direkt. Von Kindheit an ist das so. Unsere Erinnerungen an Heimat und Geborgenheit sind oft unmittelbar mit Gerüchen verknüpft. Und das bleibt ein Leben lang gespeichertes Wissen. Gerüche können bis in unsere Träume hinein duften. Riechen wir zum Beispiel Sonnencreme, kommt die Urlaubserinnerung, Lavendel sagt Sommer, Zimt und Mandarinen lassen an Weihnachten denken. Duft in der Luft begleitet unsere Lebenslagen. Gut eincremen ist wie eine kleine Wellness für Haut und Seele. Wohltuend nach innen und nach außen.

Zielgedanke:

Ich bin es wert, gepflegt zu sein. Ich habe Respekt und Anerkennung verdient.
Ich bin schön. Ich kümmere mich nicht nur um meinen Kummer, sondern auch um mich.

Vereinbarung:

Mehr milde Aufmerksamkeit und liebevolle Pflege einplanen.

Geschenk:

Hautcreme

Material

Werbeslogan für eine Hautcreme:
»Darf ich bei dir einziehen?«

Die dramatische Geschichte von Hiob berichtet davon, wie einem Menschen nach und nach alles genommen werden kann. Hiob verliert Hab und Gut, seine Familie, Menschen und Ansehen, die Nachsicht und Geduld seiner Freunde, die ihm einreden wollen, dass sein Elend Gottes Strafe sei. Am Ende verliert er sogar die Liebe seiner Frau, die ihn nicht mehr riechen kann. (vgl. Buch Hiob 19,17)
Mich bewegt es immer ganz besonders, wenn trauernde Menschen davon berichten, wie sie zuhause auf der Suche nach dem Geruch des geliebten Verstorbenen sind, wie sie sich seine/ihre Kleider im Schrank und seine Siebensachen unter die Nase halten und der Liebe nachschnüffeln, die so weh und so gut tut. Solange es noch nach dem geliebten Menschen riecht, so lange ist er, ist sie noch präsent, erfüllt eine sinnliche Anwesenheit noch immer den Raum.
Wir spüren einander offenbar besonders mit der Nase. Unsere emotionale Verbindung definiert sich unter anderem darin, dass wir einander gut riechen können.

Dufte!
Ein Näschen haben für etwas, das ist ein Qualitätsmerkmal. Spürnasen sind pfiffig und neugierig und erfinderisch. Immer »der Nase nach«, das ist ein Motto für Pfadfinder des Lebens.

In der Schöpfungsgeschichte der Bibel heißt es, dass Gott dem Menschen seinen Odem in die Nase bläst. Atem, Odem, Lebenshauch. Gott riecht seine Menschen. Und er hat es so eingerichtet, dass wir seine Schöpfung mit der Nase identifizieren können.
Als der deutsche Astronaut Alexander Gerst nach einem halben Jahr im Weltall wieder auf die Erde zurückkam, da hat er in seinem ersten Interview begeistert festgestellt:
»Die Erde riecht großartig!«

RISIKO!

Körperhygiene ist sehr intim. Das Thema ist deshalb riskant, weil es als beleidigender Übergriff missverstanden werden kann, so, als würden Trauernde nicht mehr auf sich achten.

Thema: Kerze

»Es ist besser, ein Licht anzuzünden, als über die Dunkelheit zu klagen!« Sprichwörtlich bedeutsam ist das Kerzenlicht. Seine symbolische Strahlkraft ist überzeugend und plausibel. In der gottesdienstlichen Praxis ist die Kerze darum unentbehrlich. Ob bei Taufe, Trauung, Beerdigung, sie steht für das Lebenslicht, das Gott uns schenkt. Das Osterlicht geht mit auf der ganzen Lebensreise.

Es ist eine besonders schöne Tradition, dass in den katholischen Kirchen immer ein Licht brennt. Das »ewige Licht« genannt.

Bemerkenswert ist auch, dass wir noch immer bei der Geburt eines Kindes sagen, es habe »das Licht der Welt erblickt«. – Und das sagen wir trotz aller Dunkelheiten und Schatten, die unsere Welt bedecken.

Licht ist Leben. Und jede Kerze, die wir entzünden, ist eine Demonstration gegen den Tod. Darum darf die Kerze beim Trostproviant nicht fehlen.

Einstieg:

»Wir zünden eine Kerze an.
Das ist ein vielsagendes Zeichen.
Was bedeutet es für Sie?«

Verlauf:

Jede/r der Anwesenden hat eine Kerze an seinem Platz. Nachdem alle ihre Kerze angezündet und vor sich hingestellt haben, laden wir zu einem Rundgespräch ein, mit der Frage, welche Gedanken und Assoziationen wir mit dem Kerzenschein verbinden.

Zielgedanke:

Das Licht des Lebens ist Gottes Geschenk. Und wenn es hier verlöscht, dann bleibt uns nur der österliche Hoffnungsschimmer, dass wir im ewigen Licht Gottes geborgen bleiben. Wir und unsere Toten.

Vereinbarung:

Einrichten einer Gedenkecke zuhause mit Kerze und Bild.

Geschenk:

Kerze

Material

> *»Und Gott sprach: Es werde Licht. Und es ward Licht. Gott sah, dass das Licht gut war. Und Gott schied das Licht von der Finsternis und nannte das Licht Tag und die Finsternis nannte er Nacht. Da ward aus Abend und Morgen der erster Tag.«*
> *(Genesis 1,3-5)*

Jesus sagt in der Bergpredigt:

> *»Ihr seid das Licht der Welt! Es kann die Stadt, die auf einem Berge liegt, nicht verborgen sein. Man zündet auch nicht ein Licht an und setzt es unter einen Scheffel, sondern auf einen Leuchter; so leuchtet es allen, die im Hause sind. So lasst euer Licht leuchten vor den Menschen ...«*
> *(Matthäus 5,14-16a)*

Zünde eine Kerze an!

Zünde eine Kerze an!
Dein Licht der Hoffnung.
Heute soll es leuchten für die Welt.
Zünde eine Kerze an!
Dein Lebenszeichen.
Seht, wie unser Licht die Nacht erhellt.

Es leuchtet für die Menschen, die wir lieben.
Und für alle, die grad einsam sind.
Es leuchtet für Gebete, die wir flüstern,
für den Funken Mut,
der in uns glimmt.

Es leuchtet für die Menschen,
die uns helfen,
für die Ärztin und die Pflegerin.
Es leuchtet für den Trost, den wir jetzt brauchen,
für den Abschied und den Neubeginn.

Es leuchtet für die Welt an allen Orten.
Mailand, Sao Paulo und Madrid,
Es leuchtet für die Kraft, die uns verbindet,
für den liebevollen nächsten Schritt.
(Martin Buchholz)

RISIKO!
Nicht alle werden für einen Lichtblick zu gewinnen sein.

Thema: Taschentücher

Tränen sind die Perlen der Trauer. Sie zu weinen ist keine Schande, sondern ein Geschenk. Nicht weinen zu können ist viel schwerer zu ertragen. Viele trauernde Menschen leiden darunter, dass sie nicht zu weinen imstande sind. Wenn es dann endlich möglich ist, dann löst sich in der verkrampften Seele eine Blockade und es ist wie Weiteratmen nach dem langen schockierten Atem-Anhalten. Weil aber selbst unter Trauernden mitunter das Weinen so sehr mit Scham und Scheu besetzt ist, sollen die Taschentücher als Grundausstattung nicht fehlen.

Einstieg:
Wir treffen uns zum Weinen.
Trauerbegleitung ist vor allem dazu da, Menschen zu helfen, sich ihrer Tränen nicht zu schämen, sondern sie behutsam zuzulassen. Es gibt kaum eine tiefere Nähe und Verbundenheit, als zusammen zu weinen. Heimlich geweinte Tränen sind nicht zu vermeiden und sicher nötig. Aber gemeinsames Weinen stützt und nützt viel mehr.

Verlauf:

Da es sich bei trauernden Menschen um hochkompetente Tränen-Experten handelt, ist eine mitfühlende Beratung sehr zuträglich. Es lohnt sich ein Austausch über gemachte Erfahrungen mit geweinten und nicht geweinten Tränen.
Wir können ein Blatt mit Tränen-Symbolen verteilen, in die man eintragen kann, was die Einzelnen schon zum Weinen gebracht hat. Und/oder mit Impulsfragen motivieren:

- Was bedeutet es für mich, dass ich (nicht) weinen kann?
- Wie reagiert meine Umgebung auf meine Tränen?
- Welche Reaktionen wünschte ich mir, wenn ich weinen muss?

Zielgedanke:

Weinen ist kein aus Versehen missratenes Verhalten, sondern eine Begabung zum selbstbewussten Aufspüren der hohen Trauerqualität. Tränen sind kein Ausdruck von Schwäche, sondern die höchste Form bejahten und wertschätzenden Umgangs mit dem liebevollen Blick auf den erlittenen Verlust.

Vereinbarung:

Tränen nicht wegschicken, sondern begrüßen.

Geschenk:

Eine Packung Taschentücher

Material

»Die mit Tränen säen, werden mit Freuden ernten.«
(Psalm 126,5)

Alsbald ein neues Kind
die erste Luft empfindt,
so hebt es an zu weinen;
Die Sonne muss ihm scheinen
den viermal zehnten Tag,
Eh als es lachen mag.
O Welt, bei deinen Sachen
ist Weinen mehr als Lachen.
(Friedrich von Logau)

Erheiterung durch Tränen
Die Wolken ziehn vorüber,
so dicht gedrängt und grau.
Und trüber, immer trüber
wird rings des Himmels Blau.

Und du, wie ist entflogen
dir alle Heiterkeit,
die Seele überzogen
von unnennbarem Leid!

Die Wolken strömen nieder,
wie blau der Himmel scheint!
Und heiter bist du wieder!
Hast du vielleicht geweint?
(Philipp Spitta)

Armselig und tränenreich
durch das Tal der Tränen gegangen
ist meine Trauer.
Und ich habe sie nicht weggewischt,
nicht versteckt, nicht unterdrückt.
Ich habe sie geweint, wie man Früchte sammelt
und vorsichtig nach Hause trägt.

RISIKO!
Das hingebungsvolle Weinen als hohe Kunst der Trauer zu idealisieren ist vielen Trauernden zuwider.

Thema: Süßigkeit

Wenn das Leben nur noch bitter ist, dann schmeckt uns nichts mehr wirklich gut. Trauernde Menschen laufen tatsächlich Gefahr, das Essen zu vergessen. Wenn es in ihrer Umgebung nicht aufmerksame Menschen gäbe, die ihnen ab und zu etwas hinstellen, sie würden einfach verhungern. Wie oft haben mir Teilnehmende an Trauergruppen erzählt, dass ihnen Nachbarn und Freunde über Wochen gekocht und eingekauft haben, um sie zu versorgen – und sie haben es nicht einmal registriert. Darum liegt es ihnen auch lange Zeit völlig fern, sich »etwas Süßes« zu gönnen. Das hätte dann etwas mit Lebensqualität und Genuss zu tun. Und diese beiden Kategorien kommen vorerst in keinem Trauerhaus mehr vor. Sie sind mitgestorben. Lebenslust ist zum Fremdwort geworden, weil es in der Sprache der Trauer nicht gebraucht wird.

Einstieg:

In dem berühmten Film »Forrest Gump« fällt der Ausspruch:
»Das Leben ist wie eine Pralinenschachtel. Man weiß nie, was man bekommt.«
Eine Schachtel Pralinen wird herumgereicht. Wer will, darf sich was rausnehmen. Das löst automatisch einen Gesprächsreflex aus, je nachdem, ob jemand zugreift, oder dankend oder gar empört ablehnt.

Verlauf:

Die unterschiedlichen Reaktionen beleben das Rundgespräch.
»Nein danke! So etwas gibt es für mich nicht mehr!«
»Oh, so was wurde mir schon lange nicht mehr angeboten!«
»Das ist Seelennahrung. Das tut gut!«
Alle Reaktionen haben Sinn und dürfen dabei sein.

Zielgedanke:

Meine vergessene Lust am Leben muss nicht für immer verloren sein. Eine Süßigkeit kann mich erinnern daran, dass es immer noch etwas Schönes gibt.

Vereinbarung:

Ich schenke mir eine Süßigkeit pro Tag. Auch wenn ich traurig bin.

Geschenk:

Süßigkeit

Material

Die Ernährungswissenschaft weiß ganz genau, dass Essen mehr als Nahrungsaufnahme ist. Essen kann trösten, belohnen, ablenken, beruhigen, anregen – einfach guttun. Das lernen wir von Kindheit an. In meiner frühesten Kindheitserinnerung ist sehr positiv haften geblieben, dass es im Jahr nur zu vier Anlässen in meinem Elternhaus Schokolade bzw. Süßigkeiten gab: an Weihnachten, an Ostern, zum

Geburtstag und wenn ich krank im Bett lag. Die Feiertagssüßigkeiten waren irgendwie fester Bestandteil der Art und Weise, wie diese Zeiten sich abhoben vom Alltag. Wenn aber mein Onkel oder meine Oma mit einer Tafel Nuss-Schokolade einen Krankenbesuch bei mir machten, spürte ich die heilsame Wirkung schon, wenn ich sie die Holztreppe hochkommen hörte. Seit damals weiß ich, dass man Trost auch essen kann.

Zwei Äußerungen trauernder Menschen zum Essen:

»Das Leben schmeckt mir nicht mehr!
Ich leide an Appetitlosigkeit.
Meine Trauer ist meine Nahrung.
Alles andere habe ich satt.
Ich sehe überhaupt keinen Grund,
für Essen und Trinken zu sorgen.
Was spielt das noch für eine Rolle?
Ich ernähre mich von meinem Schmerz.
Da habe ich genug zu verdauen.«

»Im Vorübergehen, wenn überhaupt,
esse ich was.
Hinsetzen geht nicht.
Es wäre wie Abfinden, sich fügen.
Dazu bin ich aber nicht bereit!«

RISIKO!
Symbole stimmen nie für alle. Und Schokolade ist eine Weltanschauung – unter anderen.

Thema: Trauer-Tagebuch

Wenn Trauernde lange und intensiv ein Blatt vor den Mund nehmen, sollten sie wenigstens was draufschreiben. Die Schweigsamkeit der Trauer ist für viele eine bewusste Zuflucht in einen Schutzraum, in dem unliebsame und taktlose Berührungen vermieden werden können. Gleichzeitig macht es sehr einsam. Wenn dagegen ein Trauer-Tagebuch zum Begleiter gewonnen werden kann, bricht das Schweigen auf und es beginnt eine allmähliche Selbst-Alphabetisierung der Betroffenen; sie fangen an, zu »reden« und sich mit sich selbst vertraut zu machen. Das bereichert sie um eine eigene Sprache der Trauer und führt sie in eine selbstbewusstere Kommunikation.

Einstieg:

»Haben Sie in Ihrem Leben schon einmal Tagebuch geschrieben?
Welche Erinnerungen haben Sie daran?
Oder: Warum ist es nie dazu gekommen?«

Verlauf:

Es folgt ein Erfahrungsaustausch aus verschiedenen Perspektiven. Das Für und Wider dieses Mediums kommt zur Sprache und kann schließlich zu der Frage hinführen, ob es einen Versuch wert wäre, als trauernde Menschen jetzt versuchsweise mit dem Schreiben eines Tagebuches zu beginnen.

Zielgedanke:

Schreiben kann eine Selbsthilfemethode sein, die verschiedene heilsame Auswirkungen auf den Trauerweg hat: beim Suchen und Finden, beim Klagen und Sagen, beim Verstehen und Deuten, beim Verarbeiten und Verabschieden, beim Loswerden und Vertrautmachen, beim Reflektieren und Spekulieren. Schreiben bereichert mit neuen Vokabeln für die Sprache der Trauer, führt zu einem inneren Dialog, kann ein Gespräch des Herzens mit Gott werden und zum Medium des Austausches mit den Verstorbenen.

Vereinbarung:

Selber austesten und herausfinden, wann es passt, regelmäßige Eintragungen zu machen, welche Fragen dabei motivierend sein können (z.B.: Was kann ich gut, was geht schlecht? Was hat mir heute gutgetan, was weh? Wofür kann ich mich heute loben? Was will ich morgen gut machen? Wofür kann ich danken, worum will ich bitten, was habe ich besonders zu beklagen? Welche Menschen sind mir heute begegnet?)

Geschenk:

Ein Tagebuch

Material

Das Schreiben in einem Tagebuch ist für jemanden wie mich eine sehr seltsame Erfahrung. Nicht nur, weil ich vorher nie etwas geschrieben hatte, sondern auch, weil es mir scheint, dass später weder ich noch irgendjemand an den Überlegungen eines 13 jährigen Mädchens interessiert sein wird. Aber hey, das macht nichts. Ich möchte schreiben.
(Anne Frank)

Ich reise niemals ohne mein Tagebuch.
Man sollte immer etwas Aufregendes zu lesen bei sich haben.
(Oscar Wilde)

Das Gedächtnis ist das Tagebuch,
das wir immer mit uns herumtragen.
(Oscar Wilde)

RISIKO!

Manche empfinden die Thematik womöglich als Nötigung zu intellektueller Selbstreflexion, der sie (bis auf Weiteres) ausweichen. Und das dürfen sie dann auch. Man kann das (Tage)Buch ja sehr unterschiedlich nutzen. Es ist deshalb auch ratsam, ein ganz neutral gestaltetes auszuwählen.

Thema: Seifenblasen

Wikipedia klärt über die Seifenblase wie folgt sachkundig auf: »Eine Seifenblase ist ein dünner Film aus Seifenwasser, der eine gewisse Menge Luft oder anderes Gas einschließt und eine hohle Kugel bildet, die häufig irisiert und schillert. ... Sie werden als Bühneneffekt und zum Kinderspiel, aber auch für Erwachsene als faszinierend-vergnüglicher Zeitvertreib oder als physikalisch interessantes Phänomen genutzt... Wegen dieser leichten Vergänglichkeit wurde ›Seifenblase‹ zu einer Metapher für etwas, das zwar anziehend, aber dennoch inhalts- und gehaltlos ist. Dies spiegelt sich zum Beispiel in der Redewendung ›der Traum zerplatzte wie eine Seifenblase‹. Eine der frühesten künstlerischen Darstellungen von Seifenblasen als Kinderspielzeug findet sich in Pieter Bruegels Gemälde ›Die Kinderspiele‹ von 1560, woraus sich schließen lässt, dass Seifenblasen bereits seit mindestens 500 Jahren von Kindern zum Zwecke der Unterhaltung verwendet werden.«

Einstieg:

Darf man als trauernder Mensch spielen?
Oder ist mit der Trauer alles Leichte und Schöne zugedeckt?
Darf man trotz seiner Trauer noch Spaß haben?
Wie wärs denn damit?
Seifenblasen-Fläschchen zeigen ....

Verlauf:

Alle bekommen Seifenblasen geschenkt. Wer Lust hat, darf schütteln, öffnen und ausprobieren. Ich habe schon so manche Trauergruppe erlebt, die in diesem Augenblick zu einer begeisterten »Kinderschar« mutierte und (zumindest für kurze Zeit) Freude daran hatte, Seifenblasen zu »produzieren«. Das war dann für alle einigermaßen überraschend – und hat mitunter zu sehr angeregtem Gesprächsaustausch geführt.

Zielgedanke:

Natürlich sind Seifenblasen Ausdruck kindlichen lustvollen Spiels. Ansonsten einigermaßen zweckfrei. Und trotzdem symbolisieren sie einen tieferen Sinn, weil sie schön, zerbrechlich und vergänglich sind wie das Leben, wie wir. Träume platzen, wenn Menschen sterben erst recht, aber sie waren trotzdem da und durften geträumt werden. Glück mag kurz sein, wertvoll ist es allemal. Natürlich kann man das Leid nicht einfach »wegblasen« und den Ernst der Trauer kann man nicht gegen Seifenblasen austauschen, aber Trauer verträgt auch Sekundenglück.

Vereinbarung:

Mitnehmen! Ausprobieren!

Geschenk:

Seifenblasen

Material

Seifenblasen

Es schwebt die Seifenblase
so federleicht dahin.
Mit ihren vielen Farben
erfreut sie Herz und Sinn.

Sie funkelt in der Sonne
so bunt wie ein Opal.
Sie muss dem Wind gehorchen –
hat keine andre Wahl.

Sie lässt sich nur bestaunen,
besitzen leider nicht,
weil sie in Menschenhänden
so wie ein Traum zerbricht.

(Ewald Patz)

Seifenblase

Seifenblase – Hoffnungsträger
Fliegt recht hoch hinauf
Wird vom Schicksal fortgetrieben
Nimmt des Windes Lauf

Seifenblase – so zerbrechlich
Stößt an einen Stein
Stirbt ganz leis und unvermittelt
Und wird nicht mehr sein

Seifenblase ist gewesen
hat sich wohl verloren
Und im Letzten nur vollendet
Wozu sie geboren

Seifenblase – Wunschgemälde
Darf man nicht zerkratzen
Ist zerbrechlich wie die Liebe …
… Seifenblasen platzen.

(Thomas S. Lutter)

RISIKO!

»Just for fun« und Trauerarbeit müssen sich nicht ausschließen, können es aber. Die Ambivalenz des Symbols kann dazu führen, dass jedwede positive Konnotation verloren geht, weil jemand sagt: »Mit dem Tod meines Mannes ist mein Traum vom Leben geplatzt wie eine Seifenblase.«

Thema: Perlen des Glaubens

Trauer und Schmuck scheinen nicht zusammenzupassen. Trotzdem sollen sie als letzte Gabe für die Trosttasche verschenkt werden. Gebetsbänder kennen nahezu alle Religionen. Es gibt den katholischen Rosenkranz, im Islam werden mit 22 Perlen die 99 Namen Allahs gepriesen. Die Juden kennen die Gebetsriemen und die Perlen der buddhistischen Mala sind als Hilfe zur Meditation gedacht. Im evangelischen Kontext überrascht es eher, dass hier ebenfalls mit Perlen gebetet werden soll. Es war die Idee des Bischofs der Evangelisch-Lutherischen Kirche von Schweden, Martin Lönnebo. Er erfand 1995 einen »Rettungsring« aus Perlen und gab jeder Perle eine besondere Bedeutung im Hinblick auf Aspekte des christlichen Glaubens. Mitunter wurden sie »Katechismus für die Hände« genannt. Ich habe sie unzählige Male in Seminaren und bei Tagzungen eingesetzt, vor allem bei Begegnungen mit Menschen, die weniger vertraut mit der kirchlichen Sozialisation gewesen sind. Die Perlenkette kommt als Überraschung im Zusammenhang eines Kompendiums, was Christen glauben, gut an. Eine Erfahrung der ganz besonderen Art ist es aber, dieses Medium an trauernde Menschen zu verschenken und mit ihnen aus der Perspektive des Verlustes darauf zu schauen.

Einstieg:

»Kann man eigentlich in der Trauer auch Schmuck tragen? Sogar als Mann? Oder widerspricht nicht diese Unzeit mit all den Turbulenzen in der Seele, mit allem Schmerz und Leid allem, was schön ist und glänzt? Heute soll Ihnen ein Perlenband als letzter Proviant für Ihre Trosttasche geschenkt werden. Es bleibt völlig Ihnen überlassen, was Sie damit machen, ob Sie sich miteinander befreunden werden, oder ob Ihnen diese Perlen fremd bleiben. Lassen Sie sich einfach mal erzählen, worum es sich hier handelt.«

Verlauf:

Es gibt die Perlen auch im Großformat als beeindruckende Kette zum Vorzeigen. Sie sollte am Anfang zum Erklären zum Einsatz kommen (siehe Material), damit die Aufmerksamkeit gebündelt bleibt. Erst nach dem ersten Erklären sollen alle eine eigene kleine Kette bekommen, die sie dann selbst in die Hand nehmen können.

Zielgedanke:

Die Themen und Fragen der Trauer können mit Blick auf die Perlen des Glaubens bedacht und vor Gott gebracht werden. Wie an einem Geländer kann man sich entlangtasten und um seine Trauer kreisen. Wenn man will, kann man sie am Arm tragen, als Zeichen und Ermutigung, als ein Teil, das meine Trauer »schmückt«. Sie kann aber auch zuhause liegen, im Auto oder an irgendeinem anderen Ort verwahrt sein.

Vereinbarung:

Einfach ausprobieren.

Geschenk:

Perlen des Glaubens

Material (ausführlicher als sonst)

Wir gehen mit unserer Aufmerksamkeit einmal die Perlenkette entlang. Es sind 18 Perlen und jede einzelne hat ihre eigene Bedeutung. Sie steht jeweils für Lebensfragen und Glaubenszweifel grundsätzlich. Wir schauen aber jetzt nach ihnen mit der Perspektive der Trauer:

Wir beginnen mit der goldenen Perle. Sie heißt die *Gottesperle*. Weil uns Gott Gold wert sein kann. Weil mit ihm alles anfängt und alles aufhört. Weil er uns allen das Leben schenkt.

Wir gehen im Uhrzeigersinn weiter und entdecken eine längliche, sandfarbene Perle. Von denen gibt es sechs Stück und sie sind im ganzen Kreis verteilt. Sie heißen *Perlen der Stille* und wollen daran erinnern, dass man in der Nähe Gottes, wenn man an ihn glaubt und noch mehr: wenn man an ihm zweifelt, zur Ruhe kommen kann, weniger zappelt, als verweilt. Gott erfahren geht nur, wenn es still wird. Stille ist auch Erholung. Trauer kommt ganz selten dazu. Umso wertvoller kann sie werden.

Gleich nach der ersten Perle der Stille kommt diese kleine weiße Perle. Es ist die ICHPERLE. Wir sollen sehen, dass Gott und ich gar nicht so weit auseinander sind, wie wir oft denken, erst recht, wenn uns die Trauer so weit von ihm wegzureißen droht. Gott und ich sind aber nur eine kleine Stille voneinander entfernt, es ist nur ein Gedankenstrich zwischen ihm und mir. Er ist sozusagen nebenan auf Rufweite, ganz in meiner Nähe. Unglaublich, aber wahr.

Und weil wir das kaum fassen können, und uns fragen, woran bitte soll ich das spüren, dass er bei mir ist, ausgerechnet auch jetzt kommt hier die große weiße Perle gleich dazu und sagt: Ich bin die TAUFPERLE und will dich daran erinnern, dass Gott schon bei unserer Taufe ein für allemal seine Liebe und Nähe für uns erklärt hat. Und dabei soll es bleiben, solange wir leben.

Und weil das eine ziemlich große Sache ist, erst recht, wenn uns die Trauer all diese Gedanken eher unmöglich machen will, kommt jetzt gleich wieder eine Perle der Stille. Denn darüber sollen wir erst einmal nachdenken und es auf uns wirken lassen.

Und ehe wir denken, diese Perlen des Glaubens wollen uns was vormachen, was für uns als Trauernde schon lange nicht mehr stimmt, kommt jetzt eine Perle, die die WÜSTENPERLE heißt. Und da kennen wir uns gut aus. Mit Wüste und Durststrecken und dürren Zeiten. Denn da sind die meisten von uns mittendrin. Immerhin will also die Kette ehrlich sagen: Wer in Gottes Nähe lebt und glaubt und zweifelt als sein geliebtes und getauftes Menschenkind, muss trotzdem durch harte Zeiten, erlebt eben doch genau das, was für Sie gerade passiert ist. Glaube ist keine Garantie für Verschonung. Auch wer mit Gott unterwegs ist, macht Wüstenerfahrungen durch.

Da kann und wird man auch ganz still erst mal.

Kommt man aber irgendwann aus der Wüste wieder heraus, ist hindurch und hat sie durchgestanden, dann hat man sich verändert. Und das möchte die blaue Perle Ihnen sagen. Sie heißt die PERLE DER GELASSENHEIT. Nach Ihrem langen Wüstenwanderweg der Trauer ist nichts mehr, wie es war. Schon gar nicht Sie selber. Sie werden in jedem Fall gelassener sein, erfahrener, weiser, reifer, weiter. Gelassenheit heißt ja nicht: Mir ist alles egal, sondern: Ich lasse mich ein, ich verlasse mich, womöglich sogar auf Gott. Auch wenn ich mich gerade von ihm verlassen fühle.

Nach einer nächsten Stille folgen zwei rote Perlen. Es sind die PERLEN DER LIEBE. Und wer wüsste es besser als Sie, dass die

Liebe immer nur doppelt da sein kann, im Gegenüber, in der Zweisamkeit. Sonst würde es nicht so wehtun, wenn einer fehlt. Dieser Doppelpunkt markiert aber auch die Liebe, die wir in uns tragen, und die Liebe Gottes, die wir vermissen. Liebe ist immer Dialog. Und sie bleibt es auch in der Trauer. Und weil das aber gerade immer auch ein Geheimnis, ein Rätsel ist und bleibt, folgen jetzt drei GEHEIMNISPERLEN.

Sie stehen für alles, was wir an ungelösten Fragen und Hoffnungen mit uns tragen. Erst recht jetzt, wo Sie traurig sind. Eine der drei Geheimnisse ist grün wie die Hoffnung und steht für die geheimnisvolle Schöpfung, die es immer noch gibt, trotz Trauer und Tod. So gehören also auch unsere Geheimnisse zu unserem Glauben dazu.

Erst recht nach der Stille, wenn die schwarze Perle kommt. Sie ist die PERLE DER NACHT, der Dunkelheit, des Todes. Auch diese bittere Erfahrung, die Sie gerade völlig überschattet, hat einen hohen Wert, ist Teil des Perlenbandes meines Lebens.

Und nach der nächsten Stille wird aus der Nacht das Licht und es folgt die PERLE DER AUFERSTEHUNG. Will sagen: Der Weg des Glaubens und auch der Weg der Trauer mündet nach Gottes Willen nicht im finsteren Vergessen und Verlieren, sondern soll einmünden in Gottes Haus aus Licht, in dem unsere Toten schon wohnen und auf uns warten.

Und so kommen wir am Ende dahin, woher wir gekommen sind, enden schließlich bei der GOTTESPERLE, weil er uns nicht nur das Leben gibt, sondern weil es am Ende auch zu ihm zurückkehrt.

(Nach Martin Lönnebo)

Jesus hat die Perlen mit der Sehnsucht nach dem Sinn des Lebens so verglichen:
»Wiederum gleicht das Himmelreich einem Kaufmann, der gute Perlen suchte, und da er eine kostbare Perle fand, ging er hin und verkaufte alles, was er hatte, und kaufte sie.«
(Matthäus 13,45-46)

Gebet

Du rätselhafter Gott!
Ich kann dich nicht begreifen.
Was du mir zumutest, ist schwer.
Ich verstehe deinen Willen nicht.
Trotzdem suche ich nach dir.
Du gibst das Leben und du nimmst es wieder.
Ich bin noch hier.
Mein geliebter Mensch ist gegangen.
Ich hoffe, du bist uns beiden nah.
Und bleibst es auch.
Am besten wäre, wenn wir alle bei dir gut aufgehoben wären.
Unter deinem großen Dach.
Ich bin hineingetauft in deine Familie der Kinder Gottes.
Trotzdem muss ich Wüstenwege gehen.
Nicht zum ersten Mal.
Durststrecken und Umwege bin ich gewohnt.
Du hast mich hinein- und herausgeführt.
Tu es auch jetzt. Damit ich gelassener werde.
Liebe habe ich erfahren, Liebe habe ich gegeben und tue es noch.
Liebeskummer habe ich jetzt, weil ich so traurig bin.
So viele Rätsel trage ich bei mir, Ungeklärtes, Geheimnisvolles.
Mach du was Sinnvolles daraus.
Und vor mir habe ich noch so viel.
Du kennst meinen Weg vor und nach dem Tod.
Nimm mir die Angst, hilf mir abschiedlich sein.
Der Tod wird auch für mich kommen, irgendwann.
Hilf mir, sterblich zu werden, damit ich vertrauen kann,
dass da ein Tor ist, ein Ausweg, ein Ziel durch das Dunkel
hindurch ins Licht,
heimleuchte mir, bis in den Himmel hoch,
in dein Haus aus Licht, wo wir uns wiedersehn.
In Jesu Namen.
Amen

RISIKO!

Wenn jemand nicht getauft ist, steigt er oder sie schon gleich am Anfang aus. Es ist immer damit zu rechnen, dass jemand am Ende die Perlen zurückgibt. Das ist möglich und muss nicht kommentiert werden.

Pausen für die Trauer

Die subjektive Wahrnehmung von trauernden Menschen ist eher die, dass sie sich unentwegt und pausenlos in diesem zermürbenden Zustand befinden. Sie erleben ihre Trauer als eine Nonstop-Belagerung ihrer Seele. Aber niemand ist pausenlos in einer konstanten Gemütsverfassung, zumal die Trauer selbst alles andere als konstant in einer bestimmten Schwingung verweilt, sondern selber permanent Verwandlungen und Ambivalenzen entwickelt. Jedenfalls sorgt die Psyche in einer Art Selbstdosierungskompetenz dafür, dass die Trauer nicht pausenlos im Vordergrund steht und immerzu alles andere zudeckt. Es obliegt nicht einer selbstbestimmten Entscheidung, ob jemand passiv trauernd unterwegs ist, sondern es ist eine unbewusste Regelung, die dafür sorgt, dass es Unterbrechungen und Pausen gibt, in der die Trauer als dominierende Oberfläche zumindest für kurze Zwischenzeiten etwas zurücktritt und anderen Aspekten des Lebens Platz macht. Denn entgegen der Selbsteinschätzung gibt es neben und trotz der Trauer noch Anteile anderer Vitalität, die zwar überschattet, aber vorhanden sind. Lange Zeit möchten Trauernde diese Lücken aber gar nicht wahrhaben oder zulassen, weil sie es für eine Vernachlässigung des verstorbenen Menschen halten, sich geradezu verpflichtet sehen, mit ihrer ganzen Aufmerksamkeit bei ihnen zu sein. Gekoppelt ist diese Antipathie gegen Unterbrechungen mit der Angst, sie könnten womöglich die Toten ganz vergessen. Sie halten es für eine Bringschuld, das Feuer der Trauer nicht ausgehen zu lassen. Deshalb schüren sie eher das brennende Innenleben, das so heiß und innig ist, damit sie ja nicht fahrlässig oder nachlässig werden. Erst ganz allmählich, wenn die Trauer ihnen zum stabilen Dauerbegleiter geworden ist, ergibt sich zu dem anderen Anteil ihres Befindens eine verlässliche Beziehung, die langsam zulassen und dann sogar begrüßen kann, dass ihre Trauer Pausen macht. Es dauert lange, bis sie dieses Phänomen als Entlastung positiv bewerten und schließlich in gewissen Abständen sogar herbeisehnen. Dann können sie souverän und ohne Scham auch darüber sprechen. Deshalb ist diese Thematik nicht für »frisch verletzte« Trauernde geeignet. Ihnen entspricht dieses Thema in keiner Weise, weil sie es für undenkbar halten und auch für »unanständiges« Fehlverhalten. Darum

ist diese Gedankenreihe nur sehr spät in der Begleitung einzusetzen und sorgfältig abgewogen zu thematisieren.
Im Einzelnen werden hier folgende 7 »Pausenzeichen« angedacht:

- Schlechtes Gewissen
- Zu erschöpft
- Passiert
- Ablenkung
- Trost auf Zeit
- Schmerz, lass nach
- Erträglich

Thema: Schlechtes Gewissen

Die erste Reaktion auf eine eigentlich undenkbare zwischenzeitliche Unterbrechung des Trauerns ist ein Erschrecken. Das Bild eines trauernden Menschen von sich selbst ist quasi eine Dauer-Trauer-Schleife. Das Ende des gemeinsamen Weges mit denen, die jetzt tatsächlich gegangen sind, korrespondiert sozusagen umgekehrt proportional mit der nicht enden wollenden Trauer. Die Grenze und Endlichkeit des gemeinsamen Lebens wird konterkariert mit der grenzenlosen und unendlichen Konzentration auf das Gewesene. Trauernde nehmen sich in die Pflicht, mit dem Trauern niemals aufzuhören, um dem Unheil gerecht zu werden, indem sie es pausenlos anschauen. Ausblenden, Wegsehen wäre ein Relativieren, das vorerst noch tabu ist.

Einstieg:

Impuls: »Niemand kann immerzu den Atem anhalten. Alle müssen wir ab und zu Luft holen. Wenn Trauern wie stockender Atem ist und das Leben unterbricht, dann ersticken wir, wenn es nicht zwischendurch »Atempausen« gibt.
Haben Sie schon gemerkt, dass die Trauer ab und zu Pause macht?"

Verlauf:

Es wird einen an- und aufgeregten Austausch geben, weil das Pausieren aus Versehen ungern bejaht wird. Und je nachdem, wie die Einzelnen sich eine gewisse »Selbst-Sorge« zugestehen oder gönnen, so werden auch die Statements ausfallen. Wer sich im Leben nie etwas gegönnt hat und die Selbstlosigkeit zur Tugend erklärt, dem wird es jetzt erst recht schwerfallen zu »schwächeln«.

Zielgedanke:

Meine Trauer kann und muss nicht pausenlos sein. Sie ist nur zu ertragen, wenn ihre Last ab und zu leichter und sogar abgelegt werden kann, damit ich Herz und Hände frei habe, mich zu erholen und andere Teile meines Lebens zu begreifen.

Verabredung:

Wenn die nächste Pause »passiert«, dann will ich sie willkommen heißen.

Geschenk:

Pausenschild zum Aufstellen zuhause

Material

Anruf einer Trauernden. Sie ist ganz aufgeregt. Wir kennen uns aus einer offenen Trauergruppe, die sich seit zwei Monaten trifft. Sie ist schon bald nach der Beerdigung ihres Mannes auf Anraten ihres Hausarztes gekommen. Ihre Standardaussage: »Ich komm da einfach nicht drüber weg!« Ihr Mann wurde in einem etwas abgelegenen Friedwald bestattet. Dorthin fährt sie fast täglich.

Und jetzt das. Sie ist völlig fassungslos, weil sie schon seit zwei Tagen nicht bei ihrem Mann war und sogar an einem der letzten Tage überhaupt nicht bewusst an ihn gedacht hat. Sie klagt sich an, sie macht sich Vorwürfe, sie beschwört, dass ihr das nicht noch einmal passieren wird. Als gute Katholikin möchte sie am liebsten von mir eine Absolution zugesprochen bekommen. Ich frage sie vorsichtig, wie es ihr denn sonst so die letzten Tage ergangen sei. Spontan antwortet sie: »Ganz gut ... eigentlich!« Kaum hat sie dies ausgesprochen, überfällt sie erneut das schlechte Gewissen. Denn dass es ihr gut gehe, eigentlich, das dürfe ihr eigentlich nicht passieren. Sie sei sich sicher, dass ihr verstorbener Mann von ihr eine pausenlose Trauerpräsenz erwarte. Sie möchte von mir Ratschläge, wie sie in Zukunft vermeiden könne, »dass ich meinen Mann ganz vergesse!« Ich versichere ihr, dass ihr das nicht passieren wird, ermutige dazu, in Zukunft diese Unterbrechungen einfach zuzulassen. Sie ist enttäuscht von mir, meint, ich hätte sie nicht verstanden, und nimmt meine Ermutigung nicht an. Ich sehe sie erst einige Wochen später in der Gruppe wieder. Sie spricht das Thema nicht mehr an.

Sendepausen
Es gibt keine Sendepausen mehr. Weder im Radio noch im Fernsehen noch überhaupt im Leben. Wir sind immerzu auf Sendung, ununterbrochen aktiv, pausenlos im Netz. Früher fing das Fernsehprogramm tatsächlich erst am späten Nachmittag an, mit der Drehscheibe oder irgendeinem anderen Magazin. Und in der Nacht war dann irgendwann auch wieder Schluss, Sendeschluss. Das altvertraute Testbild erschien und nur noch ein Piepton war zu hören.
Sendepause bedeutet heute technische Panne, eine schnell zu behebende Komplikation, für die man sich entschuldigen muss. »Wir bitten um etwas Geduld!« wird dann eingeblendet. Und so sind wir denn auch sonst pausenlos, schalten nicht mehr ab. Heilsame Unterbrechungen können wir uns kaum leisten. Sie werden als Versagen und Schwäche ausgelegt. Nicht als sinnvolle Erholungszeit.
Dabei täten sie uns so gut, die Sendepausen ....

RISIKO!
Wenn das Zulassen von Trauerpausen als zusätzliche Anforderung missverstanden wird, erreichen wir mit dem Thema das Gegenteil.

Thema: Zu erschöpft

Nach einem anstrengenden Tag mit viel Stress und Mühe oder harter körperlicher Arbeit müde zu sein, das ist nicht schlimm. Im Gegenteil! Es kann sogar ein gutes, befriedigendes Gefühl sein. Eine wohlige abendliche Schwere vermittelt durchaus Zufriedenheit und Erfüllung. Eine Nacht gut schlafen und die Erschöpfung ist schon wieder weg. Anders in der Trauer. Sie verbrennt so ungemein viel Energie, dass viele dabei in einen chronischen Erschöpfungszustand fallen. Den trauernden Menschen sieht man das auf den ersten Blick nicht gleich an. Erst recht nicht, wenn sie kaum aktiv sind, von außen betrachtet eigentlich gar nichts tun. Aber innerlich leisten sie Schwerstarbeit und kommen damit an ihre Grenzen. Und dann brauchen sie Erholungspausen.

Einstieg:

Impuls: »›Ich bin schon morgens so müde, dass ich kaum aus dem Bett komme!‹ – Ein trauernder Mann hat mir das so gesagt. Kennen Sie das auch?«

Verlauf:

Das Thema ist so virulent und unter den trauernden Menschen verbreitet, dass die Motivation, darüber zu sprechen, sehr groß ist. Der Austausch darüber ist seelsorglich wertvoll, weil viele glauben, ihre Erschöpfung sei Ausdruck für ihre Unfähigkeit, mit der Trauer richtig umzugehen. Dabei ist es das unvermeidliche Resultat ihrer großen Trauerleistung, die sie erbringen. Das Gespräch hat also nicht nur informellen Charakter, sondern es soll vor allem Wertschätzung vermitteln.

Zielgedanke:

Ich bin so erschöpft, weil ich so sehr trauere. Meine Müdigkeit und Schlappheit sind keine Schwäche, sondern Ausdruck meiner investierten Stärke.

Vereinbarung:

Ich mache mir meine Erschöpfung nicht auch noch zum Vorwurf, sondern erkenne sie an als Ergebnis meines mühseligen Arbeitens auf meinem Trauerweg.
Darum brauche ich entlastende Pausen und Ablenkung zwischendurch.

Geschenk:

Traubenzucker

Material

Symptome der erschöpften Trauer:

- Schwere Müdigkeit unabhängig von der Tageszeit
- Schlaflosigkeit trotz völliger Erschöpfung
- Ohne Antrieb und Lust und Laune für irgendwas
- Niedergeschlagenheit und kein Interesse für etwas
- Gefühlschaos
- Gereizt und dünnhäutig
- Keinen Appetit

- Kreislaufschwäche, Schwindel, Ohrensausen
- Kein gutes Körpergefühl
- Häufige Infekte
- Allergisch gegen alles Schöne (Musik, Blumen, Zuwendung ...)
- Starker Selbstzweifel
- Ohnmachtsgefühl
- Kontaktscheu
- Vernachlässigung der eigenen Bedürfnisse

Gebet
Ich bitte dich, Herr, um die große Kraft,
diesen kleinen Tag zu bestehen,
um auf dem großen Weg zu dir
einen kleinen Schritt weiterzugehen.
(Ernst Ginsberg)

Zwei Menschen
Wir reden
Wir reden dauernd
aneinander vorbei

Wir reden
Wir reden uns
immer weiter auseinander

Vielleicht
schweigen wir uns
wieder zusammen
(Lothar Zenetti)

RISIKO!
Menschen können auch zu erschöpft sein, um über ihre Erschöpfung zu sprechen.

Thema: Pause passiert

Es ist ein Glück, dass wir uns nicht komplett im Griff haben, uns nicht autonom beherrschen, nicht ausschließlich zuständig sind. Es gibt in uns angelegte Automatismen, Reflexe, Selbstverständlichkeiten. Dass wir atmen, ist keine Entscheidung, die wir treffen. Dass unser Herz schlägt, auch nicht. Und dass unsere Psyche selber zu balancieren vermag, unser seelisches Gleichgewicht austariert, das passiert. Das machen wir nicht, das macht es mit uns.

Dieser lebensrettenden Entlastung ist es auch zu verdanken, dass unsere Trauer sich selbst unterbricht und wie auf Autopilot mit uns weiterfährt, aber im Sparmodus, im Davongleiten ohne Flügelschlag, ganz auf der Höhe, aber unangestrengt und sich selbst genug. Pausen passieren einfach und machen für einen Moment frei und ein bisschen leicht.

Einstieg:
»Können Sie sich noch an die große Pause erinnern, an den Schulhof und den Klingelton? Was fällt Ihnen dazu ein? Sind das gute Erinnerungen?«

Verlauf:
Der Wert der »großen Pause« ist unstrittig positiv. Nach einem Austausch darüber sollte der Transfer-Versuch gewagt werden zu der »Schule der Trauer«, die ebenfalls nicht ununterbrochen unterrichtet und herausfordert und auf die Probe stellt, nicht die ganze Zeit nur lehrt und lernt und Leistung fordert, sondern regelmäßig einfach Pause macht und uns raus auf den Hof schickt, an die frische Luft, ins Freie. Wir laufen im Kreis, treffen Freundinnen und Freunde, essen und trinken und atmen auf und durch, ehe es weitergeht im Trauerschulsaal.

Zielgedanke:
Wenn es passiert, dass ich und meine Trauer für eine Pause reif sind und uns eine Auszeit gönnen, dann ist das einfach gut und wichtig und total in Ordnung.

Vereinbarung:
Pausen nicht überspringen, verhindern, ablehnen, sondern herbeisehnen und ausnutzen. Weil sonst alles zu viel und zu anstrengend wird. Nachher geht das Schwere wieder leichter weiter.

Geschenk:
Pausensnack

Material

Große Pause

Nach den ersten beiden Schulstunden war es so weit. Dann hat es endlich geklingelt und es war fürs Erste geschafft. Erinnern Sie sich noch an die große Pause? So gegen halb zehn? Ich bin mir sicher: Ohne die große Pause hätte ich die Schule niemals überlebt. Im Unterricht habe ich mir den Kopf zerbrochen, aber in den Pausen hat mir das Herz gebrannt. Da hab ich nicht gebüffelt, sondern gelernt. Das Coaching fürs Überleben hat da stattgefunden.

Wunderbar, mit Freunden ein paar Runden zu drehen und sich wieder gegenseitig aufzubauen nach der Pleite an der Tafel in der Mathestunde, mit der man immer rechnen muss.

Die großen und kleinen Pausen sind die wirklich wichtigen Übungseinheiten für das Leben gewesen. An der frischen Luft haben wir da aufgeatmet, um danach wieder durchzustarten.

Was wäre das Leben ohne Pausen? Schade, dass es so selten klingelt und wir nicht öfter zusammen hinaus auf den Schulhof unseres lebenslangen Lernens gehen, uns austauschen, trösten und ermutigen. Oder einfach Jeden und Jede auch einmal alleine ganz für sich sein lassen.

Indische Legende

Ein Mann sah sich von einer großen gefährlichen Schlange bedroht. Er tat, was ihm nützlich erschien: Er begann, gegen sie zu kämpfen. Doch die Schlange war übermächtig. Der Mann erkannte das und versuchte zu fliehen. Aber die Schlange folgte ihm, und der Kampf begann von Neuem. Der Mann fand nie mehr Ruhe. Seine Kräfte verzehrten sich in der Abwehr der Schlange; er vermochte nichts anderes mehr zu leisten.

Eines Tages sah ein Weiser das vergebliche Bemühen des Mannes und sagte: »Gib es auf zu fliehen und gib es auf zu kämpfen.«

»Aber dann frisst mich doch das Ungetüm!«, rief der Mann.

»Folge meinem Rat!«, sagte der Weise, »Und du wirst Ruhe haben. Schlüpfe neben die Schlange, leg dich an ihre Seite, pass dich ihren Windungen an, so wird sie niemals mehr dich angreifen und du bist gerettet.« Der Mann tat so und fand Frieden.

RISIKO!
Nicht alle Leute haben gute Erinnerungen an die Schulzeit, sondern haben vor allem in den Pausen gelitten unter der Schikane anderer, die sie gequält und gemobbt haben. Denen ist es nicht möglich, diesen Gedanken mit persönlichem Gewinn zu folgen.

Thema: Ablenkung

»Willkommene Ablenkung« gibt es für Trauernde nicht wirklich. Das scheint ihnen so wenig ratsam, wie sich beim Autofahren ablenken zu lassen. Sie sind der Meinung: Unfallfreie Trauerwege verlangen volle Konzentration. Darum scheitern alle Versuche ihrer Umgebung, sie für eine »Ablenkung« zu gewinnen, lange Zeit: wenn man sie zur Rückkehr in den Chor überreden will, zum Mitwandern, zur Teilnahme an einem Fest, zum Besuch eines Konzertes. Vergebliche Liebesmüh. Es scheint, wie ein unausgesprochenes Tabu zu sein, sich der Gefahr auszusetzen, für eine gewisse Zeit in »Trauerurlaub« zu gehen. Da muss schon ein besonderer Reiz gesendet werden, der erst gar keine lange Reaktionszeit zulässt, sondern zu einem spontanen positiven Echo führt. Bis die Option einer Ablenkung wohlwollend angenommen werden kann, sind die Trauernden eine lange Zeit komplett abstinent, was Zerstreuung anbelangt.

Einstieg:
Impulsfrage: »Wann haben Sie sich zuletzt tatsächlich ein bisschen von Ihrer Trauer ablenken lassen? Wer hat es geschafft, Sie vorübergehend für etwas ganz Anderes zu gewinnen – und was war das?«

Verlauf:
Die Teilnehmenden schildern reihum ihre Erfahrungen mit der abgelehnten oder angenommenen Ablenkung. Dabei wird deutlich, dass es dafür einer bestimmten Affinität bedarf, die schon lange vorher vorhanden ist und latent abrufbar.
Wer nie im Kino war, geht jetzt erst recht nicht hin. Wer nie ein Buch gelesen hat, wird jetzt nicht damit anfangen. Trotzdem ist es lohnend und motivierend womöglich, zu hören, wovon sich andere sozusagen »verführen lassen«. Das kann die Hemmschwelle vielleicht etwas senken und die Neugierde darauf wecken, wie es wäre, sich auch eine

Abwechslung zu gönnen. Die verschiedenen Berichte können das zumindest in den Bereich des Möglichen rücken.

Zielgedanke:

Ablenkung ist wie eine kurze Verschonpause und überhaupt nicht verwerflich.

Vereinbarung:

Wer hätte Lust, mit wem etwas gemeinsam zu unternehmen?

Geschenk:

Wanderkarte der Umgebung mit Vorschlägen für kurze Touren

Material

Als potenzielle Ablenkung könnten all die Lebensbereiche und Freizeitgestaltungen dienen, die im bisherigen Lebensstil durchaus einen willkommenen Platz hatten, durch die Trauer aber hoffnungslos verdrängt worden sind. Was vorher die Qualität von Unterhaltung, Aufmunterung, Erheiterung gar, zumindest aber einer gewissen Abwechslung hatte, wird womöglich erinnert und zaghaft wiederholt. Das könnte sein:

- Ein Buch
- Ein Film
- Musik
- Post/Brief/Telefongespräch
- Zeitung
- Sport
- Kontakte
- Arbeit/Arbeitsplatz/Gartenarbeit/Handarbeit
- Spaziergang

All das könnte zu einer gewissen punktuellen Beruhigung der aufgescheuchten müden Seele durch quasi ungewollte, überraschende Unterbrechung des Grübelns, Vermissens, Leidens sein. Die Trauer könnte für einen Moment aus dem Zentrum der Wahrnehmung in den Hintergrund treten. Und schon wäre aus der Ablenkung eine Tendenz zur Rückkehr ins Leben geworden.

Hat dich ein bitteres Leid getroffen,
so scheue nicht ein doppelt Mühn;
am schönsten pflegen Trost und Hoffen
im Schweiß der Arbeit aufzublühn.
(Friedrich Julius Hammer)

Das Beste, um an dein Übel nicht zu denken,
ist Beschäftigung.
(Ludwig van Beethoven)

RISIKO!
Trauernde Menschen zu bedrängen, endlich in die sogenannte »Normalität des Lebens« zurückzukehren, (damit man es selber als Familie z.B. auch kann), ist oft mehr von Eigeninteressen geprägt als von Fürsorge. Und wer das einmal erlebt hat, ist vorerst resistent gegen allzu nötigende »Einladungen«.

Thema: Trost auf Zeit

Die Haltbarkeitszeit von Trost, der Pausen füllt, ist sehr kurz. Aber es gibt sie. Selbst wenn Trauernde sich auf Unterbrechungen einlassen, wissen sie, dass es sich um eine Prise vorübergehenden Trost handelt, bestenfalls, und dass sie danach wieder zurückkommen müssen. Und dieser »Ortswechsel« ist nicht nur anstrengend, sondern auch ernüchternd. Gerade die Rückkehr ins leere Haus, in die leere Wohnung nach einer gewagten Ablenkung kann absolut deprimierend sein. »Das macht's nur noch schlimmer!«, hörte ich manche in dem Zusammenhang sagen.

Einstieg:
Gesprächsimpuls: »Von der Trauer einen Moment weggehen, bedeutet: Man muss auch wieder zurückkommen. Macht das eine Pause eher gefährlich als hilfreich?
Wie geht es Ihnen mit dem kurzen kleinen Trost, der sich nicht lange hält und wieder ins Gegenteil umkippt?«

Verlauf:
Ein Erfahrungsaustausch zu dieser Frage wird gewiss in Gang kommen. Denn die Trauernden sind meist geradezu umzingelt von Men-

schen, die ihnen ein bisschen »Trost to go« verschaffen wollen. Die Konzentration auf diese Thematik bedarf einer behutsamen Abwägung und mindestens eines teilnehmenden Menschen, der bezeugt, dass es sich gelohnt hat, für einen Moment auszuscheren aus dem unentwegten Trübsinn. Es wird aber bei der Gelegenheit sozusagen nebenbei der Qualitätsanspruch an das, was tröstet, zur Sprache kommen. Und das lohnt sich allemal.

Zielgedanke:

Trauer und Trost verhalten sich zueinander wie Hunger und Nahrung. Die Nahrung ist wichtig, aber der Hunger kommt wieder.

Vereinbarung:

Wir sammeln kleine Trosterfahrungen und schreiben sie auf.

Geschenk:

Ein »Trostpflaster«

Material

Über das Recht, untröstlich zu sein:
Falls ich jemals anfangen sollte, über die Möglichkeit von Trost nachzudenken, wäre mein einziger Trost, dass es Menschen gab und gibt, die vor dem Tod, vor der Gewalt, vor der Tyrannei, vor dem Unrecht nicht zu Kreuze gekrochen sind. Wenn du mir eine Trostkarte schicken willst, dann schick mir das Bild eines Untröstlichen.
(Thea Dorn)

Kurz-Zeit-Gedächtnis
Ich war nur kurz mal aus dem Häuschen,
nach Luft geschnappt
umgesehn
und einen Löwenzahn gezogen
ein Lied gesummt bienenfleißig
zum Trost
war draußen mit dem Augenblick
bin schon zurück
klopf zaghaft an
und niemand sagt: Herein!

RISIKO!
Das Thema ist gefährlich nah an der Resignation. Wegen der Trostlosigkeit, die unbesiegbar scheint. Und es auch ist. Bis auf Weiteres. Weil sie immer wieder kommt, wie Seelenhunger.

Thema: Schmerz, lass nach ...

Dass die Trauer ein Schmerz ist, das wissen die Betroffenen am besten. Dass dieser Schmerz auch wieder nachlassen könnte, das halten sie aber für ausgeschlossen. Ja sie sind sogar der Meinung, dass der Schmerz unbedingt bleiben muss, weil er das sichere Zeichen dafür ist, dass ihre Trauer echt und treu ausgehalten und gelebt wird. Manche Betroffene reagieren deshalb fast panisch und allemal entsetzt, wenn sich die Wehmut und das verwundete Lieben nicht mehr so brennend und zerreißend anfühlt, wie am Anfang, als der Tod ihr Leben gesprengt hat. Wenn der Schmerz nachlässt, sind also Trauernde nicht etwa entspannt zuversichtlich, sondern sich selbst gegenüber äußerst skeptisch, misstrauen ihrer eigenen Beharrlichkeit im Gedenken an den geliebten Verstorbenen.

Einstieg:
Impulsfragen: »Tut alles noch genauso weh wie am Anfang? Ist Ihre Trauer noch genauso schmerzhaft wie zu Beginn? Spüren Sie mitunter ein bisschen Erleichterung? Verwandelt sich das Leid in Ihnen? Fühlt es sich anders an?
Oder tut es immer wieder neu weh?«

Verlauf:
Der Austausch ist ein Wagnis. Zu glauben, dass es erstrebenswert und möglich sei, dass sich die Trauer allmählich verwandeln könnte und irgendwann weniger weh tue, das erscheint vielen Betroffenen eher als unkontrolliertes Entgleiten ihrer souveränen Trauerkompetenz. Mein Vorschlag: Versuchen Sie es mit dem Bild des Verbandswechsels. Alle Leute, die schon einmal verletzt waren, eine OP hinter sich gebracht haben, Wunden haben versorgen lassen, wissen und erinnern sich genau, dass jeder Verbandswechsel, jede Wundpflege besonders wehtut. Und jeder Besuch eines Trauergesprächs ist genau das: ein Verbandswechsel an der verwundeten Seele. Das tut deshalb

so weh, weil es beim Heilen hilft. Und deshalb wird der Schmerz allmählich nachlassen.

Zielgedanke:

Nachlassender Schmerz ist entlastend, pausierende Pein ist erstrebenswert. Meine Trauer ist nicht nur an den tiefen Schmerz gebunden, sondern auch an die allmählich im Heilen gebildeten Narben.

Vereinbarung:

Wenn es etwas weniger wehtut, ist es nicht weniger da, sondern dabei, sich zu verwandeln. Das darf ich begrüßen, weil es zeigt, wie lebendig meine Trauer ist.

Geschenk:

Mullbinde

Material

Herr, in deiner Hand ändert sich die Welt.
Wir danken dir,
dass uns nicht eine gottlose Welt
gefangen hält
und nicht die Willkür der Verhältnisse

Gib uns den Glauben,
dass wir das Unmögliche wagen
Gib uns Hoffnung,
dass wir nicht rechts oder links sehen.
Gib uns dein Wort,
dass wir nicht verlassen sind. (...)
Wir rühmen dich,
der du die Welt verwandelst.
(Jörg Zink, gekürzt von L.B.)

Verhängnis
Seit ich diese wunde Stelle hab,
bin ich andauernd verletzt.
Ich stoß mich dran,
ich eck mit an,
ich fall drauf rein,
ich reiß mich rein,
mein ganzes Ganzes

ist geschrumpft auf diese eine
wunde Wunde.
Wie soll das heilen,
wenn ich immer wieder
daran hängen bleib?
Ich muss sie schonen
und mich mit.
Verbunden
wär ich gern.

RISIKO!

Auch unter den trauernden Menschen gibt es welche, die fixiert sind auf das Motto: »Mir geht's gut, ich kann klagen!« Die werden sich ungern von ihrem Schmerz verabschieden wollen. Auch nicht zeitweise.

Thema: Erträglich

Die Trauer ist eine schwere Last. Und das bleibt sie auch. Zu meinen, wir könnten sie loswerden, widerspricht ihrem Sinn. Sie ist nämlich gar nicht gekommen, um überwunden und abgeschafft zu werden. Sie ist gekommen, um zu bleiben. Und weil sie keine Krankheit oder gar eine schädliche Folge des Kummers ist, sondern die einzig nützliche Hilfe, mit dem Verlustschmerz zu leben, geht es auch in der Begleitung nicht darum, die Trauer zu entsorgen, sondern sie erträglich zu machen.

Einstieg:

Impuls: »Etwas Schweres zu tragen erfordert Geschick. Es dauert eine Zeit lang, bis man weiß, wie man es anfassen muss, ohne daran zu zerbrechen.
Welche Erfahrungen haben Sie mit dem Ertragen Ihrer Trauer gemacht? – Haben Sie inzwischen herausgefunden, wie sie besser anzupacken ist?«

Verlauf:

Die Trauer besser »in den Griff« bekommen, das ist durch das Üben und das gegenseitige Beraten möglich. Wie man das packen kann, wie man Zugriff bekommt, wie das Unfassbare besser zu begreifen ist – das kann in kollegialer Beratung unter Trauenden höchst kompetent evaluiert werden.

Zielgedanke:

Wenn meine Trauer Pause macht, dann bekomme ich eine leichte Ahnung, wie es werden könnte, das Leben, wenn meine Trauer erträglich wird.

Vereinbarung:

Betrachten des verschenkten Trostproviants mit der Frage, wie er dazu helfen kann, dass die Trauer erträglich wird.

Geschenk:

Gedicht: »Wem ein Geliebtes stirbt« (Friedrich Rückert, siehe Material)

Material

Jeder Mensch hat sein Kreuz zu tragen. Das ist so. Das ist so schwer. Und darum ist einmal ein Mensch vor Gott getreten, hat sein schweres Kreuz vor ihm abgelegt und gesagt: »Es ist zu schwer für mich. Ich kann das nicht länger tragen!« Da hat Gott verständnisvoll genickt, hat ihn hereingebeten und gesagt: »Da schau her. Hier stehen viele Kreuze. Such dir ein anderes aus, das du tragen kannst.« Der Mensch fing an und suchte sich eins nach dem anderen aus. Und immer, wenn er versucht hat, es auf den Rücken zu nehmen, es hochzuheben, um es auszuprobieren, war er sehr enttäuscht und legte es wieder an seinen Ort zurück. Zuletzt, als er alle vergeblich getestet hatte, kam er zu Gott zurück und sagte: »Bitte gib mir mein Kreuz zurück. Es ist das Einzige, was ich tragen kann!«

(Quelle unbekannt)

Tragfähig

Es war bei unserem letzten Umzug. Einige alte Möbelstücke konnten nur am Stück transportiert werden. Man konnte sie nicht in Einzelteile zerlegen. So auch ein geerbter alter Schreibtisch. Er passte nicht durch die Tür der neuen Wohnung. Aber die Möbelmänner ließen sich davon nicht beeindrucken. Sie gingen einfach ums Haus, sahen den Balkon im 1. Stock und jonglierten das störrische schwere Ding mit Seilen und viel Geschick nach oben. Später fragte ich den einen, wie sie das schaffen, so schwere Sachen jeden Tag zu heben und zu tragen, ohne darunter zusammenzubrechen. Da sagte der: »Wenn sie etwas Schweres heben müssen, dann müssen sie es so anfassen, dass sie es tragen können, ohne sich dabei wehzutun!«

Es weiß kein Mensch, wie viel er tragen kann,
bis er von der Notwendigkeit es lernt!
(Ernst Raupach)

Wem ein Geliebtes stirbt, dem ist es wie ein Traum.
Die ersten Tage kommt er zu sich selber kaum.
Wie er´s ertragen soll, kann er sich selbst nicht fragen.
Und wenn er sich besinnt, so hat er's schon ertragen.
(Friedrich Rückert)

»Gott legt uns eine Last auf, aber er hilft uns auch zu tragen.«
(Psalm 68,20)

RISIKO!

Manche verstehen dieses Modul so, als sollten sie die Trauer am Ende leicht nehmen. Diesem Missverständnis ist behutsam vorzubeugen.

Kraftquellen

Ein Trauerweg ist lang. Er kostet viel Kraft. Der Energieverbrauch ist mindestens so enorm wie bei hochgradigem Verliebtsein. Und nicht nur die Heldentaten kosten Kraft. Schon die ganz normalen Dinge des Alltags fallen schwer. Das Organisieren des Lebens ist ein Kraftakt geworden, weil bei allem, was geschieht vom morgendlichen Aufstehen bis zum späten Abend, alles im Hinblick auf den erlittenen Verlust und den vermissten Menschen fremd, anders, sinnlos, ungewohnt ist. Wie ein Schatten, ein Dauerton in Moll, wie ein anhaltender Schmerz geht die Trauer bei allem mit und erschwert, was vormals nebenbei erledigt werden konnte. Erst recht die Mutproben: das Begegnen so sehr wie das Alleinsein. Das Sprechen so viel wie die Stille. Ämtergänge, Geldverwaltung, Versicherungsfragen, Nachlassregelungen, Auto, Wohnung, Haus und Hof.

Alles will geregelt und geordnet und durchschaut werden. »Ich habe keine Kraft mehr!«, haben mir trauernde Menschen tausendmal geklagt. Und immer wieder bin ich mit ihnen auf die Suche nach Kraftquellen gegangen. Immer wieder haben wir herauszufinden versucht, was gegen die Kraftlosigkeit wirkt, wo es Mittel und Wege gibt, aufzutanken und Energie zu gewinnen. Natürlich ist auch da nicht jedes Mittel recht. Selbstverständlich bestätigt sich auch hier die absolut unvergleichliche Individualität jeder Trauerweise. Musik ist das beste Beispiel. Sie kann erste Wahl sein bei der Suche nach ergiebigem Nachschub an Trauerpower und sie kann wie Feueralarm in die Flucht jagen. Genauso das Lesen. Die wenigsten Trauernden vermögen es, lange zu verweilen in der Ablenkung durch eine fremde Geschichte, weil sie nur die ihre lesen wollen. Andere fallen in ein Buch und gehen damit auf Tauchstation für Stunden und erleben es wie ein Recycling für die Seele. Es gibt also nicht die Kraftquellen als von allen Trauerreisenden anzufahrende Tankstellen, sondern Optionen, die geprüft, gewonnen oder verworfen werden. Sieben solcher Möglichkeiten biete ich hier an. Es sind die mir gegenüber am meisten genannten, geprüften und als gut befundenen Ressourcen für neue Kraftakte im Trauerspiel. Es gibt viele andere. Also mögen die hier aufbereiteten womöglich nur dazu dienen, auf andere, noch besser geeignete zu stoßen.

Hier im Angebot also folgende Quellen:

- Natur/Garten
- Beileidspost
- Familie/Freunde
- Erinnerungsstücke
- Bewegung
- Gespräch
- Gebet

Thema: Natur/Garten

»Ich bin froh, wenn ich endlich wieder in meinen Garten gehen kann!« Das habe ich so manche Trauernde im Winter sagen hören. Und viele, die sich noch lange nicht unter die Leute trauen, machen erste Schritte im Wald und suchen unter freiem Himmel aus der Enge des Trauerhauses herauszukommen. Die Berührung mit der »frischen Luft«, das Hantieren mit Pflanzen, der Kontakt zu Tieren, Wind und Weite haben offenbar gespeicherte Kraft, die geradezu in verschwenderischer Fülle geschöpft werden kann.

Einstieg:

Die Trauer muss raus an die frische Luft!
Impulsfrage: »Was bedeutet Ihnen Garten und Natur?
Haben Sie für sich entdeckt, dass es gut tut, draußen zu sein?
Können Sie Kraft tanken im Freien?
Kann Ihre Trauer ›Waldbaden‹?«

Verlauf:

Je nach Jahreszeit und Trauerzustand werden Reaktionen und Beiträge kommen. Es werden sich auch hier nicht alle einig sein. In der Trauer gibt es selten Einvernehmen, weil viele Trauernde beharrlich davon ausgeht, unvergleichlich zu sein. Das ist ein genuiner Bestandteil ihres Selbstverständnisses und muss nicht »repariert« werden. Also darf auch hier kontrovers über die bedingte oder unbedingte Qualität der Natur als Kraftquelle diskutiert werden. Das setzt im Übrigen nebenbei auch Energie frei.

Zielgedanke:

Die Natur ist das größte Obdach für meine Seele.
In ihr kann ich auftanken und zu mir kommen.

Vereinbarung:

Rausgehen und ausprobieren

Geschenk:

Gießkännchen oder Kompass (je nachdem, wer was austesten will)

Material

Man kann einen seligen, seligsten Tag haben, ohne etwas anderes dazu zu brauchen als blauen Himmel und grüne Erde.
(Jean Paul)

Die Natur muss gefühlt werden.
(Alexander von Humboldt)

Die Natur ist die beste Apotheke!
(Sebastian Kneipp)

Ich sehe die Natur als etwas Leidenschaftliches, Stürmisches, Unheimliches und Dramatisches an wie mein Ich.«
(Pablo Picasso)

In der Einfachheit und Stille der Natur findet der Mensch die Lebenskraft.
(Julius Waldemar Grosse)

Wie herrlich leuchtet mir die Natur!
Wie glänzt die Sonne!
Wie leuchtet die Flur!
Es dringen Blüten aus jedem Zweig
Und tausend Stimmen aus dem Gesträuch
Und Freud und Wonne aus jeder Brust.
O Erd, o Sonne, o Glück, o Lust!
(Johann Wolfgang von Goethe)

Mondnacht
Es war, als hätt der Himmel
die Erde still geküsst,
dass sie im Blütenschimmer
von ihm nun träumen müsst.

Die Luft ging durch die Felder,
die Ähren wogten sacht,
es rauschten leis die Wälder,
so sternklar war die Nacht.

Und meine Seele spannte
weit ihre Flügel aus,
flog durch die stillen Lande,
als flöge sie nach Haus.
(Joseph von Eichendorff)

RISIKO!
Unter den Trauernden werden immer Menschen sein, denen der bloße Gedanke an das Verlassen des Hauses den Angstschweiß auf die Stirn treibt. Sie sind zu verschonen.

Thema: Beileidspost

Natürlich wird die Beileidspost inzwischen immer mehr digital verschickt. Die Beerdigungsinstitute bieten dafür individuell gestaltete Trauerportale inklusive Kerze an. Trotzdem ist die analoge Beileidskarte noch nicht ausgestorben. Im Gegenteil, sie kommt neben Ansichtskarte und Liebesbrief, sowie Weihnachts- und Geburtstagspost immer noch in großer Zahl im Briefkasten an.

Aber dann ist rund um die Beerdigung so viel Betrieb, so viel Unruhe, so viel Organisation angesagt, dass es außer einer kurzen Sichtung kaum zum intensiven Lesen dieser wertvollen Botschaften kommt. Sie wird aufgehoben und bekommt, je größer der Abstand zum Todesdatum und Beerdigungstrubel wird, immer mehr Bedeutung. Mitunter wird aber das Lesen bewusst hinausgeschoben, weil befürchtet wird, dass sich der Trauerschmerz vergrößert. Trotzdem bleibt eine Anziehungskraft, die sich eines Tages doch durchsetzt.

Einstieg:

Impuls: »Bestimmt haben Sie Ihre Beileidskarten und Briefe nicht weggeworfen. Haben Sie sie womöglich auch in so eine Box oder ein noch schöneres Behältnis gelegt?
Und lesen Sie ab und zu noch einmal nach, wer Ihnen da was geschrieben hat?«

Verlauf:

Die anlässlich des Sterbens geschriebenen Zeilen sind emotional so hoch besetzt, dass ein Gespräch darüber in der Regel schnell und motiviert in Gang kommt.
Oft sind ganze Passagen so präsent, dass sie zitiert werden können. Die darin ausgedrückte Anteilnahme hat kein Verfallsdatum. Im Gegenteil, die gespeicherte Trostqualität dieser Post bleibt lange, sehr lange erhalten und wird als jederzeit anzuzapfende Kraftquelle genutzt. Vor allem, wenn neben dem Beileid eben auch die Wertschätzung und Würdigung der Verstorbenen eindrucksvoll und authentisch zum Ausdruck kommen.

Zielgedanke:

Die Beileidspost ist ein Schatz. Sie hat eine hohe Dosis tröstlichen Zuspruchs gespeichert. Auf sie immer wieder einmal zurückzugreifen stellt sich als lohnende Wieder-Holung heraus.

Vereinbarung:

Erneutes Sichten zuhause und gesichertes »Abspeichern«.

Geschenk:

Hübsche Box zum Aufbewahren der Beileidspost

Material

Von einem sehr oft verwendeten Zitat von Dietrich Bonhoeffer haben mir immer wieder trauernde Menschen erzählt. Es ist ein Beispiel für einen Text, der so nachhaltig mitgehen kann auf dem Trauerweg und seine Kraft erst nach und nach entfaltet:

> *Zunächst: es gibt nichts, was uns die Abwesenheit eines lieben Menschen ersetzen kann, und man soll das auch gar nicht versuchen; man muss es einfach aushalten und durchhalten; das klingt zunächst sehr hart, aber es ist doch zugleich ein großer*

Trost; denn indem die Lücke wirklich unausgefüllt bleibt, bleibt man durch sie miteinander verbunden. Es ist verkehrt, wenn man sagt, Gott füllt die Lücke aus; er füllt sie gar nicht aus, sondern er hält sie vielmehr gerade unausgefüllt und hilft uns dadurch, unsere echte Gemeinschaft miteinander – wenn auch unter Schmerzen – zu bewahren. Ferner: Je schöner und voller die Erinnerung, desto schwerer die Trennung. Aber die Dankbarkeit verwandelt die Qual der Erinnerung in eine stille Freude. Man trägt das vergangene Schöne nicht wie einen Stachel, sondern wie ein kostbares Geschenk in sich.

(Dietrich Bonhoeffer)

Aussage einer trauernden Person zu der Fülle der Beileidskarten:

»Ich habe furchtbar viele Beileidskarten bekommen. Das ist vor allem seine Post gewesen, finde ich. Seine Fanpost. Ich konnte es kaum fassen, wer uns da alles geschrieben hat. Ich kann nur staunen, wem er so viel bedeutet hat. Das sind Zeichen der Verbundenheit, die wir uns gerne schon mal früher gewünscht hätten ….«

Als Beispiel, dass Kondolenz-Post auch eine Anfechtung sein kann und womöglich Zorn und Protest auslöst, zitiere ich aus Thea Dorns Buch *Trost* eine Antwort bzw. Reaktion auf eine Karte:

Du fragst mich, ob ich bei Trost bin? Natürlich habe ich begriffen, welche Denkübung Du in diese Frage verpackst. Du willst mir nahelegen, dass ich den Verstand verliere, wenn ich nicht zu Trost komme. Ich verspreche Dir, ich werde über den … Zusammenhang zwischen Trost und Verstand nachdenken. Aber zunächst erlaube mir die Gegenfrage: Warum sollte ich bei Trost sein? Ich bin sicher, Du kennst den Goethe-Satz, dass es Fälle gibt, »wo jeder Trost niederträchtig und Verzweiflung Pflicht« ist. Aus diesem Satz spricht der aufrechte Mensch. Spricht Faust.

(Thea Dorn)

RISIKO!

Nicht alle Hinterbliebenen bekommen Post. Anderen ist die erhaltene Post nicht wertvoll, sondern fast peinlich, weil sie sie für scheinheilig halten. Allzu fromme Vertröstungen und leichtfertige Unterstellung von Sinn und Vorsehung können auch wütende Allergien auslösen.

Thema: Familie/Freunde

Sie waren vorher schon nahe – und sie sind es jetzt erst recht. Familie und Freunde sind unersetzbare und unverzichtbare Herzensmenschen, die Kraft geben können, wenn jemand in die Trauer gefallen ist. Ihre Nähe und Begleitung ist das Wertvollste, was Hinterbliebene haben können. Ihnen muss nichts erklärt werden, sie sind vertraut. Sie müssen nicht scheu und mit Distanz reagieren, weil im besten Fall der Kontakt krisenerprobt und selbstverständlich ist. Sie sind da und müssen nicht herbeigerufen werden. Sie kennen sich aus und können im Notfall mit anpacken, ohne zu fragen. Sie bilden das Netz, das verhindern kann, dass jemand vollkommen haltlos in den Abgrund stürzt.

Einstieg:

Impuls: »Freunde sucht man sich, Familie hat man. Beide werden dringend gebraucht, wenn wir trauern. Sie haben unterschiedliche Talente, mit denen sie uns beistehen können. Sie sind Experten für die erste Hilfe zum Überleben. Welche Erfahrungen haben Sie gemacht?
Wie haben sich bei Ihnen diese Stand-by-Menschen bewährt?«

Verlauf:

Der Austausch über erfahrene Nähe und Unterstützung kommt meist gut in Gang. Oft stellt sich heraus, dass die Trauersituation zu ganz neuen und überraschenden Erfahrungen geführt hat. Beziehungen, die schon lange bestehen und womöglich festgefahren in Vorurteilen und Vorbehalten eher mühsam waren, können mitunter neu erfunden und gestaltet werden. Erfahrene Kränkungen und Enttäuschungen können endlich vergeben werden. Die Trauer bringt eine mächtige Eigendynamik in die Kontakte und gibt ihnen eine neue Chance zu Veränderung und Neugestaltung.

Zielgedanke:

Meine Familie und mein Freundeskreis sind mein Back-up in dieser außergewöhnlichen Zeit der Trauer. Ich darf sie beanspruchen, ausnützen, begrenzen, dosieren, wertschätzen.

Vereinbarung:

Eine Liste meiner »guten Geister« anlegen und mich bei Gelegenheit bei ihnen bedanken.

Geschenk:

Danke-Karte (als Anfang)

Material

Die Häsin lang krank. Der Hase war gestorben. Der Alltag mühsam. Die sieben Kinder im Wesentlichen sich selbst überlassen. Da kam der Igel zu Besuch, brachte ein paar frische Kleeblätter mit und sagte: »Kommt Zeit, kommt Rat!« Gut gemeint, aber als er gegangen war, überlegte die Kranke: Wann kommt die Zeit und welcher Rat wird es sein?
Tags drauf sah die Eule herein und meinte: »Gut Ding will Weile haben!«, sprach's und verabschiedete sich. Die Häsin dachte: Ich kann mir aber keine Weile leisten!
Als die Feldmaus durchs Fenster guckte, fiepte sie: »Kopf hoch, Frau Nachbarin, so trägt eben jeder sein Päckchen!« Das ist schon kein Päckchen mehr, dachte die Kranke, und was soll das schon heißen. Kopf hoch?! Ich habe gar keine Kraft.
»Lassen Sie nur, es wird nichts so heiß gegessen, wie gekocht!«, flüsterte das Reh an der Nestkante. Das war gut gemeint, aber die Häsin grübelte bitter: Was wissen die schon. Solchen Humor kann ich einfach nicht vertragen. Ich weiß nicht ein noch aus.
Die alte Katze sah auch kurz herein und erkundigte sich nach dem Befinden. »Es wird schon werden!«, meinte sie schnurrend und meinte es ja auch ehrlich. Doch die Kranke verzweifelte fast: Wer ist denn schon »es« und was soll werden? Ich habe den Eindruck, dass überhaupt nichts wird.
Als dann der Maulwurf seine Hemmungen überwand und durchs Fenster rief: »Keine Sorge! Ende gut, alles gut!«, da empfand die Häsin nur noch Bitterkeit. Denn in der Küche tobten die Jungen, und nichts war fertig geworden. Dazu noch die eigne Angst.
Witzig sollte es klingen, als die Elster vom hohen Baum aus rief: »Kommen wir über den Hund, kommen wir über den Schwanz. Geduld, Geduld, Geduld!«
Können die alle sich denn gar nicht vorstellen, wie es mir zumute ist? dachte die Kranke. Müssen die denn alle solchen gutgemeinten Unsinn reden? Das sind doch Sätze, die alles und nichts sagen.
Schließlich kam das Rebhuhn zu Besuch, erzählte von draußen in einem Wortschwall ohne Ende und empfahl sich zum Schluss mit

den Worten: »Wir werden sehen!« Was werden wir denn sehen? Zweifelte die Häsin, und wer ist schon »wir«?
Während sie noch voller Enttäuschung so nachdachte und merkte, dass all der gutgemeinte Trost im Grunde keiner war, kamen die Ameisen herein, grüßten kurz, stellten Feldblumen auf den Tisch, machten die Küche sauber, versorgten die jungen Hasen, waren bei alledem sehr leise und verabschiedeten sich ohne jeden Aufwand. Da trat so viel Ruhe ein, und vor allem: Die Hoffnung wuchs.

(Quelle unbekannt)

RISIKO!

Es gibt auch Trauerfälle, bei denen das Umfeld von Familie und Freundeskreis total versagt. Zerstrittene, verfeindete Verhältnisse heilen nicht von selbst, wenn jemand stirbt. Also Vorsicht mit der fraglosen Annahme, es gäbe immer ein funktionierendes Hilfsangebot! Gerade diese Menschen suchen oft die Kommunikation in Trauergruppen.

Thema: Erinnerungsstücke

Jede Beziehung, jede Weggemeinschaft sammelt Souvenirs unterwegs. Gemeinsame Reisen, gefeierte Feste, besondere Erlebnisse, aber auch der ganz normale Alltag bringt Gegenstände und Trophäen mit nachhause und bereichert die Erinnerung und die unvergessenen Gemeinsamkeiten. Diese »Wertsachen« haben schon zu Lebzeiten einen unschätzbaren Wert und bilden so etwas wie eine Sammlung kleiner und großer Geheimnisträger, die nur für Insider identifizierbar sind. Ihre gespeicherten Botschaften und Erfahrungen sind von wesentlicher Substanz. Sie belegen den gemeinsam erfüllten Lebenswert. Sie sind das Memorandum der Beziehungskisten. Und wenn ein Mitwisser und Sammler verstirbt, steigert das den Wert dieser Sammlung enorm. Vielen Trauernden wird dieses Sammelsurium zum Trost und zur Kraftquelle.

Einstieg:

Impuls: »Unsere Wohnungen sind voller Erinnerungsstücke gemeinsamen Lebens. Da haben wir alle ein stattliches Inventar auf Fensterbänken, in und auf Schränken gut sichtbar dekoriert. Aber es gibt auch jede Menge versteckter Schätze in Schubladen, die wir schon lange nicht mehr geöffnet haben. Die werden uns dann irgendwann in die Hände fallen, uns einen Stich ins Herz geben und Tränen in die Augen treiben. Aber es wird auch Freude und Dankbarkeit zu spüren sein. Überlegen Sie sich einmal für einen Moment, welche Sachen, Gegenstände Ihnen spontan einfallen, die sie an Ihre gemeinsame Zeit erinnern.«

Verlauf:

Das Thema ist durchaus sehr persönlich, womöglich intim zu betrachten. Trotzdem können wir darüber sprechen. Jeder und jede entscheidet ja selbst darüber, was er oder sie preisgeben wollen oder lieber für sich behalten möchten. Wenn es sich um eine Trauergruppe handelt, die schon recht lange zusammen unterwegs ist und sich gegenseitig vertraut, sich anvertraut, dann kann nach Absprache dieses Thema auch so vorbereitet und angekündigt werden, dass alle, die das wollen, etwas mitbringen und vorstellen.
Ist man bei einem Einzelgespräch zuhause bei den betroffenen Menschen, ist die Hemmschwelle womöglich noch niedriger, direkt etwas zu zeigen, was sich im Raum oder der Wohnung befindet.

Zielgedanke:

Ich habe einen Schatz an wertvollen Erinnerungsstücken. Sie haben alle ein Stück gemeinsamen Lebens gespeichert und sind ein Teil des verstorbenen Menschen zum Anfassen, Betrachten, Aufspüren.

Vereinbarung:

Bewusstes Aufsuchen und Aufbewahren bzw. Zusammenstellen der schönsten Mitbringsel von der gemeinsamen Lebensreise.

Geschenk:

Text (siehe Material)

Material

Nach allem, was ich schon berichtet habe, verrate ich dir jetzt, dass ich mich in einer der Münchner Nächte (in der Wohnung meiner verstorbenen Mutter) durch die Kleiderschränke gewühlt und den seidenen Morgenmantel herausgezogen habe, den sie schon in meiner Kindheit getragen hat. In derselben Nacht habe ich ihr Badezimmer durchforstet, bis ich auf den Rest eines Parfüms gestoßen bin, das ich ihr vor Jahren einmal in der Provence gekauft habe. Ich habe mich mit dem nach Mutter und Sommer duftenden Morgenmantel aufs Sofa gelegt, eine der angebrochenen Ginflaschen leer gemacht und ihre Zigaretten geraucht.

(Thea Dorn)

Aussage einer Trauernden:

»Sein Hut hängt noch so an der Garderobe, wie er ihn dahin gehängt hat.
Und dort soll er auch bleiben. So ist Achim irgendwie noch nicht ganz ausgezogen.«

Idee: Erinnerungsecke
Mit verschiedenen besonders wertvollen Erinnerungsstücken zu hause einen besonders eingerichteten Platz bestücken und dort regelmäßig eine Kerze anzünden und eine Gedenkzeit aushalten.

Die Dinge, die dem Verstorbenen gehört haben, tragen in den ersten Wochen nach seinem Tod noch seinen charakteristischen Geruch. Bettwäsche und Kleider werden zu Kostbarkeiten, die oft lange nicht gewaschen werden, weil sie noch nach dem Menschen, den man so sehr vermisst, riechen. Den Duft aufzusaugen und sich in die Wäsche zu kuscheln schafft ein Gefühl von Nähe und Verbundenheit.

(Chris Paul)

Wecke dein Herz, das kummerschwere,
steh auf und wage dich bis an den Horizont
deiner Bedrängnis
und sieh:
Zwischen Schmerz und Schmerz
wächst das Tröstende.

(Antje Sabine Naegeli)

RISIKO!
Es muss auch aussortiert werden. Nicht aller Nachlass kann bleiben. Sonst wird aus der Wohnung ein Museum und kein Lebensraum. Es ist wichtig zu unterscheiden, was (vorerst) noch einen Mehrwert hat und was »entsorgt« werden kann.

Thema: Bewegung

Leben heißt bewegen. Das Gegenteil ist der Tod. Es ist also ein Lebenszeichen, sich nicht nur in Schockstarre und Gelähmtheit aufzuhalten. Und doch passiert es trauernden Menschen unausweichlich. Sie mögen noch so aktiv und womöglich sogar sportlich gewesen sein, der Tod eines geliebten Menschen reißt sie so aus der Bahn, sodass sie völlig regungslos »einfrieren«. Ihnen ist darum auch so schrecklich kalt. Trauernde frieren ganz viel. Die bewegende Sterbegeschichte, die sie so mitgenommen hat, endet mit dem Tod derer, die aufhören, sich zu bewegen. Und das trifft sowohl auf die Verstorbenen zu – und zwar definitiv – als auch auf die lebenden Hinterbliebenen – aber affektiv. Sie sind am laufenden Band erschöpft und völlig unfähig, aktiv oder gar sportlich unterwegs zu sein. Sie verlassen mitunter wochenlang nicht mehr die Wohnung. Darum scheinen Trauer und Bewegung krasse Gegensätze zu sein. Dabei sprechen wir doch von dem Weg der Trauer. Und der ist nur möglich, wenn wir nicht alles auf und in uns sitzen lassen, sondern angehen.

Einstieg:
Wer den Tod erlebt hat, ist aus dem Tritt gekommen. Kann sich vor lauter Rührung nicht mehr rühren. Alles steht still. Die eigene Welt jedenfalls dreht sich nicht mehr weiter. Trotz nimmermüder Unruhe und unendlichen gedanklichen Kreiselns um sich selbst, erstarren Trauernde in ihrem Entsetzen. Innerlich im Schleudermodus wirken sie nach außen oft wie gelähmt. Und sie sind es auch. Würde das Atmen nicht selbstständig funktionieren, sie würden einfach aufhören damit. Es gibt scheinbar keinen Ausweg, also ist Stehenbleiben als Schutzreflex der einzige im Moment angemessene und mögliche Aggregatszustand.
Impulsfrage: »Können Sie sich schon wieder bewegen? Wie viel Schritte machen Sie am Tag?«

Verlauf:

Die unterschiedlichen Stadien der Trauer setzen auch mehr oder weniger in Bewegung. Trauernde sprechen von der langen Zeit ihrer völliger Lähmung. Andere von den ersten Spaziergängen. Wieder andere von der Rückkehr in ihren gewohnten Sport. Viele aber bewegen sich trotz höchster Drehzahl an Erschütterung auf Schritt und Tritt auf der Stelle.
Davon zu berichten und das gegenseitig als normale Entwicklung und Prozess zu besprechen ist ungemein hilfreich.

Zielgedanke:

Und ich beweg mich doch! Ich komme wieder auf die Beine. Irgendwann. Es geht vorwärts mit mir – laufend.

Vereinbarung:

Welche ersten und zweiten und dritten Schritte sind mir möglich? Welchen Weg kann ich schon gehen? Brauche ich eine Begleitung? Wie kann ich meinen Trauerlauf organisieren?

Geschenk:

Schritte-Zähler

Material

Gedanken-Gänge

Auf dem Land sind manche Friedhöfe weit außerhalb. Ich kenne kleine Siedlungen und Dörfer, da dauert der Trauermarsch zum Grab eine halbe Stunde. Und auf manchen großflächigen Stadtfriedhöfen muss man auch weite Wege gehen. Darüber beschwert sich niemand, weil der Weg guttut. Es dauert und trauert lange langsam auf dem Abschiedsweg.
Es ist eine ganz eigenartige Schrittgeschwindigkeit, wenn wir hinter einem Sarg oder einer Urne hergehen. Ein Wettrennen ist das nicht. Eher eine widerwillig schleichende Kapitulation. Ich kenne nur einen Anlass, bei dem auf einem Friedhof gerannt wird. Und der heißt Ostern. Da rennen die Frauen vom leeren Grab weg, um den Jüngern von der Auferstehung zu berichten (vgl. Matthäus 2,8).
Seit die beiden Jünger mit ihrer ausweglosen Trauer um den verstorbenen Jesus zusammen zurück nach Emmaus laufen und

dabei auf Jesus treffen, wissen wir, dass Trauer zum Davonlaufen ist – und das am besten nicht alleine.
Körperliche Anstrengung, Bewegung, die länger dauert als eine halbe Stunde, mobilisiert neue Lebenskräfte und hilft wieder »auf die Beine«. Die wohltuende Müdigkeit danach ist sehr vital, erinnert daran, dass der Körper noch da ist. Muskelkater ist ein wunderbarer Schmerz im Unterschied zu der schmerzverzerrten Seele, die wehtut, aufwühlt, aber nicht zur Ruhe kommen lässt.
Trauernde brauchen aber auch erquickenden Schlaf. Und den bekommen sie nur, wenn sie sich körperlich bewegen.

BEWEGUNGSMELDER
machen Licht –
aber nur,
wenn jemand
in die Nähe
kommt.

Die Zeit schreitet voran. Und du, Mensch?
(Stanislaus Jerzy Lec)

RISIKO!

Für manche ist Sport völlig unmöglich. Die sollten wir nicht disqualifizieren!

Thema: Gespräch

»Ich kann Ihnen gar nicht sagen, wie es mir geht!«, sagen Trauernde oft. Unsagbar schwer haben sie es. Unaussprechlich weh tut es ihnen. Es dauert eine Zeit lang, bis sie reden können. Bis sie in der Trauerbegleitung »in die Sprech-Stunde kommen«. Bis dahin führen sie Selbstgespräche, sprechen sie mit ihren Toten, reden sie zu Hause mit ihren Angehörigen – versuchsweise zumindest. Aber das Dilemma mit dem Gespräch der Trauernden ist oft, dass sie es lange nicht können – und wenn es geht, wollen ihre Leute es bald nicht mehr hören. Den Tod und das Sterben besprechen bedeutet nämlich, es zu wieder-holen, es präsent zu machen. Die Umgebung möchte aber, dass es vorüber ist, vorbei, weggeht, nicht nach, nicht nahe, nicht mit. Also werden die Trauernden wieder stumm und verschweigen, was der Rede wert ist.

Darum ist es so wertvoll, wenn sie den Mut haben, eine Trauerbegleitung aufzusuchen. Oft reden sie da nicht gleich. Eher partizipieren sie – wenn es kein Einzelgespräch ist, sondern eine Trauergruppe – an dem Gespräch der anderen Teilnehmenden. Aber das tun sie sehr aufmerksam. Denn das Gespräch, an dem sie schweigend teilnehmen, holt sie schon aus der Isolation. Und irgendwann – oft zaghaft beim Verabschieden – fangen sie selber an zu sprechen.

Einstieg:
»Wir müssen reden!« sagen die Leute, wenn es Zeit wird, miteinander zu sprechen. Redebedarf besteht, wenn sich allerhand ereignet und angestaut hat. Wer trauert, hat Redebedarf.
Impuls: »Wir sind hier, um zu reden. Sie dürfen sich aussprechen und Sie dürfen gewiss sein, dass Ihnen zugehört wird. Beides wird Ihnen Kraft geben, Ihre Trauer zu ertragen. Können Sie über Ihre Trauer sprechen? Seit wann geht das? Mit wem geht das?«

Verlauf:
Das Gespräch, das sich jetzt ergibt, wird genau das abbilden, was im Augenblick für die Einzelnen möglich ist: was geht, was noch nicht geht. Einige werden viel reden, andere werden zuhören, selbst aber eher schweigsam sein. Das ist »sagen-haft«, wie sich dieser Bedarf selber regelt.

Zielgedanke:
Meine Trauer ist der Rede wert! Indem ich erzähle, was mir widerfahren ist, kann ich es selber betrachten und beobachten. Ich kann es mit-teilen. Indem ich es in Worte fasse, besiege ich die Fassungslosigkeit. Ich fange an, mich auszusprechen, und befreie mich aus der Einsamkeit. Und ich werde als Zuhörer und Zuhörerin gebraucht. Ich verstehe mich mit anderen Trauernden zunehmend gut. Wir werden verständnisvoll füreinander.

Vereinbarung:
Wir verabreden uns zu regelmäßigem Austausch auch außerhalb der Treffen.

Geschenk:
Adressen, Telefonnummern, E-Mailadressen etc. – wer will!

Material

»Und Gott sprach: Es werde Licht! Und es ward Licht!« Die Schöpfungsgeschichte der Bibel schildert, dass Gott mit Worten die Welt macht. Und wir tun es auch. Mit Worten erschaffen wir unsere Welt, indem wir daran Anteil geben und Anteil nehmen, was uns betrifft.

»Sprich nur ein Wort, so wird meine Seele gesund!«
(aus der Liturgie der kath. Messe)

Gibt es etwas Beglückenderes, als einen zu kennen, mit dem man sprechen kann wie mit sich selbst?
(Cicero)

Lea ist krank. Das sonst so lebhafte Mädchen liegt still und fiebrig auf dem Sofa. Wird sie angesprochen, reagiert sie mit leisem Weinen. Am nächsten Morgen lässt das Fieber nach. Lea lacht wieder und spricht. »Ach Lea, ich hab mir solche Sorgen gemacht. Wie gut, dass du wieder mit uns sprichst!«, sagt Mama erleichtert. Lea ist erstaunt: »Aber Mama, mein Weinen war doch mein Sprechen!«
(Rose Volz-Schmidt)

Das ist übrigens das Wichtigste: zuhören können. Ich lasse mir oft von Leuten ihren Beruf haarklein erklären, obwohl ich gar nichts davon verstehe. Aber der andere erzählt mir dabei sein ganzes Leben. Und ich sehe, wie er immer leidenschaftlicher wird.
(Hanns Dieter Hüsch)

Das Schweigen ist für das Wort wie ein Netz, das unter dem Seiltänzer ausgespannt wird.
(Max Picard)

»Antworte nicht, ehe du zugehört hast und unterbrich die Rede des anderen nicht!«
(Jesus Sirach 11,7)

Wie wohltuend ist ein Mensch, der zuhören kann. Deshalb wird ihm auch viel Sympathie entgegengebracht. Wer zuhören kann, hört hin auf das, was der andere sagt, hört sich ein in das, was ihm fremd erscheint. Er kommt nicht gleich mit Einwänden, Kritik oder Vorschlägen. Er nimmt zunächst nur auf, was der andere sagt, nimmt ihn mit inneren offenen Armen auf. Und der andere

fühlt sich angenommen. Wer zuhören kann, entbindet in dem, der spricht, nicht selten gute Erinnerungen und neue Einsichten, befreiende Selbstkritik und ermutigende Selbsterfahrungen und anderes mehr. Wer zuhören kann, gibt dem anderen Zeit und Raum und für die Dauer des Gesprächs auch Heimat.
(Uwe Böschemeyer)

Mehr zu hören als zu reden, solches lehrt schon die Natur.
Sie versah uns mit zwei Ohren, doch mit einer Zunge nur.
(Gottfried Keller)

RISIKO!

Es gibt trauernde Menschen, die sind dauerhaft ausgesprochen still. Das bedeutet für sie aber nicht Stillstand! Vorsicht vor Vielschwätzern! Die müssen gezähmt werden.

Thema: Gebet

Martin Luther sagte, das Gebet sei das Gespräch des Herzens mit Gott. Das Gespräch mit Gott kann demnach ebenfalls eine Kraftquelle sein. Es ist eben kein bloßes Selbstgespräch, sondern es geht davon aus, dass es ein Gegenüber gibt, das ansprechbar ist, und hört auf das, was wir vorerst noch niemandem sagen können. Dabei geht es nicht primär um Bitte und Dank. Nicht um Anbetung und Lobpreis, sondern um Klage und Protest, Widerspruch und Empörung. Es ist ein wesentliches Qualitätsmerkmal einer Beziehung, wenn sie auch Spannungen und Konflikte aushält. Das gilt für unsere zwischenmenschlichen Beziehungen genauso wie für die Beziehung zu Gott. Trauernden ist mitunter die Vorstellung von einem lieben Gott erst einmal völlig abhandengekommen. Sie erleben ihn eher als abwesend, fremd, rätselhaft und im Irrtum. Und genau das dürfen sie auch vor ihm aussprechen. Das ist nicht etwa gottlos, sondern gottvoll.

Einstieg:

Impulsfrage: »Können Sie zur Zeit beten? Reden Sie mit Gott? Gibt es da einen Kontakt? Wann haben Sie zuletzt mit ihm gesprochen? Oder haben Sie ihm die Freundschaft aufgekündigt?«

Verlauf:

Je nachdem, wie die Menschen bisher ihren Glauben praktiziert haben, wird dieses Themenangebot interessant oder unattraktiv für sie sein. Im besten Fall ist jemand da, dem der Tod den Glauben an Gott genommen hat oder zumindest schwer macht. Es kann ein gutes Gespräch werden, wenn jemand den Mut zur Rebellion und zur Beschwerde hat. Das kann andere motivieren, ebenfalls einzusteigen.

Zielgedanke:

Gott ist für Klage im Leid die richtige Adresse. Ihm kann ich mein Unverständnis und mein Leid vorwerfen. Zweifel ist auch Glaube.

Vereinbarung:

Eines der Klagegebete, die als »Geschenk« mitgegeben werden, zuhause wiederholen als »Trauerpost« für den Himmel.

Geschenk:

Eine Auswahl von Klagegebeten

Material

Fehlt euch etwas, wohlan, schüttet eure Herzen vor Gott aus, klaget´s nur frei; berget ihm nichts, es sei, was es wolle. Er hört's gern, will auch gern helfen und raten. Scheuet euch nicht vor ihm und denket nicht, es sei zu groß oder zu viel. Getrost heraus, und sollten's eitel Säcke voll Mangels sein, alles heraus. Er ist größer und vermag und will auch mehr tun, er ist kein Mensch, dem man könnte zu viel Bettelns und Bittens vormachen. Je mehr du bittest, je lieber er dich hört. Schütte nur rein und alles heraus, tröpfle nicht, denn er wird auch nicht tröpfeln, sondern mit Flut dich überschütten.

(Martin Luther)

Gebete

Ein Gebet in der Erschöpfung

Mein Gott, ich liebe Dich nicht.
Ich will es nicht einmal.
Ich bin Deiner überdrüssig.
Vielleicht
glaube ich überhaupt nicht an Dich.

Aber sieh auf mich im Vorübergehen.
Wenn Du Lust hast, dass ich an Dich glaube,
dann gib mir den Glauben.
Wenn Du Wert darauf legst,
dass ich Dich liebe,
dann gib mir die Liebe.
Ich habe von all dem nichts,
und ich kann nichts dazu tun.

Ich gebe Dir, was ich habe:
Meine Schwäche, meinen Schmerz
und die Zärtlichkeit, die mich peinigt,
und die Du wohl siehst ...
Das Elend meines Zustands – das ist alles –
und meine Hoffnung.
(Marie Noel)

Jeder Tag ist grau, Gott, am Morgen will ich nicht aufstehen, alles ist mir gleichgültig, Lust und Freude sind mir fremd geworden. Jeder Tag ist eine Anstrengung, Gott, mit Mühe verberge ich meine Tränen, alles fällt mir schwer, was soll ich noch in diesem Leben? Jeder Tag ist von dir, Gott, du legst ihn mir zu Füßen, du willst, dass ich gehe. Hilf mir, Schritt für Schritt!
(Ulrike Wagner-Rau)

Gott, zu dir rufe ich in der Frühe des Tages, hilf mir beten und meine Gedanken sammeln zu dir; ich kann es nicht allein. In mir ist es finster, aber bei dir ist das Licht; ich bin einsam, aber du verlässt mich nicht; ich bin kleinmütig, aber bei dir ist Hilfe; ich bin unruhig, aber bei dir ist der Friede; in mir ist Bitterkeit, aber bei dir ist Geduld; ich verstehe deine Wege nicht, aber du weißt den Weg für mich.
(Dietrich Bonhoeffer)

RISIKO!

Menschen, die um Trauerbegleitung bitten, sind nicht unbedingt christlich gesinnt, kirchlich sozialisiert. Sie halten sich nicht unbedingt für gläubig. Also sollten wir es ihnen auch nicht unterstellen. Das Angebot, sich an Gott zu wenden, darf also nicht bedrängend und schon gar nicht triumphal überlegen daherkommen.

Abschiede

Wir kommen nicht nur einmal auf die Welt. Natürlich gibt es dieses Datum, das man Geburtstag nennt. Und das ist und bleibt einmalig. Aber unabhängig davon sind wir unser ganzes Leben lang im Kommen und Gehen, wechseln Lebensräume, Aufgaben, Kontakte, Weggefährtenschaften, Herausforderungen und Schwerpunkte. Biografische Schwellen und Veränderungen markieren unseren Weg. Und immer wieder sind wir dabei, Grenzen zu überschreiten, Altes zu verabschieden, um Neues zu wagen. Und jeder Anfang ist dann wie eine neue Geburt, mitunter auch mit der Tendenz zur Mutprobe, immer mit der Nötigung zur Flexibilität und Offenheit. Das ist manchmal schwere Arbeit, vor allem wenn es gilt, Vertrautes und Liebgewonnenes loszulassen, um sich neuen Bedingungen und Lebensumständen zuzuwenden. Dabei werden wir zwar zunehmend erfahren und routiniert, aber es bleibt spannend und herausfordernd bis zum Ende. So kommt es, dass wir im Grunde unentwegt üben, was Abschied nehmen heißt. Das Leben mit seinen Stufen und Phasen macht uns zu Expertinnen und Experten in Sachen Endlichkeit. Es ist nicht erst der Tod lieber Menschen, der uns diese Grenzerfahrung zumutet, sondern es sind die vielen kleinen Tode, die wir zeitlebens sterben, um anders und neu weiterzuleben. Von unserem eigenen Lebensende ganz zu schweigen. Kurzum: Wir kommen immer wieder auf die Welt, haben in diesem Sinne mehr als nur einmal Geburtstag und erobern so unsere Zukunft ein ums andere Mal. Folglich leisten wir, so gesehen, lebenslängliche Trauerarbeit.

Im Einzelnen schauen wir auf 7 Übergänge, die jeweils als Trainingsraum für das Aneignen von Abschiedskondition unvermeidlich sind, aber auch immer wieder eine neue Chance darstellen, an unserer Fähigkeit zum Abschiedlichsein zu arbeiten.
Das geschieht mindestens beim jeweiligen Ende von:

- Kindheit
- Jugend
- Erwachsen
- Mittelalter
- Herbst
- November
- Lebensende

Tatsächlich erleiden wir ja den ersten Abschied schon bei unserer Geburt. Wir müssen da nämlich unseren »ersten Wohnsitz« verlassen und werden in den Orbit entlassen, ohne gefragt zu werden. Das Leben beginnt also mit einem Abschied. Die größte anzunehmende Geborgenheit ist das Erste, was wir hergeben müssen, um das grandiose Geschenk des Lebens zu empfangen. Diese Ambivalenz steht symptomatisch am Beginn unseres Weges. Und dabei bleibt es bis zum Ende. Wir sind im Unterwegs zuhause, immer im Prozess der Veränderung und der Umbrüche.

Einstieg:

Impulsfrage: »Wann beginnt unsere Ausbildung zu den Abschiedsexperten, die wir alle sind?
Wann machen wir unsere ersten Erfahrungen von Anfang und Ende?«

Verlauf:

Wir rekonstruieren im Gespräch die atemberaubenden Kindheitserfahrungen, die unsere Entwicklung geprägt haben. Das Drama der Geburt als Beginn der Heimatlosigkeit und Freiheit, das allmähliche Überwinden von Abhängigkeit zum Selbstständigsein. Nicht mehr getragen werden, sondern selber gehen, nicht mehr gefüttert, sondern essen, aus dem Beschütztsein in die Selbstständigkeit. Und all das in dem unwiederholbaren Zustand eines umhüllten Wachsens.

Zielgedanke:

Unser Leben bedeutet von Anfang an Umziehen und Verändern. Wir sind chronisch abschiedlich. Wachsen und Werden verlangen uns ab, dass wir unsicher und gefährdet sind. Unsere Entwicklung hat einen hohen Preis. Sie fordert von uns permanentes Loslassen und mutiges Ergreifen. Tod und Trauer sind von Anfang an Programm. Lange bevor wir dies als Leid erfahren, weil uns Menschen verlassen und wir selbst am Ende unseres Lebens ankommen, sind wir bereits erfahren und geübt im Umgang mit dem Phänomen der Endlichkeit. Gleichzeitig ist das aber auch die Voraussetzung für die Entdeckung des Lebens aus dem unablässigen Geheimnis der Veränderung hin zu einem selbstbewussten Ich.

Vereinbarung:

Kindheitserinnerungen aufspüren und wertschätzen. (Vielleicht aufschreiben?)

Geschenk:

Schnuller

Material

Es geschah, dass in einem Schoß Zwillingsbrüder empfangen wurden. Die Wochen vergingen und die Knaben wuchsen heran. In dem Maß, in dem ihr Bewusstsein wuchs, stieg die Freude: »Sag, ist es nicht großartig, dass wir empfangen wurden? Ist es nicht wunderbar, dass wir leben?« Die Zwillinge begannen, ihre Welt zu entdecken. Als sie aber die Schnur fanden, die sie mit ihrer Mutter verband und ihnen die Nahrung gab, da sangen sie vor Freude: »Wie groß ist die Liebe unserer Mutter, dass sie ihr eigenes Leben mit uns teilt!« Als aber die Wochen vergingen und schließlich zu Monaten wurden, merkten sie plötzlich, wie sehr sie sich verändert hatten. »Was soll das heißen?«, fragte der eine. »Das heißt«, antwortete der andere, »dass unser Aufenthalt in dieser Welt bald seinem Ende zugeht!« – »Aber ich will gar nicht gehen«, erwiderte der eine, »ich möchte für immer hier bleiben.« – »Wir haben keine andere Wahl«, entgegnete der andere, »aber vielleicht gibt es ein Leben nach der Geburt!« – »Wie könnte dies sein?«, fragte zweifelnd der Erste. »Wir werden unsere Lebensschnur verlieren und wie sollten wir ohne sie leben können? Und außerdem haben andere vor uns diesen Schoß hier verlassen und niemand von ihnen ist zurückgekommen und hat uns gesagt, dass es ein Leben nach der Geburt gibt. Nein, die Geburt ist das Ende!« So fiel der eine von ihnen in tiefen Kummer und sagte: »Wenn die Empfängnis mit der Geburt endet, welchen Sinn hat dann das Leben im Schoß? Es ist sinnlos. Womöglich gibt es gar keine Mutter hinter allem.« – »Aber sie muss doch existieren«, protestierte der andere, »wie sollten wir sonst hierhergekommen sein? Und wie könnten wir am Leben bleiben?« – »Hast du je unsere Mutter gesehen?«, fragte der eine. »Womöglich lebt sie nur in unserer Vorstellung. Wir haben sie uns erdacht, weil wir dadurch unser Leben besser verstehen können.« Und so waren die letzten Tage im Schoß der Mutter gefüllt mit vielen Fragen und großer Angst. Schließlich kam der Moment der Geburt. Als die Zwillinge ihre Welt verlassen hatten, öffneten sie ihre Augen. Sie schrien. Was sie sahen, übertraf ihre kühnsten Träume.

(Klaus Berger)

RISIKO!

Die wundersame Geborgenheit der Kindheit ist bei Weitem nicht selbstverständlich. Wer in dieser ersten Lebensphase vernachlässigt oder gar beschädigt wurde, wird diesen Gesprächsverlauf kaum ertragen.

Thema: Jugend

Es ist immer eine Krise, die uns wachsen lässt und verändert. Kein undramatisches Hinübergleiten in eine neue Lebensphase, sondern Pubertät, Unruhe, Fremdheit und Verunsicherung. »Wer bin ich und wenn ja wie viele?«, ist nach Richard David Precht die Frage für die erste allgemeine Verunsicherung unseres Lebens. Was eben noch Schutz und Geborgenheit bedeutete, wird jetzt zum Gefängnis. Die Zeit der gutwilligen Unterordnung in das elterliche Vorrecht der fürsorglichen Erziehung ist vorbei. Es beginnt der Aufbruch in die Distanz zum Hoheitsgebiet der Herkunftsfamilie. Und damit ist auch die arglose Zeit naiven Wertschätzens der heimischen Vorgaben und Erziehungsmaßnamen vorbei. Plötzlich wohnen wir in einem zunehmend fremd anmutenden Körper, der sich auf rätselhafte Weise derart verändert, dass sein Anblick einem selbst zur Zumutung wird. Niemand kann uns erklären, was passiert. Und wenn es Versuche dazu gibt, sind sie uns absolut unverständlich.

Einstieg:

Impulsfrage: »Können Sie sich an Ihre Pubertät erinnern? Wissen Sie noch, welche Gefühle Sie damals bestimmt haben? Waren Sie ungenießbar? Haben Sie rebelliert gegen das Elternhaus? Haben Sie der Kindheit nachgetrauert?«

Verlauf:

Die Intensität des jugendlichen Alters ist bei den meisten Menschen so stark in Erinnerung, dass ein Austausch in der Regel mühelos zustande kommt. Durchaus selbstkritisch werden die unterschiedlichen Befindlichkeiten auftauchen. Wie wir uns selbst maßlos überschätzt haben, ungeduldig und uneinsichtig waren. Welche vitalen Kräfte uns haben ungestüm werden lassen. Mit welcher Kompromisslosigkeit wir alles Althergebrachte verurteilt haben und ohne die geringste Ahnung unserer chronischen Unerfahrenheit im Kurzschlussverfahren neue Ideen verwirklichen wollten. Dass wir unsere Begabungen entdeckten und idealistisch unrealistisch die Welt neu erfanden. Wie sich Entscheidungen fürs Leben ergaben, was Ausbildung, Beruf, Lebensplanung betraf. Die erste große Liebe samt Liebeskummer und Scheitern haben uns abgrundtief erschüttert. Und wie schmerzhaft wir erfahren mussten, dass nicht alles so läuft, wie wir uns das vorgestellt hatten.

Zielgedanke:

Schon im jugendlichen Alter müssen wir uns von allerhand Ideen, Hoffnungen, Träumen verabschieden Wir haben unsere »Trauerkarriere« schon ganz früh begonnen.

Vereinbarung:

Wir schreiben einen Brief an uns als Jugendliche.

Geschenk:

Briefpapier

Material

> *Krisen sind Angebote des Lebens, sich zu wandeln. Man braucht gar nicht zu wissen, was neu werden soll; man muss nur bereit und zuversichtlich sein.*
>
> *(Luise Rinser)*

> *Zu Mark Twain kam ein 17-jähriger und beklagte sich: »Ich verstehe mich mit meinem Vater nicht mehr. Jeden Tag Streit. Er ist so rückständig, hat keinen Sinn für moderne Ideen. Was soll ich machen?«*

Mark Twain antwortete: »Junger Freund, ich kann dich gut verstehen. Als ich 17 Jahre alt war, war mein Vater genauso ungebildet. Es war kein Aushalten. Aber habe Geduld mit so alten Leuten. Sie entwickeln sich langsamer. Nach 10 Jahren, als ich 27 war, hatte er so viel dazu gelernt, dass man sich schon ganz vernünftig mit ihm unterhalten konnte. Und was soll ich dir sagen? Heute, wo ich 37 bin – ob du es glaubst oder nicht – wenn ich keinen Rat weiß, dann frage ich meinen alten Vater. So können die sich ändern.«

(Erzählung über Mark Twain)

Ein weiterer passender Text stammt von Eugen Roth und heißt »Weltlauf«. Sie finden es unter: *https://songtextes.de/songtexte/eugen-roth-weltlauf* (Aufruf 16.02.2022).

RISIKO!

Je nach Selbstwahrnehmung können Menschen ihre Jugendzeit idealisieren oder verteufeln. Und sie sind sich heute als aktuell Trauernde dem pubertierenden Jugendlichen von damals ziemlich ähnlich. Besonders riskant wird das Gespräch, wenn in der Jugend erste dramatische Todeserfahrungen gemacht wurden.

Thema: Erwachsen

Es gilt, sich weiter klar zu werden darüber, dass wir nicht erst Grenzen, Abschied und Trauer erleben, wenn jemand stirbt, sondern dass wir in jeder Lebensphase dabei sind, unsere Trauerkompetenz zu erweitern und einzuüben. Unabhängig von Todeserfahrungen, die wir ja in jedem Alter passieren, formen wir unser Profil zum Umgang mit dem Vergehen.

So auch, wenn Sturm und Drang sich legen und wir in erwachsener Mündigkeit ankommen und auf den Höhepunkt unserer Leistungskräfte zusteuern. Wir werden erwachsen und spüren Kraft und Herausforderung gleichermaßen. Wir sind geerdet und realistisch geworden, haben Profil und Persönlichkeit, schätzen Werte und Ordnung, sind zuverlässig und wissen, worauf es ankommt. In dieser Phase vermeintlich unendlicher Möglichkeiten denken wir nicht an den Tod. Er ist (scheinbar) weit weg.

Einstieg:

Impulsfrage: »Wann haben Sie gespürt, dass Sie ein erwachsener Mensch geworden sind?
Woran haben Sie das festgemacht? Haben Sie in der Zeit auch Tod und Trauer erlebt?
Welche Lebensbereiche haben sich vor allem in den Vordergrund geschoben?«

Verlauf:

Familie, Beruf, ehrenamtliche Verantwortung. Viele Baustellen auf einmal sind zu bedienen. Über diese Lebenszeit zu reden ist – unabhängig davon, ob wir mittendrin oder darüber hinaus verortet sind – so virulent und spannend, weil es der Intensität des darin stattfindenden Lebens entspricht. Gleichzeitig sind aber auch realistisch die Grenzen der Möglichkeiten im Blick und weiß man um Spannungen, Schwierigkeiten, Widerstände, die kräftezehrend zum Alltag gehören. Erste Erfahrungen mit Erschöpfung und Müdigkeit sind präsent. Auch der Gedanke an Flucht aus der Monotonie des Alltags ist nicht fremd. Das gibt Gesprächsstoff ...

Zielgedanke:

Wir haben als erwachsene Menschen jede Menge Kraft investiert, aber bei aller Routine und Kompetenz auch die Erfahrung von Überdruss und Ernüchterung im Gepäck. Wir kennen die Gefahr, dadurch zum Skeptiker oder Pessimisten zu werden, und sehen die Chance der Bewährung und des Bleibens. Was wirklich zählt, wird uns immer klarer. Umso härter trifft uns in dieser Lebensphase Krankheit, Leid und Tod.

Vereinbarung:

Wir schreiben uns auf, in welchem Netz von Verantwortung wir in dieser Lebensphase standen oder gerade stehen, welche Menschen uns dabei begleiten.
Eine Liste voller Lebenszeichen entsteht.

Geschenk:

Zitat von Kästner (siehe Material)

Material

Wird's besser? Wird's schlimmer? fragt man alljährlich.
Seien wir ehrlich: Leben ist immer lebensgefährlich.
(Erich Kästner)

»Alles, was auf der Erde geschieht, hat seine von Gott bestimmte Zeit:
Geboren werden und sterben,
einpflanzen und ausreißen,
töten und Leben retten,
niederreißen und aufbauen,
weinen und lachen,
wehklagen und tanzen,
Steine werfen und Steine aufsammeln,
sich umarmen und sich aus der Umarmung lösen,
finden und verlieren,
aufbewahren und wegwerfen,
zerreißen und zusammennähen,
schweigen und reden.
Das Lieben hat seine Zeit und das Hassen,
der Krieg und der Frieden. (...)
Gott hat für alles eine Zeit vorherbestimmt, zu der er es tut;
und alles, was er tut, ist vollkommen.
Dem Menschen hat er eine Ahnung von dem riesigen Ausmaß der Zeiträume gegeben,
aber von dem, was Gott in dieser unvorstellbar langen Zeit tut,
kann der einzelne Mensch nur einen winzigen Ausschnitt wahrnehmen.
Ich bin zu der Erkenntnis gekommen:
Das Beste, was der Mensch tun kann,
ist, sich zu freuen und sein Leben zu genießen, solange er es hat.
Wenn er aber zu essen und zu trinken hat und genießen kann,
was er sich erarbeitet hat, dann verdankt er das der Güte Gottes.«
(Prediger/Kohelet 3,1-8; 11-13, GNB)

RISIKO!
Wenn jemand ausgerechnet dann einen Menschen verloren hat, als der auf dem Höhepunkt seiner Schaffenskraft war, fällt der angebahnte Plan in sich zusammen und muss geändert werden mit Bezug auf das Sterben »mitten im Leben«.

Thema: Mittelalter

Die anzunehmende Lebensmitte ist erreicht oder schon überschritten. Der Mensch ist einigermaßen gereift. In der freien Wildbahn seiner verschiedenen Welten hat sich manches geklärt, erledigt, geändert. Kinder sind aus dem Haus oder dabei, selbstständig zu werden, eigene Ziele im Beruf und privat sind überschaubarer geworden. Im Mittelalter angekommen, macht sich der Mensch nicht mehr so viele Illusionen, ist er abgeklärt und vernünftig. Unzulänglichkeiten und Kümmernisse sind zu akzeptieren, graue Haare, gesundheitliche Handicaps, familiäre Unebenheiten auch, man hat sich vielleicht über die Zeit in der Partnerschaft etwas aus den Augen und dem Herzen verloren, sich womöglich getrennt und eine neue Beziehung riskiert. Der Mensch ist in der Regel in dieser Lebensphase einigermaßen gesättigt, nicht mehr so neugierig und vor allem nicht mehr so jung. Was das Abschiednehmen betrifft, so wird dieses Thema jetzt ernster denn je.

Einstieg:
In unserer Gesellschaft geht man insgeheim davon aus, dass das Leben dann besonders gut und richtig und wahr und wertvoll ist, wenn es jung ist. Jung, dynamisch, erfolgreich, das scheint der Dreiklang gelingenden Lebens zu sein. Ist das Leben, je älter wir werden, immer weniger wertvoll? Provozierende Einstiegsfrage in ein offenes Gespräch: »Möchten Sie noch einmal von vorne anfangen? Möchten Sie noch einmal jung sein?«

Verlauf:
Es wird je nach Prägung und Mentalität, je nach Lebenseinstellung und gemachter Erfahrung recht kontrovers zugehen. Wichtig ist, dass alle zu Wort kommen und je nach Lebensalter die Frage für sich beantworten. Besonders im Hinblick darauf, dass sich die vor uns lebende Generation nach und nach verabschiedet (hat).

Zielgedanke:

Unser Leben ist so angelegt, dass wir immer ein Alter haben, immer soundso alt sind, aber nie schlagartig von jung auf alt umschalten, sondern im Unterwegs zuhause, immerzu gehen, vergehen, nachgehen, vorangehen, weitergehen. Und immer, wenn uns bewusst wird, dass wir vergänglich sind, müssen wir krisengeschüttelt ein neues Einverständnis zu dem Leben finden, das jetzt gegenwärtig stattfindet. Und das vorherige dankbar verabschieden. Dabei hat gewiss jede Lebensphase für sich gesehen einen Gewinn und einen Ertrag. Und Defizite.

Vereinbarung:

Dankbar zurück-, einverstanden auf heute und zuversichtlich auf morgen schauen.

Geschenk:

Grimms Märchen: »Die Lebenszeit« (siehe Material)

Material

Die Lebenszeit

Als Gott die Welt geschaffen hatte und von allen Kreaturen ihre Lebenszeit bestimmen wollte, kam der Esel und fragte: »Herr, wie lange soll ich leben?« – »Dreißig Jahre«, antwortete Gott. »Ist dir das recht?« – »Ach Herr«, erwiderte der Esel, »das ist eine lange Zeit. Bedenke mein mühseliges Dasein: Von morgens bis in die Nacht schwere Lasten tragen, Kornsäcke in die Mühlen schleppen, damit andere das Brot essen, mit nichts als mit Schlägen und Fußtritten ermuntert und aufgefrischt zu werden! Erlass mir einen Teil der langen Zeit!«

Da erbarmte sich Gott und schenkte ihm achtzehn Jahre. Der Esel ging getröstet weg und der Hund erschien. »Wie lange willst du leben?«, sprach Gott zu ihm. »Dem Esel sind dreißig Jahre zu viel, du aber wirst damit zufrieden sein.« – »Herr«, antwortete der Hund, »ist das dein Wille? Bedenke, was ich laufen muss, das halten meine Füße so lange nicht aus; und habe ich erst Stimme zum Bellen verloren und die Zähne zum Beißen, was bleibt mir übrig, als aus einer Ecke in die andere zu laufen und zu knurren?« Gott sah, dass er Recht hatte, und erließ ihm zwölf Jahre. Darauf kam der Affe. »Du willst wohl gerne dreißig Jahre leben?«, sprach der Herr zu ihm. »Du brauchst nicht zu arbeiten wie der Esel und der Hund und bist immer guter Dinge!« – »Ach Herr«, antwortete er, »das sieht so aus, ist aber anders. Wenn's Hirsebrei regnet, habe ich keinen Löffel. Ich soll immer lustige Streiche machen, Gesichter schneiden, damit die Leute lachen. Und wenn sie mir einen Apfel reichen und ich beiße hinein, so ist er sauer. Wie oft steckt die Traurigkeit hinter dem Spaß. Dreißig Jahre halte ich das nicht aus.« Gott war gnädig und schenkte ihm zehn Jahre. Endlich erschien der Mensch, war freudig, gesund und frisch und bat Gott, ihm seine Zeit zu bestimmen. »Dreißig Jahre sollst du leben!«, sprach der Herr, »ist dir das genug?« – »Welch eine kurze Zeit!«, rief der Mensch, »wenn ich mein Haus gebaut habe und das Feuer auf meinem eigenen Herd brennt, wenn ich Bäume gepflanzt habe, die blühen und Früchte tragen und ich meines Lebens froh zu werden gedenke, so soll ich sterben? O Herr, verlängere meine Zeit!« – »Ich will dir die achtzehn Jahre des Esels zulegen!«, sagte Gott. »Das ist nicht genug«, erwiderte der Mensch. »Du sollst auch noch die zwölf Jahre des Hundes haben!« – »Immer noch zu wenig!« – »Wohlan«, sagte Gott, »ich will dir noch die zehn Jahre des Affen geben, aber mehr erhältst du nicht.« Der Mensch ging fort, war aber nicht zufriedengestellt. Also lebt der Mensch siebzig Jahre. Die ersten dreißig sind seine menschlichsten Jahre, die gehen schnell dahin, da ist er gesund, heiter, arbeitet mit Lust und freut sich seines Daseins. Hierauf folgen die achtzehn Jahre des Esels, da wird ihm eine Last nach der anderen aufgelegt, er muss das Korn tragen, das andere nährt, und Schläge und Tritte sind der Lohn für seine treuen Dienste. Dann kommen die zwölf Jahre des Hundes, da liegt er in den Ecken, knurrt und hat keine Zähne mehr zum Beißen. Und wenn diese Zeit vorüber ist, so machen die zehn Jahre des Affen den Beschluss. Da ist der Mensch schwachköpfig und närrisch, treibt alberne Dinge und wird ein Spott der Kinder.

(Gebrüder Grimm https://www.grimmstories.com/de/grimm_maerchen/die_lebenszeit, zuletzt geprüft am 10.01.2022)

RISIKO!

Viele Trauerfälle sind in dieser Lebensphase zu verkraften. Darum vorsichtig agieren.

Thema: Herbst des Lebens

Rente, Ruhestand, Pension. Abschied und Neubeginn. Schon wieder. Es kommt die Zeit, die man getrost als Zugabe bezeichnen kann. Wenn es tatsächlich gelungen oder geschenkt ist, die langen und kräftezehrenden Jahre der Berufstätigkeit zu überleben, dann darf mit Udo Jürgens gesungen werden: »Mit 66 Jahren, da fängt das Leben an ...«. Trotzdem geht auch diese Phase meistens im Krisenmodus los, weil erst einmal nichts mehr ist, wie es war. Das gewohnte Geländer der Normalität, der Rhythmus des Arbeitsalltags, die Taktung der Zeit und die Vorgabe, womit sie wann zufüllen ist – all das fällt weg. Wir verabschieden unsere vertraute Rolle, die Wege, die Kolleginnen und Kollegen, die tägliche Herausforderung im Nachweis unserer Kompetenz und Leistungskraft, die daraus gezogene Befriedigung und das entsprechende Ansehen – alles vorbei. Schon wieder Pubertät und die Frage: Wer bin ich?

Einstieg:

»Was fällt Ihnen zu Herbst ein? Ist das eine Jahreszeit, die Sie mögen? Die Sonne? Das Licht? Die Farben? Die Früchte? Und Erntedank? Kann der Herbst des Lebens eine schöne Zeit sein oder werden?«

Verlauf:

In dieser Lebensphase stehen die Todesanzeigen nicht nur in der Zeitung, sondern dicht neben einem. Weggefährten gehen. Oft sind sie sogar jünger als wir selbst. Wir sind jetzt öfter auf dem Friedhof als auf Hochzeiten. Anfang und Ende stehen vor Augen und beeindrucken gleichermaßen. Enkelkinder kommen, während Freunde, Nachbarn, Verwandte gehen. »Die Einschläge kommen immer näher!«, sagt man jetzt öfter.

Die Vergänglichkeit ist nicht mehr nur ein bloßes Phänomen, das andere betrifft, sondern sie wird real fühlbar. Die Optionen, das Leben sinnvoll zu gestalten, sind aber noch immer da.

Ja, es ist sogar noch einmal möglich, sich neu zu entdecken bei der Frage: Was ist von mir übrig, wenn alles was bisher wichtig war, vorbei ist? Zumindest im Hinblick auf den Berufsalltag. Besonders intensiv ist der Eindruck, dass die Zeit noch nie so schnell vergangen ist. Ein Tag, ein Monat, ein Jahr – alles rast davon. Und wir sind definitiv nicht mehr jung.

Zielgedanke:

Jetzt werden wir nicht nur älter, jetzt werden wir alt. Wenn der Wert des Lebens an das Jungsein gebunden ist, dann kommen wir jetzt in die große Krise. Wir werden entscheiden, ob uns das bitter und ungenießbar machen darf oder gelassen und ruhig.

Verabredung:

Herbstgedichte lesen

Geschenk:

Herbstblätter

Material

Die Hoffnung, länger zu leben, ist allen Menschen von Natur aus eingepflanzt. Daher kommt es, dass die Menschen all ihr Mühen und Denken darauf so ausrichten, als wollten sie ewig leben. In ihren Gedanken machen sie aus ihrem Leben ein ewiges Leben, wo ihnen doch der Tod immer auf den Fersen sitzt und unser allernächster Nachbar ist.
(Martin Luther)

Gott, du bist uns voraus und lässt dich nicht binden.
Gefährte der Wandernden, lock uns,
und wir werden es wagen, über das hinauszugehen,
was wir festgelegt haben.
Neuland werden wir entdecken und andere Horizonte.
(Friedrich Karl Barth, Gerhard Grenz, Peter Horst)

Wunschzettel
Öfter mal »nein« sagen können.
Unterlegenheitsgefühle loswerden.
Zugeben dürfen, bestimmte Dinge nicht zu schaffen.
Keine Furcht mehr haben vor dem, was andere denken mögen.
Meine dünne Haut nicht verteidigen müssen.
Rosinen im Kopf haben. Mit mir allein leben können.
Nicht so oft dankbar sein müssen. Müde sein dürfen.
Den Glauben an die Unmöglichkeit verlieren.
Nicht nur von Erinnerungen leben müssen.
Fehler machen dürfen. Sensibel sein dürfen.
Sich keinen Wunsch ausreden lassen.

Eine Heimat haben.
Nicht auf alles eine Antwort haben.
Selig sein.
(Dieter Schupp)

RISIKO!

Die Angst vor dem Alter ist ja die Angst vor dem Tod. Und die lässt sich nicht totschweigen.

Thema: November

Gemeint ist die Lebenszeit, die über das biblische Maß, das uns in Psalm 90 zugesagt wird, noch hinausgeht. Die Lebensbedingungen und die medizinische Versorgung haben uns in den letzten Jahrzehnten immer mehr Jahre dazugegeben. Nie war der Anteil der über 80-jährigen Menschen so hoch in unserer Bevölkerung. Natürlich wird nach wie vor brutal früh und jung und jünger gestorben, aber im Durchschnitt ist das lebensverlängernde Quantum, das ich hier »November« nenne, gewachsen. Mit dieser Bezeichnung meine ich keineswegs, dass diese Zugabe an Lebenszeit nur grau und ungemütlich erlebt wird. Auch der November hat noch schöne Tage. Und er hat seinen ganz eigenen unverwechselbaren Charme, weil er geheimnisvoll und neblig genauso im Programm hat, wie in sich unsichtbar gespeicherte Vitalität und Vorbereitung auf neues Leben. Trotzdem markiert er definitiv das Ende des Jahres. Und da fühlt sich auch alles, was betrauert werden muss, anders an.

Einstieg:

Der November hat nur kurze Tage. Das Licht scheint weniger. Der Schatten dominiert. Es gibt Nebel und die ganze Natur scheint sich zurückzuziehen. In Wirklichkeit aber arbeitet sie schon vor für das Leben danach, das uns blühen soll. Impulsfrage für das Gespräch: »Mögen Sie den Monat November? Und können Sie verstehen, dass ich unsere letzte Lebensphase so nenne?«

Verlauf:

Es wird vor allem Nachdenklichkeit und Besonnenheit sein, was dieses Gesprächsangebot auslösen kann. Gleichzeitig wird die Nähe der Trauerarbeit zu dem, was man mit dem November verbindet, deutlich zur Sprache kommen. Man wird von Erfahrungen mit sehr alt gewordenen Menschen berichten. Es werden unvermeidlich Demenz und Zerfall ebenso zur Sprache kommen, wie erstaunliche geistige Frische, weil es beides gibt und weil beides beeindruckt. Das Ende des Lebens ist aber auch Leben. Und es kann sehr beruhigt und gelassen machen. Menschen in dieser Lebenszeit wissen, dass ihre Arbeit getan, ihre Liebe gelebt, ihr Leiden erlitten ist. Sie erkennen mehr als früher, dass Verzeihen besser als Rechthaben ist. Sie sind mehr still als laut. Manche werden aber auch eigensinnig und schwer zu ertragen.

Zielgedanke:

Eigentlich gilt es nur noch eines anzustreben: Versöhnung. Einverständnis mit dem, was war und ist. Barmherziges Bejahen und Annehmen guter und schwerer Zeiten.

Vereinbarung:

In der Novemberphase des Lebens kann die Trauer des ganzen Lebens beruhigt und gelassener angeschaut werden. Und damit kann man auch schon früher beginnen.

Geschenk:

Zitat von Kyrilla Spieker (siehe Material)

Material

Greifen und Festhalten kann ich seit der Geburt.
Teilen und Schenken musste ich lernen.
Jetzt übe ich das Loslassen.
(Kyrilla Spiecker)

Psalm 90 (in Auswahl)
Herr, du bist unsre Zuflucht für und für.
Ehe denn die Berge wurden und die Erde und die Welt geschaffen wurden, bist du, Gott, von Ewigkeit zu Ewigkeit.
Denn tausend Jahre sind vor dir
wie der Tag, der gestern vergangen ist,
und wie eine Nachtwache.
Darum fahren alle unsre Tage dahin durch deinen Zorn,
wir bringen unsre Jahre zu wie ein Geschwätz.

Unser Leben währet siebzig Jahre,
und wenn's hoch kommt, so sind's achtzig Jahre,
und was daran köstlich scheint, ist doch nur vergebliche Mühe;
denn es fähret schnell dahin, als flögen wir davon.«
(Lutherbibel 1545)

Hasten
nicht mehr denken dass man etwas tun muss
nur noch weil man will und wann und wie lange
die Freiheit sich nicht schuldig zu fühlen
einmal nichts zu tun nur etwas an sich tun lassen
nur ausspannen die augen schließen
die sonne und den wind spüren
nicht mehr reden nichts planen
aus und ein atmen
nur merken dass ich bin
und das etwas um mich ist
gott in mir raum gewinnen lassen
und bereit sein
gott diese und alle zeit zu übergeben
(Ulrich Schaffer)

RISIKO!

Die letzte Lebensphase ernst und annehmen heißt nicht, sie schön zu reden.

Thema: Lebensende

In allen Lebenszeiten sind wir herausgefordert, mutig voranzugehen, obwohl wir nicht wissen, was uns erwartet. Wir müssen unsere Schwellenängste immer wieder überwinden und wir tun es auch. Seit unserer Kindheit sind wir dabei, Lebensräume hinter uns zu lassen und neue zu betreten. Und so wird es dann auch an unserem Lebensende sein. Es ist ein großer Unterschied, den Tod anderer Menschen zu erleben, zu ertragen und zu betrauern, oder sein eigenes Ende zu erleben. Viele Trauernde sagen ja immer wieder, dass sie am liebsten hinterher auch sterben möchten. Ein Grund mehr, das eigene Sterben direkt zu thematisieren. Wir werden das genau in der Weise tun, wie wir es ein ganzes Leben lang eingeübt, erprobt und wiederholt haben. Wir sterben, wie wir gelebt haben. Unsere Art und Weise, diese größte Herausforderung des Lebens anzugehen, entspricht in der Regel den eingeübten Mechanismen, die wir so oft trainiert haben, dass sie uns als Konditionierung abrufbar zur Verfügung steht. Unsere Talente zur Ungeduld oder Geduld, zum Vertrauen oder Misstrauen, zur Rebellion oder Hingabe, zum Protest oder zum Einlenken, zur Angst oder zum Überlassen – alles kommt ausgerechnet bei unserer letzten Lebensaufgabe zum Tragen. Es ist die letzte große Bewährungsprobe. Und letzten Endes mündet alles in der Vertrauensfrage, ob wir uns dem überlassen, der uns das Leben gibt und zu dem es wieder zurückkehrt.

Einstieg:
Impuls: »Wir wollen versuchen, über das Sterben zu reden. Nicht über das Sterben an und für sich, sondern über das eigene Sterben. Also unseren letzten Abschied, der uns bevorsteht und der ganz bestimmt irgendwann auf uns zukommt. – Frage: Was beschäftigt Sie, wenn Sie an Ihr eigenes Sterben denken?«

Verlauf:
Es wird nur dann ein Gespräch zustande kommen, wenn wir mit der Gruppe oder dem einzelnen Menschen schon länger arbeiten, uns vertraut und gute Erfahrungen gemacht haben. Es ist nämlich eine große Zumutung, mit Trauernden nicht über den Tod des geliebten Menschen zu sprechen, den man betrauert, sondern davon abzusehen und sich radikal mit dem eigenen Sterben zu konfrontieren. Dieses Wagnis muss gut abgewogen und abgesprochen werden. Ohne Vorankündigung und Vereinbarung kann das nicht gut gehen. Ich empfehle deshalb dringend bei einem vorherigen Treffen abzuklären, ob es eine offene Bereitschaft gibt, dieses Thema beim nächsten Termin anzuschauen. Das lässt den Teilnehmenden nämlich die Freiheit, selbst zu entscheiden, ob sie dabei sein wollen oder nicht, bzw. mitzubestimmen, ob das heikle Thema überhaupt besprochen werden soll.

Zielgedanke:
Für einen Christenmenschen bedeutet das Sterben nicht das Ende, sondern der Abschied von dem Lebensraum dieser Welt in einen anderen, in Gottes Welt.

Vereinbarung:

Meine Gedanken zum Abschied aus dieser Welt aufschreiben.

Geschenk:

Gedicht von Matthias Claudius (siehe Material)

Material

Der Mensch lebt und bestehet
nur eine kurze Zeit.
Und alle Welt vergehet
mit ihrer Herrlichkeit.
Es ist nur einer ewig
und an allen Enden.
Und wir in seinen Händen.

(Matthias Claudius)

Mein Leben geht zu Ende. Ich weiß und fühle es. Doch mit jedem sich neigenden Tag spüre ich auch, wie mein irdisches Leben übergeht in ein neues, unendliches, unbekanntes, zukünftiges Leben, dessen Vorgefühl meine Seele vor Entzücken erzittern lässt, meinen Geist erleuchtet, mein Herz vor Freude weinen macht.

(Fjodor M. Dostojewskij)

Kennst du diese plötzlichen Sekunden
Wenn dir einfällt, dass du sterben musst
Siegessicher gehst du durch die Stunden
Doch auf einmal wird es dir bewusst
Und du fragst dich, wie das wohl gehen wird
Welches Wort als letztes Wort du sagst
Wer zuletzt an deiner Seite stehen wird
Ob du tapfer, oder ob du klagst …

(Hanns Dieter Hüsch)

Du kamst, du gingst mit leiser Spur,
ein flüchtiger Gast im Erdenland;
Woher? Wohin? Wir wissen nur:
Aus Gottes Hand in Gottes Hand

(Ludwig Uhland)

Aus den Abschiedsworten Jesu an seine Jünger: »Euer Herz erschrecke nicht! Glaubt an Gott und glaubt an mich! In meines Vaters Haus sind viele Wohnungen. Wenn's nicht so wäre, hätte ich dann zu euch gesagt: Ich gehe hin, euch die Stätte zu bereiten? Und wenn ich hingehe, euch die Stätte zu bereiten, will ich wiederkommen und euch zu mir nehmen, auf dass auch ihr seid, wo ich bin.«

(Johannes 14,1-3)

RISIKO!

Es kann gut sein, dass das Thema von der Gruppe abgelehnt wird. Aber es wird immer Einzelne geben, die an einem Vier-Augen-Gespräch interessiert sind.

Gegen-Sätze

Auf dem langen Trauerweg dreht sich augenscheinlich lange Zeit alles im Kreis. Wie in einer Endlosschleife wiederholen sich die Themen und Befindlichkeiten unentwegt. Mit aller Kraft und mit aller Kraftlosigkeit, mit dem ganzen Spektrum der Gefühle mühen sich trauernde Menschen ab, ohne dabei erkennbare »Fortschritte« zu spüren. Von ihnen hören wir immer wieder dieselbe Chronologie der Sterbe-Ereignisse, sie quälen sich mit den vermeintlich selben Fragen nach Schuld und Versagen, Sinn und Unsinn, Vorwürfen und Klagen. Irgendwie scheinen sie keine Aussicht auf neue Fragen und Gedanken zu gewinnen, also aussichtslos gefangen zu sein. Dieser Zustand ist für eine ganze Zeit stabil und unüberwindbar. Ihn zu kritisieren oder zu bewerten ist nicht hilfreich. Wir dürfen ihn geduldig begleiten. Trauern braucht seine Zeit. Sie zu bedrängen, zu beschleunigen, abzukürzen, zu korrigieren, sie gar zu disqualifizieren ist unprofessionell und lieblos. Wir sprechen ja von Trauerbegleitung, weil sie nicht vor sich hertreibt, sondern zur Seite steht, mitgeht, ohne absichtsvolle Beschleunigung. Die Qualität der Begleitung entscheidet sich nicht an der Höhe der Geschwindigkeit, sondern an der Bereitschaft zur Dauerhaftigkeit. Damit wird sie tendenziell immer auch zur Geduldsprobe – für alle Beteiligten.

Ganz individuell aber kommt die Zeit, dass sich was dreht. Die Trauerarbeit braucht zwar eine bange – lange Anlaufzeit, aber sie ist auch schon bei vermeintlichem Stillstand dabei, sich vorzubereiten auf Wendungen und Bewegungen aus dem Teufelskreis des sich wundreibenden »Repeat«. Darum ist in der Begleitung immer auch der Anspruch darauf mit unterwegs, die Trauer irgendwann »auf den Kopf zu stellen.« Darum folgt hier jetzt ein 7-teiliges Angebot, solche Wendemanöver anzuzetteln und zu motivieren, gegenteiliger zu werden. Der Perspektivwechsel wird sich als Energiequelle herausstellen, die unerwartete andere Ansätze zulässt und der Trauer zutraut, sich zu ändern. Wann die Trauerzeit dafür reif geworden ist, das einzuschätzen, obliegt den Begleiterinnen und Begleitern vor Ort, die besser einzuschätzen wissen, ob und wann ein solcher Impuls passt. Vielleicht reicht es, einen der Aspekte wahlweise anzubieten.

Denkbar ist auch, mit mehreren an einem Treffen zu arbeiten. Dieser Entwurf hier reiht sie aneinander und versucht, sie jeweils für sich sprechen zu lassen.
Es heißt:

- War das schon alles? --- Das alles war schon!
- Wer bin ich? --- Ich bin wer!
- Wie geht das? --- Das geht
- Nebel? – Leben!
- Was soll das? ---Das soll was!
- Wohin gehe ich? --- Ich gehe wohin!
- Was bleibt mir übrig? --- Mir bleibt was übrig!

Thema: Gegen-Satz 1: »War das schon alles?« --- »Das alles war schon!«

Viele Trauernde schauen resignativ auf ihren Lebensweg zurück. Sie bedenken durchaus aufmerksam die vergangene Zeit im Hinblick auf sich selbst und im Hinblick auf das, was sie mit den Verstorbenen geteilt haben. Ihre Bilanz fällt meist defizitär aus. Sie beurteilen das gelebte Leben im Hinblick auf das noch nicht gelebte als zu kurz, zu wenig. »Wir hatten uns noch so viel vorgenommen!«, sagen sie. »Wir haben geglaubt, dass wir noch ganz viel Zeit haben!« »Unsere Pläne für die Zukunft hatten wir auf den baldigen Ruhestand verschoben!« So oder ähnlich quittieren Hinterbliebene den plötzlichen und unerwarteten Tod. Sie fühlen sich regelrecht um ein erhebliches Stück gemeinsamen Lebens betrogen und fragen vorwurfsvoll: »War das schon alles?«

Einstieg:

Gesprächsimpuls: »›Wir sind zu kurz gekommen!‹, sagen viele Trauernde. Sie auch?
›Wir waren noch nicht fertig mit der Lust auf Leben!‹
›Wir hätten gerne noch ein bisschen mehr Zeit zusammen gehabt!‹
›Trotz der Krankheit hätten wir gerne noch weiter zusammen gelebt!‹«
So oder so ähnlich könnten motivierende Einstiegssätze lauten.

Verlauf:

Die vier Worte – WAR DAS SCHON ALLES – und das Fragezeichen sollten einzeln und großformatig präsentiert werden.
Je nach Setting in analoger Papierform oder digital. Jedenfalls für alle gut sichtbar.
War das schon alles? Die Intention und der Subtext dieser Frage können im freien Rundgespräch erörtert werden.

Zielgedanke:

Das Ende einer Lebensgemeinschaft ist ernüchternd. Es wird als brutaler Abbruch eines noch nicht zum Ziel gebrachten Weges gedeutet. Der Tod als »Spielverderber« markiert einen zu Unrecht vollzogenen Eingriff in die persönliche Lebensplanung, in die niemand einzugreifen ein Recht hat. Das Ergebnis ist geballte Unzufriedenheit, Enttäuschung, Kränkung. Leid beleidigt.

Vereinbarung:

Wir stellen die Frage auf den Kopf, drehen sie um und behaupten den Gegen-Satz: »Das alles war schon!« Das wird am Ende als Provokation für alle sichtbar visualisiert und als »Hausaufgabe« mitgegeben. Es ist die Zumutung, aus dem enttäuschten Defizit eine dankbare Bestandsaufnahme zu machen.

Geschenk:

Die vier Worte mit Fragezeichen und Ausrufezeichen »War das schon alles?!« Puzzle in einer beklebten leeren Streichholzschachtel mitgeben

Material

So gesehen

Wir bilanzieren gerne. Am Ende wollen wir wissen, ob es gut ausgeht mit uns oder schlecht. Wir machen einen Strich drunter und zählen zusammen. Was war gut? Was war schlecht? Was ist gelungen? Was ist schiefgegangen? Und was gar nicht? Wo haben sich unsere Wünsche erfüllt? Und wo sind unsere Befürchtungen wahr geworden? Was kommt am Ende raus, wenn wir alles zusammenzählen? Wie geht das Spiel des Lebens aus: unsere guten Zeiten, unsere schlechten Zeiten …? Wir neigen dazu, eher enttäuscht und traurig zu schauen auf den vermeintlich zu geringen Ertrag unserer Liebesmühe da und dort. Was

hätten wir darum gegeben, es wäre anders gekommen! Besser, schmerzfreier, müheloser, erfolgreicher, genießbarer, länger. Aber nein, es ist, wie es ist. Der Tod hat uns einen Strich durch die Rechnung gemacht. Und wir fragen enttäuscht und aufgebracht: »War das schon alles?«
Die Bibel sagt dazu: »Vergiss nicht, was du Gutes gehabt hast!« (Psalm 103,2) Sie will uns anhalten, unsere Aufmerksamkeit auf das zu richten, was uns immerhin geschenkt worden ist bis hierher. Wir könnten es einmal darauf ankommen lassen und in Gedanken einmal aufsammeln, was uns so leicht in Vergessenheit gerät: die Glücksmomente, die Lichtblicke, das Aufatmen, das Leben und Geliebt-worden-sein die Menschen am Wegesrand, die uns gutgetan haben, das geglückte Leben, die gelungenen Versuche, die geschenkte Lebensfreude. Das alles gibt es auch. So gesehen, könnten wir doch das Gute mehr wertschätzen und am Ende vielleicht sogar zu einem ganz anderen Schluss kommen und unsere Bilanz auf den Kopf stellen und einigermaßen staunend sagen: »Das alles war schon!«

Am Ende die Rechnung
Einmal wird uns gewiss
die Rechnung präsentiert
für den Sonnenschein
und das Rauschen der Blätter,
die sanften Maiglöckchen
und die dunklen Tannen,
für den Schnee und den Wind,
den Vogelflug und das Gras
und die Schmetterlinge,
für die Luft, die wir
geatmet haben, und den
Blick auf die Sterne
und für alle die Tage,
die Abende und die Nächte.

Einmal wird es Zeit,
dass wir aufbrechen und
bezahlen;
bitte die Rechnung.
Doch wir haben sie
ohne den Wirt gemacht:

Ich habe euch eingeladen,
sagt der und lacht,
so weit die Erde reicht:
Es war mir ein Vergnügen!
(Lothar Zenetti)

RISIKO!

Es gibt Menschen, die an ihrer chronischen Unzufriedenheit untröstlich hängen. Drum sollte es nicht verwundern, wenn jemand in eine solche Gegen-Setzung nicht mit einsteigt.

Thema: Gegen-Satz 2: Wer bin ich? --- Ich bin wer!

Das Selbstwertgefühl von Trauernden ist arg angeschlagen. Der Tod eines nahen Menschen attackiert enorm. Erst recht, wenn man zusammen vergeblich gekämpft und gerungen hat um Heilung, Genesung, Überleben. Und wenn es eine lange Leidenszeit gegeben hat, mit unzähligen Klinikaufenthalten, Therapien, Reha-Maßnahmen, dann wurden bis zur Erschöpfung die Nerven und die Kräfte überstrapaziert. Oft haben sich die Betroffenen in dieser schweren Zeit missverstanden gefühlt, meinten, übergangen und nicht ernst genug genommen worden zu sein. In ihrer Wahrnehmung hat man nicht wirklich alles für ihre Lieben getan. Sie sind gekränkt und schwer angeschlagen von dem ganzen Leidensweg. Und dann haben ihnen der Tod und der Schrecken darüber den Rest gegeben. Sie sind außer sich und nicht bei sich, wie sie es kennen. Sie werden sich selber fremd und sind verunsichert, weil nichts mehr ist, wie es war. Kein Wunder, dass sie sich fragen: »Wer bin ich?«

Einstieg:

Folgende Einstiegsfragen sind denkbar:
»Wer bin ich denn, dass ich mir das alles gefallen lassen muss?«, fragen sich viele, wenn Leid und Kummer sie getroffen haben.
»Wer bin ich denn jetzt!«, fragt man sich, wenn man von heute auf morgen alleine ist, seinen lieben Menschen verloren hat.
»Wer bin ich denn noch? Was ist von mir übrig, wenn alles, was mein Leben ausgemacht und wertvoll gemacht hat, weg ist, tot, vergangen, vorbei?«

Verlauf:

Auch diesmal sind die drei Worte und das Fragezeichen visuell stark zu präsentieren.
Frei nach dem Titel eines Buches »Wer bin ich – und wenn ja, wie viele?« kann auf die Spurensuche gegangen werden, als wer sich die Anwesenden im Moment gerade erfahren, fühlen, kennen lernen.

Zielgedanke:

Ich bin durch Tod und Trauer nicht zu einem Niemand geworden, sondern zu einem Anderen. Aber ich habe mich noch. Ich bin da. Aber ich werde bald woanders sein. Ich bin nicht fertig, ich werde noch mehr, als ich jetzt schon bin.

Vereinbarung:

Wieder geben wir den Gegen-Satz als »Drehmoment« mit auf die Reise. »Ich bin wer!« Ein Satz gegen das Gefühl der Verlorenheit und des Verlustes der Selbstgewissheit. Wieder geben wir die drei Worte »Wer bin ich?!« mit Fragezeichen und Ausrufezeichen mit nachhause. Zum Zusammen-Puzzeln meines Wertes.

Geschenk:

Mit den Worten und Zeichen beklebte leere Streichholzschachtel.

Material

»Und nun spricht der HERR, der dich geschaffen hat (...): Fürchte dich nicht, denn ich habe dich erlöst; ich habe dich bei deinem Namen gerufen; du bist mein!«
(Jesaja 43,1)

Wer bin ich?

Wer bin ich? Sie sagen mir oft,
ich träte aus meiner Zelle
gelassen und heiter und fest,
wie ein Gutsherr aus seinem Schloss.

Wer bin ich? Sie sagen mir oft,
ich spräche mit meinen Bewachern
frei und freundlich und klar,
als hätte ich zu gebieten.

Wer bin ich? Sie sagen mir auch,
ich trüge die Tage des Unglücks
gleichmütig lächelnd und stolz,
wie einer, der Siegen gewohnt ist.

Bin ich das wirklich, was andere sagen?
oder bin ich nur das, was ich selber von mir weiß?
Unruhig, sehnsüchtig, krank wie ein Vogel im Käfig,
ringend nach Lebensatem, als würgte mir einer die Kehle,
hungernd nach Farben, nach Blumen, nach Vogelstimmen,
dürstend nach guten Worten, nach menschlicher Nähe,
zitternd vor Zorn über Willkür und kleinlichste Kränkung,
umgetrieben vom Warten auf große Dinge,
ohnmächtig bangend um Freunde in endloser Ferne,

müde und leer zum Beten, zum Denken, zum Schaffen,
matt und bereit, von allem Abschied zu nehmen.
Wer bin ich? Der oder jener?
Bin ich denn heute dieser und morgen ein anderer?
Bin ich beides zugleich? Vor Menschen ein Heuchler
und vor mir selbst ein verächtlich wehleidiger Schwächling?
Oder gleicht, was in mir noch ist, dem geschlagenen Heer,

das in Unordnung weicht vor schon gewonnenem Sieg?
Wer bin ich? Einsames Fragen treibt mit mir Spott.

Wer ich auch bin, Du kennst mich, Dein bin ich, o Gott.
(Dietrich Bonhoeffer)

Ein weiteres passendes Gebet stammt von Mascha Kaléko. Sie finden es unter: *http://stopfkuchen.net/AUTOREN/_kurzesgebet.html* (Aufruf 16.02.2022).

RISIKO!

Ohne Gottesbeziehung wird der Gegen-satz schwer zu füllen sein. Dann bleibt aber immer noch der Wert des (noch) Hierseins, der Wert meines Lebens.

Thema: Gegen-Satz 3: »Wie geht das?« --- »Das geht (irgend)wie!«

Wer in die Trauer fällt, verliert sein Gleichgewicht. Die bis dahin einigermaßen gehaltene Balance beim Hin- und Hergerissensein des Alltagslebens ist mit einem Mal verschwunden. Jede selbstbewusste Souveränität bei der Bewältigung der Probleme fehlt jetzt. Was jetzt gespielt wird, ist ungeprobt. Die aus der Bahn geworfene Sicherheit des Handelns weiß keinen Ausweg, kennt keine Lösung. An bahnbrechenden Perspektiven fehlt es ebenso wie an Erfahrungswerten, die in der Regel zumindest auf die Sprünge helfen und erste Schritte gehen lassen. Kein Wunder also, dass sich Trauernde im ersten Schock und lange darüber hinaus immer wieder fragen: »Wie geht das?«

Einstieg:

»Na, wie geht's?«, fragt die eine oder der andere um Sie herum ab und zu. Und Sie sagen dann vielleicht: »Ich habe keine Ahnung, wie das jetzt weitergehen soll!« – »Wie geht das?«, fragen Sie sich das auch? Woher sollten Sie auch wissen, wie man das macht, womöglich sogar richtig und gut, wenn die Eckpfeiler des Lebenshauses gesprengt worden sind. Alles, was eingespielt, verinnerlicht und geübt war, kann so nicht mehr weiter funktionieren. Aber wer hat schon für ein Leben im Voraus einen Plan B?

Verlauf:

Wieder werden die drei Worte und das Fragezeichen vorgelegt, schriftlich oder digital, und es beginnt ein Austausch darüber, was alles sein selbstverständliches »Weiter so!« verloren hat. Was geht irgendwie jetzt nicht mehr? »Gewusst wie« ist nicht mehr vorhanden, wenn der Trauerschatten alles überdeckt. Vom Aufstehen bis zum Einschlafen, vom Tagesablauf bis zum Arbeitsplatz, vom Essen und Trinken bis zu Freizeit und Hobby. Der Garten, die Freundschaften, die Verwandtschaft, die Kinder. Alle Beziehungen ziehen jetzt anders. Aber wie?

Zielgedanke:

»Am Ende wird alles gut. Wenn es noch nicht gut ist, ist es auch nicht das Ende!« Wer auch immer das gesagt hat – es ist schwer zu glauben. Und doch machen Trauernde die unfassbare Erfahrung, dass sie lange nicht wissen, wie das alles gehen soll, und gleichzeitig geht es doch irgendwie voran, tun sich Türen auf, ergeben sich vorläufige Lösungen, finden sich Mittel und Wege. Und es bewegt sich doch noch, das Leben.

Vereinbarung:

Zu Hause erproben, ob der Gegen-Satz »Das geht (irgend) wie!« stimmt.

Geschenk:

Wie gehabt: Leere Streichholzschachtel, schön gestaltet, mit Wörterpuzzle »Das geht (irgend-) wie!«

Material

Geh-Weg
Meine Trauer kommt und geht mit mir einen Geh-Weg
Bewegt von ihr wegen dir treibt und drückt sie mich
auf und ab hin und wieder vor und zurück
nie gleich nie mäßig aber immer weiter
geht meine Trauer mit mir und schaut
wie weit sie mit mir gehen kann
weitgehendes Neuland ist mein Trauerland
Verwegene Wege lerne ich laufend kennen
Pionier bin ich hier
Ich erobere und lande hoffentlich in der weiten Weite
meines überlebenden Lebens
Bis dahin geht mir meine Trauer noch nach wie vor
aber sie geht und steht
Ich bin ein Fußgänger in meinem Trauer-Dauerlauf
immer weiter weg vom Tod als vom Leben
ist es ein weiter Weg.

Ein weiterer inspirierender Text ist das Gedicht »Die Krücken« von Bertolt Brecht: *https://www.freundeskreis-oberhausen.de/die-kruecken-bert-brecht* (Aufruf 16.02.2022).

RISIKO!
Das Motiv ist nur einsetzbar bei Menschen, die tatsächlich die Begehbarkeit des Trauerweges schon zu schätzen wissen. Es geht nur, wenn ich gehe.

Thema: Gegen-Satz 4: Nebel --- Leben

Aus exakt denselben Bedingungen können wir Menschen ganz Gegenteiliges machen. In der Trauer starten alle als Verlierer und sie verbindet der herbe Verlust. Alle haben nicht mehr, was sie hatten. Niemand erleidet nur ein bisschen Tod, während andere mehr davon tragen müssen. Jedenfalls nicht im einzelnen Todesfall. In jedem Trauerhaus steht ein leerer Stuhl, ein leeres Bett, ein Teller zu viel, ein Rückhalt zu wenig. Und doch entwickeln und entwerfen alle aus diesem Defizit ein neues Arrangement, das sich total unterscheidet, weil es individuell ist, persönlich, eigen-artig, so, wie es eben zu den einzelnen Menschen passt. Mit dem, was übrig geblieben ist, und mit dem, was für immer fehlt, erfinden alle eine neue Welt. Und je nachdem, welches Grundbefinden, welche Haltung, welche Sicht sie darauf haben, kann es so oder so ausfallen. So, wie man mit exakt denselben Buchstaben je nach angeordneter Reihenfolge zwei grundverschiedene Wörter bauen kann: Entweder NEBEL oder LEBEN.

Einstieg:
Frage: »Haben Sie schon einmal das Wort NEBEL rückwärts gelesen? Machen Sie das einmal. Sie werden sich wundern …«

Verlauf:
Es wird spannend sein abzuwarten, welche Reaktionen jetzt kommen. Das Wort NEBEL sollte in Großbuchstaben visualisiert und einmal so oder so gedreht werden. Das kann dazu motivieren, über Vorwärts- und Rückwärtsschauen nachzudenken. Gute oder eher trübe Aussichten sind also auf ein und derselben Grundlage möglich. Sind sie das wirklich? Eine angeregte Auseinandersetzung wäre jetzt hilfreich.

Zielgedanke:
Wenn ich auf meinen Trauernebel rückwärts schaue, dann kann ich doch nur staunen, wie weit ich bis heute ohne Durchblick doch schon

gekommen bin. Auch wenn sich der Grauschleier vorerst nur zaghaft und nur zeitweise etwas aufhellt, bin ich doch noch da. Ich lebe.

Vereinbarung:

Die fünf Buchstaben zuhause an einem gut sichtbaren Platz auslegen, mal so, mal so. Und auf sich wirken lassen.

Geschenk:

Die fünf großen Buchstaben **N E B E L** in einer schön gestalteten Schachtel mitgeben

Material

Oft blicken wir nicht mehr durch. Wir schauen zurück und fragen uns: »Was war das jetzt? Wie konnte das passieren? Habe ich was übersehen? War ich nicht aufmerksam genug? Warum ist das alles so gekommen? Wieso dieses Leid, dieser Tod, dieser Schmerz?« Es ist nicht erkennbar, wieso alles so kommen musste. Nebulös alles. Keine Sicht. Keine Einsicht, keine Weitsicht, keine Zuversicht. Im Nebel kann man nicht gut sehen. Da kann jemand kommen und kühn behaupten, wir seien bald über den Berg, wir hätten es bald geschafft. Aber wir können es einfach nicht glauben. Die Aussage, wir hätten das Schlimmste schon hinter uns, es kämen jetzt bald bessere Zeiten, halten wir für ein Gerücht. Die vielen Versprechungen von anderen machen uns eher misstrauisch. Wenn sie sagen: »Ich schau bald mal wieder vorbei!« »Ich ruf dich an!« »Wir treffen uns mal!« »Ich hol dich mal ab und dann fahren wir zusammen wohin!« Alles leere Versprechen! Undurchsichtig alles. Nichts ist klar und wahr. Trübselig tasten wir durch unsere Trauertage und Nächte. Die Bibel weiß um die Seh-Not der Menschen. Dass wir oft kein Land sehen, kein schöner Land jedenfalls zu dieser Zeit. Dass wir ängstlich nur kleine Schritte wagen, weil es so schaurig neblig ist. Darum sagt sie aufmunternd: »Selig sind, die nicht sehen und doch glauben!« (Johannes 20,29b) Denn wenn wir zurückschauen und den undurchdringlich alles verbergenden Nebel rückwärts lesen, dann wird doch Leben draus.

Bergwandern

Wir sind aufgebrochen zum Bergwandern. Im Herbst. Mit der Sehnsucht nach Licht und Farben und guten Aussichten. Wir

kommen an und alles ist grau in grau und nebelverhangen. Die Berge, so versichern uns die Gastgeber, seien noch da. Wir warten die ganze Woche darauf, dass der Himmel endlich aufreißt. Nichts passiert. So reisen wir am Ende wieder ab, ohne einen einzigen freien Blick auf die Bergwelt. Kein Leben außer Nebel.

In einem Gesangbuchlied heißt es:

Nun aufwärts froh den Blick gewandt
und vorwärts fest den Schritt!
Wir gehen an unseres Meisters Hand,
und unser Gott geht mit.

(August Hermann Franke, EG 394)

RISIKO!

Je nach Stimmung und Trauerwetterlage wird es immer Leute geben, die sich ins Leben locken lassen, und andere, die sich beharrlich verweigern. Deshalb wird dieses Angebot auch auf massive Ablehnung stoßen. Aber nicht nur ...

Thema: Gegen-Satz 5: Was soll das? --- Das soll was!

Wen Krankheit und Sterben umzingelt, dem ist es einfach ein Rätsel, warum alles so kommen musste. Es macht keinen Sinn, das Leid. Völlig schleierhaft und unverständlich ist den Menschen ihr Ergehen. Plausibel und nachvollziehbar ist das nicht, wenn der Tod das Leben unterbricht. Neben Ratlosigkeit und Protest kommt es deshalb auch zu diesem Fatalismus als Reaktion auf den vermeintlichen Unsinn. Selbst wenn objektive Gründe vorliegen, wie der Befund einer Krankheit, ein Unfall auf der Straße, Einwirkung von Gewalt ... es bleibt bei dem Fazit völliger Unerklärbarkeit. Und deshalb fragen Menschen mit einer gehörigen Portion Entrüstung geladen: »Was soll das?« Es ist eine rein rhetorische Äußerung, die schon gleich die Antwort mitliefert – nämlich: Das, was mir da passiert ist, ist vollkommen sinnfrei und willkürlich! Darum ist es allemal ungerecht und unverdient.

Einstieg:

Impuls: »›Alles hat zwei Seiten!‹, behauptet ein Sprichwort. Gilt das auch für das Schwere, das Sie durchmachen? Können Sie irgendetwas Sinnvolles an dem Trauerweg sehen, den Sie gehen?«

Verlauf:

Die drei Worte der Frage »Was soll das?« werden visualisiert und zur Rede gestellt. Es wird Raum und Zeit gegeben, um den empfundenen Unsinn auszusprechen und jede positive Deutung weit von sich zu weisen. Aber es sollen auch Ansätze von tendenziell positiven Nebenwirkungen nicht unausgesprochen bleiben.

Zielgedanke:

Wir stellen auch diese Frage waghalsig auf den Kopf. Das ist eine Zumutung. Aber sie kann bei entsprechender Gruppendynamik und gewachsener Vertrautheit gewagt werden. »Das soll was!« unterstellt nämlich, dass jeder Trauerweg auch ein Wachstums- und Reifeprozess sein kann, bei dem wir viele neue Seiten unseres Lebens entdecken können. Alleine der Blick auf die schon bewältigten Hindernisse und Hürden kann wertschätzend gelten lassen, dass bei allem Unglück doch auch wertvolle Erfahrungen gemacht wurden. Mit anderen Menschen und mit sich selbst.

Vereinbarung:

Alle werden gebeten, sich der Mühsal zu unterziehen, zuhause unter der Überschrift »Das soll was!« Erlebnisse und Erfahrungen zu sammeln, die auch trotz allem gut getan haben in dieser Trauerzeit.

Geschenk:

Die inzwischen schon vertraute Streichholzschachtel mit den drei Wörtern, dazu ein Frage- und ein Ausrufezeichen

Material

Das Alte Testament erzählt in den sogenannten Vätergeschichten von Josef und seinen Brüdern. Weil Josef sich mit hübschen Kleidern und unverschämten Träumen glänzend unbeliebt macht und trotzdem Papas Liebling ist, drehen die Brüder durch und werfen den kleinen Gernegroß zuerst in einen Brunnen, bekommen dann ein schlechtes Gewissen und dann Kontakt zu einer Karawane, der sie den Bengel verkaufen. Und so kommt Josef nach Ägypten als Sklave, der sich geschickt und gelenkig in der Nähe des Pharaos beliebt macht und schließlich aufsteigt zu dessen mächtigen Verwalter. Sein Talent der Traumdeutung kommt ihm diesmal zugute, denn er sieht die 7 mageren Jahre nach den 7 fetten Jahren, von denen der Pharao geträumt hat, weise voraus und rät dem Pharao eindringlich große Vorräte anzulegen. Als dann in Josefs Heimat eine große Hungersnot ausbricht, schickt Vater Jakob seine Söhne auf den Weg in die Kornkammer Ägyptens, nicht ahnend, dass sie am Ende auf den ungeliebten Bruder treffen werden, von dem ihr Ergehen komplett abhängig ist. Tatsächlich erkennen sie ihn und er sie. Aber es kommt nicht zur bitteren Abrechnung und Rache, sondern Josef erklärt feierlich, dass alles im Leben seine zwei Seiten hat und sagt: »Ihr gedachtet, es böse zu machen, aber Gott gedachte, es gut zu machen!« Er deutet das Unglück um in eine göttliche Fügung, die jetzt für alle das Überleben möglich macht.

(vgl. Genesis 42ff)

Auch Jesus möchte Sinn in den Unsinn seines Todes bringen. Er tut das auf dem Weg von Jerusalem nach Emmaus, auf dem er unerkannt zwei seiner Jünger auf ihrem Trauerweg begleitet. Sie beklagen wortreich ihren großen Schmerz und den unfassbaren Verlust ihres Herrn. Der aber stellt ihre negative Bilanz auf den Kopf und behauptet das Gegenteil. Er sagt: »Musste am Ende der Christus nicht vielleicht genau das erleiden, damit seine Herrlichkeit deutlich wird?« Und er erklärt ihnen mit den Worten der Propheten, dass der Leidensweg ans Kreuz ja zum neuen Leben an Ostern führt. Das verstehen sie natürlich nicht. Jedenfalls nicht gleich. Aber der Sinnlosigkeit wird zugemutet, nicht alles zu sein, was es dazu zu sagen gibt.

(vgl. Lukas 24)

Verheißung

Menschen
die aus der Hoffnung leben
sehen weiter

Menschen
die aus der Liebe leben
sehen tiefer

Menschen
die aus dem Glauben leben
sehen alles
in einem anderen Licht

(Lothar Zenetti)

Wer die Fragen nicht beantwortet, hat die Prüfung bestanden.
(Franz Kafka)

RISIKO!

Die zwei Seiten derselben Medaille sieht man nur, wenn man bereit ist, daran zu drehen.

Thema: Gegen-Satz 6: Wohin gehe ich? --- Ich geh wohin!

Der Tod eines nahen Menschen stellt alles in Frage. Auch das eigene Leben. Seinen Sinn und sein Ziel. Niemand trauert nur um den Menschen, der vor ihm hat gehen müssen, sondern immer auch um sich selbst angesichts der eigenen Endlichkeit. Das Sterben der Anderen erschrickt auch deshalb so sehr, weil es ein todsicheres Indiz dafür ist, dass auch wir alle sterben müssen. Deshalb kommt es unweigerlich auch zu der Frage, wohin die Reise geht. Ohne Ziel hat das Gehen keinen Sinn. Nach Nirgendwo gehen ist abgründig sinnlos. Es wird am Ende eine Frage des Vertrauens und des Glaubens sein, wenn wir fragen: »Wohin gehe ich?«

Einstieg:

Niemand ist gerne ziellos unterwegs. Jeder Aufbruch ist dadurch motiviert, dass es eine Richtung und eine erstrebenswerte Zielangabe gibt. Also ist es eine Gesprächsrunde wert, mit denen, die um einen lieben Menschen trauern, der schon »abgereist« ist, danach zu fragen: Wohin? Wohin gehen wir, wenn wir sterben? Wenn untereinander durch mehrere Begegnungen eine gewisse Offenheit gewachsen ist, kann auch dieses sensible, ja intime Thema gewagt werden. Eingeleitet womöglich mit der Frage: »Haben Sie sich schon Gedanken gemacht, was kommt, wenn wir gehen?«

Verlauf:

Unterschiedliche Jenseitsvorstellungen werden auf überzeugte atheistische Grundhaltungen treffen. Das ist nicht schlimm, sondern geradezu die Voraussetzung dafür, dass ein spannendes Gespräch zustande kommt.
Da es eine existenzielle Frage ist, wird es unvermeidlich auch kontrovers zugehen.

Zielgedanke:

Aus christlicher Sicht gehen Menschen davon aus, dass ihr Leben von Gott kommt, und wieder zu ihm zurückkehrt. Dieser Glaube geht davon aus, das wir mit unserem Sterben nicht in ein leeres Vergessen und Vergehen fallen, sondern auf der »anderen Seite« von Gott erwartet werden und in die Wohnungen einziehen, die Jesus versprochen hat, in seinem Vaterhaus für uns vorzubereiten.

Vereinbarung:

Der christliche Glaube sagt: Es gibt ein Ziel. Das Ziel heißt Gott. Darüber können sich alle ihre eigenen Gedanken machen. Der Vorbehalt dabei lautet: Wir können aus der offenen Frage »Wohin gehe ich?« zwar eine glaubensgewisse Antwort machen, die da lautet: »Ich geh wohin!« Das bedeutet zwar eine gewisse Zuversicht, dass wir ein Ziel anstreben, bleibt aber demütig unsicher und erkennt an, dass wir nicht wirklich genauere Ortsangaben machen können.

Geschenk:

Wie gehabt: die drei Wörter mit Fragezeichen und Ausrufezeichen in einer schönen kleinen einer schönen Streichholzschachtel

Material

> ***Nachher***
> *Nach dem Tod? Wenn Gott will, dass nach dem Tode nichts ist, ist »nichts« gut. Wenn er will, dass etwas ist, ist »etwas« gut.*
> *(Kurt Marti)*
>
> *Christus spricht: »Euer Herz erschrecke nicht! Glaubt an Gott und glaubt an mich! In meines Vaters Haus sind viele Wohnungen. Wenn's nicht so wäre, hätte ich dann zu euch gesagt: Ich gehe hin, euch die Stätte zu bereiten?«*
> *(Johannes 14,1-2)*

Ein passendes Gedicht dazu stammt von Marie-Luise Kaschnitz und heißt »Ein Leben nach dem Tode«. Sie finden es unter: *https://www.deutschelyrik.de/ein-leben-nach-dem-tode.html* (Aufruf 16.02.2022).

RISIKO!

Weil es hier um alles oder nichts geht, wird es schwer auszuhalten sein für manche, dass es unterschiedliche Meinungen gibt.

Thema: Gegen-Satz 7: Was ist von mir übrig? --- Von mir ist was übrig!

Trauernde neigen dazu, ihren persönlichen Konkurs anzumelden. Sie haben ganz lange das Gefühl, dass mit dem Tod des geliebten Menschen alles zu Ende ist. Es ist einfach mitgestorben, was sie ausgemacht hat. Alle Lebensfreude, jeder Sinn, jedwede Vitalität scheinen für immer ausgelöscht. Ihr subjektiver Eindruck von sich selbst ist brutal negativ. Sie bilanzieren angesichts des Verlustes ein irreparables Defizit und glauben, dass einfach nichts mehr übrig geblieben ist von ihrem lebenswerten Leben. Der klägliche Rest ihrer Trauerexistenz fällt nicht ins Gewicht. Sie schätzen sich selber als wertlos ein. Völlig überschattet vom Tod des geliebten Menschen sehen sie nur noch schwarz. Dabei sind sie doch so stark, so fleißig, so geschickt, so mutig, so beharrlich wie nie zuvor. Ihre Leistungsstärke ist gerade dabei, sich einzigartig zu bewähren und zu beweisen. Und genau darauf dürfen sie in der Trauerbegleitung durch uns hingewiesen und aufmerksam gemacht werden.

Einstieg:
Trauernde sind oftmals restlos bedient vom Leben. Ihnen ist mit dem Verlust des anderen Menschen auch das eigene weggestorben. Der traurige Rest ihrer Existenz erscheint ihnen zu wenig, um lebenswert genannt zu werden. Darum als Impuls zur Provokation am Anfang: Hat Ihnen die Trauer schon den Rest gegeben? Sind Sie restlos bedient? Oder haben Sie noch einen Rest an Leben, der Ihnen was wert ist?

Verlauf:
Wir visualisieren die Frage und lassen sie wirken. Aber eine pauschale Bankrotterklärung kann nicht unwidersprochen bleiben. Alleine die Tatsache, dass die Leute da sind, um an ihrer Trauer zu arbeiten, ist ein so gewaltiges Qualitätsmerkmal. Also werden die Wörter umgestellt: Von mir ist was übrig!

Zielgedanke:

Ich bin es mir wert, weiter zu leben. Ich bin noch da. Ich habe viel geleistet. Mein Trauerweg ist ein Marathon und ich laufe ihn noch immer. Was nicht mehr ist wie zuvor, ist nicht alles, was mich ausmacht.

Vereinbarung:

Reste sammeln! Unter der Überschrift: Von mir ist was übrig! Eine Inventarliste meines übrig gebliebenen Lebens anlegen und wertschätzen.

Geschenk:

Die fünf Wörter in einer besonders schön gestalteten Streichholzschachtel

Material

Die zwei Kammern

Eines Tages begegnete ich einer alten Frau. Ihr Gesicht hatte Furchen, kreuz und quer. Über ihren Augen zogen sich traurige Linien zusammen, aber in ihren Wangen waren die Grübchen des Lachens geblieben. Sie schaute mich an und sagte: »In deinem Gesicht ist lauter Trauer, deine Augen sind ohne Glanz und dein Mund ist hart geworden.«

»Ich bin in Trauer!«, sagte ich entschuldigend.

Da sagte die alte Frau: »Richte in deinem Herzen zwei Kammern ein, eine für die Freude und eine für die Trauer. Kommt Trauer über dich, dann öffne die Kammer der Trauer. Kommt aber Freude über dich, dann öffne die Kammer der Freude. Den Toten ist wohler in den Kammern der Freude!«

(Charlotte Knöpfli-Widmer)

Über die Geduld

Man muss den Dingen
die eigene, stille
ungestörte Entwicklung lassen,
die tief von innen kommt
und durch nichts gedrängt
oder beschleunigt werden kann,
alles ist austragen – und
dann gebären …

Reifen wie ein Baum,
der seine Säfte nicht drängt
und getrost in den Stürmen des Frühlings steht,
ohne Angst,
dass dahinter kein Sommer
kommen könnte.

Er kommt doch!

Aber er kommt nur zu den Geduldigen,
die da sind, als ob die Ewigkeit
vor ihnen läge,
so sorglos, still und weit ...

Man muss Geduld haben
mit dem Ungelösten im Herzen,
und versuchen, die Fragen selber lieb zu haben,
wie verschlossene Stuben
und wie Bücher, die in einer sehr fremden Sprache
geschrieben sind.

Es handelt sich darum, alles zu leben.
Wenn man die Fragen lebt, lebt man vielleicht allmählich,
ohne es zu merken,
eines fremden Tages
in die Antworten hinein.
(Rainer Maria Rilke)

Der unbegreifliche Gott
erfülle dein Leben mit seiner Kraft,
dass du entbehren kannst, ohne hart zu werden,
dass du leiden kannst, ohne zu zerbrechen,
dass du Niederlagen hinnehmen kannst, ohne dich aufzugeben,
dass du schuldig werden kannst, ohne dich zu verachten,
dass du mit dem Unbeantwortbaren leben kannst,
ohne die Hoffnung preiszugeben.
(Antje Sabine Naegeli)

RISIKO!

Es wird immer Teilnehmende geben, die das Angebot abschlagen, weil ihnen das Problem vertrauter ist, als der Beginn einer Lösung. Das darf sein und Raum haben.

Trauerzeiten

Die Trauer geht mit der Zeit. Mit der Jahreszeit. Es gibt tatsächlich einen bemerkenswerten Zusammenhang zwischen der Befindlichkeit der Trauernden und der jeweiligen Kulisse, in der sich das Leben zyklisch abspielt. Es geschieht auf eine phänomenale Beziehungsweise. Ob Frühling, Sommer, Herbst und Winter, es fühlt sich in jeder Jahreszeit anders an, das Trauerleben. Dieser Zusammenhang wurde bereits in dem Abschnitt: »Vokabeln für die Trauer« (Seite 65ff) dargestellt. Hier geht es jetzt um den Kreislauf des Kirchenjahres, um Festzeiten und damit verbundene Rituale und Lebensvollzüge. Noch ist die Verortung des Lebens für viele Menschen eingebettet in das Kalendarium der kirchlichen Gezeiten. Es ist zwar mit einem enormen Traditionsabbruch und einem allmählichen Vergessen dieses Zyklus zu rechnen, aber noch ist die Erinnerung da. Mit dem zusehends sich vollziehenden Auswanderungsprozess der Menschen aus den ehemals dominierenden Volkskirchen wird es zwar immer weniger vorausgesetzt werden können, dass Menschen ihr Leben an kirchlichen Daten andocken, aber noch lohnt es sich, mit diesem Schema zu arbeiten und auf diesem Weg sozusagen nebenbei vielleicht auch zum Erhalt dieser Erinnerungskultur beizutragen. Darum ist es einen Versuch wert, die Begegnungen und Gespräche mit trauernden Menschen daran zu orientieren. Es kann ein möglicher Zugang sein zum gegenseitigen Austausch.

Ob Adventskranz und Weihnachtsbaum oder Sonnenschein strahlen, ob Weihnachtsmarkt oder Sommerferienzeit angesagt ist, alles löst ganz bestimmte Trauerreflexe bei den Menschen aus. Was es allerdings auslöst, welches Befinden daraus entsteht, dass kann genauso gegensätzlich sein wie alle anderen Trauererfahrungen auch. Im Folgenden werden jetzt mögliche Angebote der Kommunikation mit Trauernden an den Gezeiten des Kirchenjahres entlang angeboten. Ansatz dafür ist, den jeweiligen Zeitpunkt der Begegnung zu nutzen, um miteinander ins Gespräch zu kommen. Es wird auch hier keine »Harmonie-Garantie« in der Einschätzung von Ursache und Wirkung geben. Je nach Nähe oder Distanz zu Kirche und Glaube wird dieser Ansatz weit auseinanderliegende Reaktionen auslösen. Aber das sind wir ja im Umgang und in der Begleitung der individuellen Trauerwege inzwischen gewohnt. Das macht ja gerade die Spannung und die Ambivalenz dieser Arbeit aus. Gehen wir also schrittweise durch das Kirchenjahr und betrachten die Trauer auf dem Hintergrund von:

- Advent und Weihnachten
- Silvester und Neujahr
- Passion und Ostern
- Himmelfahrt und Pfingsten
- Sonnenzeit und Sommerzeit
- Herbst und Erntedank
- Tot – und Ewigkeit

Thema: Advent und Weihnachten

Ehe das Kalenderjahr zu Ende ist, fängt das neue Kirchenjahr schon an. Und womit? Mit Warten. Wenn alles wieder von vorne beginnt, sagen wir A, wie Advent und fangen an, zu warten aufs Christkind. Das mag in früheren Zeiten ganz nett und behaglich gewesen sein, für Menschen aber, die in die Trauer gefallen sind, wirkt es oftmals bedrohlich und irgendwie unpassend. Sie erwarten vorerst nichts (Gutes) mehr. Auch und schon gar nicht vom Christkind! Alles, was sie in ihrer Sozialisation und Erfahrung mit dieser heiligen eiligen Zeit angesammelt haben, scheint jetzt komplett unmöglich geworden zu sein. Gerade weil diese Zeit so stark innerfamiliär und hausintern gewichtet ist, kommt das zu absolvierende Programm als Wiederholung nicht in Frage. Es scheint im Gegenteil vollkommen unmöglich, diese Zeit überhaupt irgendwie zu begehen. Auch wenn alle wissen, dass die Idealisierung einer unversehrten Weihnachtsidylle niemals so stattgefunden hat, ist da doch eine hochsensible Wahrnehmung von fast unerträglichem Vermissen der Verstorbenen. Darum brauchen Trauernde gerade für diese Zeit überlebensstrategische Begleitung.

Einstieg:

Offensive Frage: »Wird es bei Ihnen in diesem Jahr einen Adventskranz geben?«

Verlauf:

Eine hochemotionale Reaktion ist auf diese Frage zu erwarten. Und zwar in beide extreme Richtungen. Die einen werden weinend davon sprechen, dass das gar nicht denkbar ist, und die anderen werden weinend darauf bestehen, das der Kranz jetzt erst recht dazugehört. Man wird sich massiv missverstehen und gegenseitig verletzen. Das aufzufangen ist Aufgabe einer aufmerksamen Moderation.

Zielgedanke:

Es darf davon ausgegangen werden, dass für alle jetzt eine schwierige Zeit kommt. Das ist kein Zeichen von Schwäche. Das ist unvermeidlich die vorerst größte Mutprobe der Trauerzeit. Die Erinnerungen an frühere gemeinsame Adventswochen, an alle eingeübten Rituale und Gebräuche tut einfach weh.

Vereinbarung:

Alle markieren für sich die Zweitfenster bis und an Weihnachten, vor denen ihnen angst und bange ist, und wir erklären unsere Bereitschaft, für diese Zeiten individuelle Überlebenspläne zu machen. Das kann teilweise in der Gruppe und seelsorglich vertraut im Einzelgespräch geschehen.

Geschenk:

Jeweils vier kleine Kerzen und/oder ANFÄNGER-Schild

Material

ANFÄNGER

Was sollen wir nur diesmal mit Advent anfangen? Oder mit Weihnachten? Damit kann man doch nichts mehr anfangen, wenn man in Trauer ist. Da ist man nämlich am Ende. Da ist nichts mit Anfang. Das Leben hat aufgehört anzufangen.
»Aller Anfang ist schwer!«, sagt das Sprichwort. Und schwer ist es in diesem Jahr besonders. Im Trauern im Advent sind wir ziemlich unerfahren. Da sind wir Anfänger! Das Schild kann man ab und zu sehen, wenn man hinter dem Auto eines Fahranfängers herfährt. Der will einem wahrscheinlich damit u.a. sagen:
»Pass gut auf! Ich übe noch! Halte Abstand! Rechne mit meiner Unberechenbarkeit! Kann sein, dass ich schnell mal aus der Haut fahre, wenn du mich zu sehr bedrängst! Ich kann nur in meinem ganz eigenen Tempo unterwegs sein.«

Nichts erwarten?
Ein Pfarrer hat erzählt, er habe im Advent Besuche bei Menschen gemacht, die besonders alleine, in Trauer und einsam seien. Und da habe er auch an einer Wohnungstür einer Frau geklingelt, deren Mann in diesem Jahr verstorben sei. Ihre Schritte im Flur seien deutlich vernehmbar gewesen. »Sie ist daheim! Wie gut!«, habe er gedacht. Bis sie dann auf einmal von innen gerufen habe: »Ich erwarte niemanden!« Und da sei er eben wieder gegangen ...

5 Jahre
Im Durchschnitt wartet ein Mensch mindestens 5 Jahre seines Lebens auf dies und das. Das behaupten jedenfalls Statistiker. In Wirklichkeit kommt uns die Warterei viel länger vor. Wie eine Ewigkeit. Wir warten doch, seit wir denken können – auf Zuwendung und Abhilfe, auf Ferien, einen Brief, auf Handwerker und auf den Zug, auf die Kinder, dass sie kommen und dass sie auch wieder gehen, auf Versöhnung und auf eine Entschuldigung. Und wenn wir trauern, worauf warten wir dann noch?

Wo bleibst du Trost der ganzen Welt,
darauf sie all ihr Hoffnung stellt?
O komm, ach komm vom höchsten Saal,
komm, tröst uns hier im Jammertal!
(Friedrich Spee, EG 7,4)

RISIKO!

Die Trauergruppe wird in der Adventszeit auf eine harte Probe gestellt. Dieser ultimative emotionale »Härtetest« spaltet die Trauergeister manchmal. Da könnten nachfolgende Einzelgespräche vielleicht manche Woge glätten.

Thema: Silvester und Neujahr

Melancholie und Schwellenangst gehören zum Jahreswechsel genauso wie Rückblick, Bilanz und Prognose. Das ist so in guten wie in schlechten Zeiten. Wenn ein Jahr zu Ende geht, scheint die Welt für einen Moment wie angehalten, betrachten wir die Bilder und Ereignisse der letzten 12 Monate und fragen uns verzagt, was das neue Jahr wohl bringt. Passiert diese einmalige Passage mit Leid und Trauer im Gepäck, sieht man im Rückblick auf Tod und Grab, Abschied und Verlust, dann gerät die Bilanz vollkommen ins Defizit und die Aussichten werden trüb. So gesehen ist der Übergang in ein neues Jahr für Trauernde besonders schwer, eigentlich unmöglich. Sie möchten weder das Jahr verabschieden, noch ein Neues begrüßen müssen. Der Abschied besiegelt noch einmal das Unwiederbringliche und der Eintritt in ein Neues Jahr verspricht nichts Gutes. Darum ist eine seelsorglich behutsame Begleitung für diese Zeitenwende so wertvoll und wohl erst einmal aussichtslos zugleich.

Einstieg:
Im Moment haben wir zu Hause zwei Kalender. Der für das Alte und der für das Neue. (Beide Kalender zeigen:) Der Alte ist voller Stichtage des Abschieds. Der Neue wird daran nicht viel ändern ...
Impulsfrage: »Was machen Sie an Silvester diesmal? Wie wollen Sie das alte Jahr verabschieden und das Neue beginnen?«
Oder: »Haben Sie das neue Jahr gut angefangen?«

Verlauf:
Es kommt darauf an, wann wir dieses Thema anbieten. Vor dem großen Festtagsmarathon, also kurz vor Weihnachten? Dann ist Silvester noch weit weg, und die Teilnehmenden denken: Dann werde ich Weihnachten überstanden haben. Oder wir thematisieren es zu Beginn des neuen Jahres. Dann ist es ein Rückblick unter dem Aspekt: Ich weiß nicht, wie ich das alles überstanden habe? Es wird in jedem Fall ein Sammelsurium von Gradwanderungen durch schwere Stunden zu berichten sein. Das sollte außerhalb jedweder Bewertung (Gut gemacht! Schlecht gemacht!) im Raum stehen bleiben.

Zielgedanke:
Das Neue Jahr kommt/ist da. Was kann ich zusammen mit meiner Trauer damit anfangen? Wie kann ich starten? Welche »guten Vorsätze« habe ich?

Vereinbarung:
Trauervorsätze fassen

Geschenk:
Text: Ich sagte zu dem Engel ... (siehe Material)

Material

Ich sagte zu dem Engel,
der das alte mit dem
neuen Jahr verband:
»Gib mir ein Licht, damit ich
festen Schrittes in die
Ungewissheiten des neuen
Lebens schreiten kann!«
Aber er antwortete mir:
»Geh hinaus in die
Ungewissheit und lege deine
Hand in Gottes Hand;
das ist mehr wert als
ein Licht und sicherer,
als den Weg zu wissen.«
(Quelle unbekannt)

Gutes Neues Jahr
Können Sie sich noch an das gute alte Karussell erinnern? Wissen Sie noch, wie das ausgesehen hat auf dem Jahrmarkt einmal im Jahr? Mit Pferden und Elefanten und Motorrädern? Und natürlich jede Menge Autos drauf? Das Beste am Karussell ist die geniale Idee gewesen, dass bei allen Autos an jedem Platz ein eigenes Lenkrad war. Vorne wie hinten, rechts wie links. Das hat allen das wunderbar erhabene Gefühl gegeben, selber ganz allein am Steuer zu sitzen. Und das ist einfach großartig. Alle kurbeln, rechtsrum, linksrum, so rum und so rum – und dabei fährt das Ganze sowieso so rum. Es müssen ganz geniale Menschenkenner gewesen sein, die beim Bauen der Autos für das Karussell diese Erfindung gemacht haben. Denn auf dem Rummelplatz unseres Lebens ist das nicht anders. Wir möchten gerne das Heft in der Hand haben, die Richtung bestimmen, selber lenken, wohin die Reise geht. Wir wollen unser Leben selbst in die Hand nehmen. Und wenn ein neues Jahr beginnt erst recht. »Ein gutes neues Jahr!«, wünschen wir uns gegenseitig und fassen fest das Lenkrad an. Dabei wissen wir doch bei allem, was uns widerfahren ist, dass wir eben nicht alleine lenken. »Der Mensch denkt – und Gott lenkt!«, sagt das Sprichwort. Natürlich haben wir Spielraum und Wendemöglichkeiten. Aber besser ist doch, das wir Gott den Fahrplan überlassen und ihn bitten um Geleit im Leid. Gute Reise!

RISIKO!
Zwischen Fatalismus und Selbstüberschätzung wohnt das Vertrauen. Und das haben Trauernden oft verloren – vorerst.

Thema: Passion und Ostern

Diese Zeit scheint für das Unterbringen des Trauerweges durchaus geeignet. Die Leidensgeschichte mit Kreuz und Tod, Grab und Stein zumindest hat Speicherkapazitäten für die Gefühle derer, die auch ein schweres Kreuz zu tragen haben. Ostern dagegen befremdet eher, steht unter dem Verdacht, die Trauer zu schnell vertreiben zu wollen. Es wird also darauf ankommen, dieses Stück des Kirchenjahres so miteinander anzugehen, dass sich Trauernde ernst genommen und von Gott selbst verstanden fühlen. Jesus sozusagen als Leidensgenossen kennen zu lernen, dem man nichts erklären muss. Und Ostern nicht zu triumphal auszurufen, damit die Trauer sich nicht beschämt fühlt und sich verkriecht, bis die Auferstehungseuphorie sich gelegt hat.

Einstieg:
Am Aschermittwoch ist alles vorbei! Jetzt kommen vorerst keine lustigen Tage mehr. Das Kirchenjahr trägt Trauer und erinnert an den Leidensweg Jesu ans Kreuz. Impulsfrage: »Was bedeutet Ihnen diese Zeit?

Verlauf:
Je nach religiöser und kirchlicher Sozialisation werden jetzt unterschiedliche Aspekte bis hin zum Fasten anklingen. Es kann hilfreich sein, die biblische Geschichte in Erinnerung zu rufen, frei erzählt, oder aus dem NT zitiert. Man kann sich auf eine Verortung konzentrieren (z.B. Gethsemane, siehe S. 23ff und S. 164ff) oder mit groben Linien die Kreuzwegstationen vorstellen.

Zielgedanke:
Jesus kennt die Todesangst. Gott ist das Leid nicht fremd. Sterben ist nicht Gott los. Das Grab bleibt auch dem Gottessohn nicht erspart. Die tiefste Tiefe ist nicht fern von Gott.

Vereinbarung:

Die Leidensgeschichte in der Bibel noch einmal nachlesen (z.B. Matthäus 26–27).

Geschenk:

Ein Kreuz als Plus-Zeichen
mit dem Text vom Gipfelkreuz (siehe Material »Angekreuzt«)

Material

Angekreuzt

Bestimmt haben Sie schon Gipfelkreuze gesehen oder sind nach dem Ersteigen des Berges oben unter einem gestanden. Das ist doch interessant, dass es diese Kreuze gibt. Ihre Botschaft heißt ja wohl nicht abschreckend ins Tal hinab: »Achtung, hier herrscht größte Lebensgefahr. Diesen Berg kann niemand besteigen. Er ist unbezwingbar. Es zu riskieren bedeutet den sicheren Tod.« Sondern im Gegenteil! Das Gipfelkreuz soll doch weithin sichtbar für alle sagen: »Dieser Berg ist bezwungen. Mindestens Einer war schon oben. Man kann es schaffen. Nur Mut! Dieser Gipfel ist angekreuzt.« So ist es auch mit dem Berg Golgatha, auf dem das Kreuz Jesu stand. Auch dieser Berg des Leidens und Sterbens ist besiegt. Das ist der Gipfel.

Über Wunden

Wer trauert, ist verletzt. Verwundert und verwundet. Nicht mehr unversehrt. Das Sterben und der Tod haben Spuren hinterlassen, Seelenschmerz. Kummersnot. In so einer verletzten Trauer war auch Thomas. Thomas war ein guter Freund von Jesus. Und als dieser nach seinem Tod für immer verloren zu sein schien, kam er nach Ostern doch wieder zurück und zeigte sich seinen Jüngern. Nur Thomas nicht. Der war nicht dabei. Und deshalb konnte er es auch nicht glauben. Thomas der Zweifler wird er deswegen genannt. Er sagt: »Solange ich nicht seine Wunden an Händen und Füßen gesehen habe und meine Hand in die Wunde an seiner Seite legen kann, so lange glaube ich das nicht!« Und beim nächsten Besuch, den Jesus tatsächlich macht, ist Thomas dabei. Jesus geht auf ihn zu und fordert ihn auf, ihn anzufassen. Er sagt: »Nimm deinen Finger, untersuche meine Hände. Streck deine Hand aus, lege sie in meine Seite!« Da erkennt Thomas seinen Freund und muss nicht mehr zweifeln. Wir erkennen und spüren einander dann am meisten, wenn wir uns die Verletzungen und wunden Stellen zeigen.

Der verwundete Christus ist ein Segen
In der Gedächtniskirche zu Speyer kommt einem schon beim Betreten der segnende Christus entgegen. Im mittleren der fünf Chorfenster strahlt er und überflutet den ganzen Raum mit seinem Segen. Bei genauerem Hinsehen erkennt man aber, dass er nicht unversehrt ist. Der segnend aufstrahlende Heiland ist nicht heil. Seine Hände und Füße tragen die Zeichen des Leidens. Dieser Jesus weiß etwas über Wunden. Das ist ein Segen. Denn er ist glaubwürdig und nahe. Ohne Heiligenschein. Aber mit einer Botschaft. Seine vernarbten Wunden machen ihn zum ausgezeichneten Experten für Kummer und Leid. So kann er uns beistehen.

RISIKO!

Nicht alle wollen mit Jesus befreundet sein.

Thema: Himmelfahrt und Pfingsten

In der englischen Sprache wird zwischen *sky* und *heaven* unterschieden. Das ist sehr hilfreich, um zu markieren, dass der Himmel, von dem der christliche Glaube spricht, nicht »über den Wolken« oder das Sternenzelt meint, sondern einen göttlichen Hoheitsbereich, in dem wir Schutz und Zuflucht finden über dieses Leben hinaus. Ob unsere Toten bei Gott im Himmel sind, das könnte eine für Trauernde wichtige Frage sein. Das Pfingstfest hat allerdings nur wenig Glanz. Es ist das Fest ohne Geschenke. Der Heilige Geist allerdings wird in der Sprache des Glaubens auch Tröster genannt. Ob sich damit das Image dieses eher blassen Festes retten lässt? Vielleicht eher mit dem Hinweis auf die vielen verschiedenen Sprachen der Menschen, die allesamt an Pfingsten in Jerusalem nicht zur Verwirrung, sondern zur Verständigung untereinander beitragen. Es könnte ein Bild für die vielen Sprachen der Trauer sein, um deren Verstehen wir uns im Gespräch mit Betroffenen bemühen.

Einstieg:

»Weißt du, wo der Himmel ist ....?« So beginnt ein neueres geistliches Lied. Wie lautet Ihre Antwort? Was bedeutet der Himmel für uns? Und was bedeutet er für unsere Toten?

Verlauf:

Über die verschiedenen Vorstellungen von dem, was mit Himmel gemeint sein könnte, lässt sich ganz unterschiedlich reden. Um sich dazu zu äußern, muss man nicht unbedingt gläubig sein. Für Jesus hat der Himmel bereits hier auf Erden angefangen. Damit ist er ziemlich modern, denn wir wissen genau, dass wir uns gegenseitig den Himmel oder die Hölle auf Erden bereiten können. Trauernde Menschen wissen, was gemeint ist; denn ihre Erinnerungen an gemeinsame Lebenswege sind, wenn sie liebevoll waren, immer auch ein Stück vom Himmel gewesen – und sind es noch.

Zielgedanke:

»Der Himmel geht über allen auf, auf alle über, über allen auf ...« Der Himmel fängt mit der Liebe schon hier geerdet an und er bleibt über den Horizont hinaus die Perspektive, mit der wir mit unseren Verstorbenen verbunden sind, bis wir uns dort wiedersehen.

Vereinbarung:

Himmlische Erinnerungen sammeln.

Geschenk:

Liedtext: Weißt du, wo der Himmel ist? (siehe Material)

Material

Wie im Himmel

Einer der erfolgreichsten Kinofilme aus dem Jahr 2004 heißt: »Wie im Himmel«. Im Mittelpunkt steht ein überaus erfolgreicher Musiker und Stardirigent. Der wird krank und muss auf Anraten seiner Ärzte aus dem stressigen Berufsalltag aussteigen. Er kehrt zurück in sein Heimatdorf und in dessen kleinkarierte Welt. Dort soll er anfangen, mit dem örtlichen Kirchenchor zu singen. Er tut es widerwillig, aber doch mit Leidenschaft, weil er merkt, dass die Leute mit dem Gesang auch zu sich selber finden. Zuerst klingt es überhaupt nicht himmlisch. Aber am Ende fahren sie zu einem großen Chorwettbewerb nach Wien. Den finalen Auftritt des inzwischen enorm gewachsenen Chores kann der Dirigent allerdings selber gar nicht mehr auf der Bühne miterleben, weil er zu zuvor auf den letzten Metern dorthin doch noch von seiner tödlichen Krankheit eingeholt wird. Der Chor steht also ganz alleine auf der Bühne und wartet so aufgeregt wie vergeblich auf seinen Dirigenten. Und als der nicht kommt, fangen sie einfach selber an zu singen. Und zwar so, dass jeder und jede den eigenen Ton sucht und findet und anstimmt und summt. Ganz ohne Worte, einfach nur Töne, Klänge, Lautmalerei. Und es kommt zu einem betörenden Sound im Konzertsaal, der nacheinander alle ansteckt. Die Zuhörer stehen auf und stimmen ein und selbst die auf der Tribüne sitzenden Journalisten legen ihre Kopfhörer zur Seite und fangen an mitzusingen. Und es klingt eben »wie im Himmel«, weil alle einstimmen, gemeinsam den Ton angeben, alle eine Stimme haben, nämlich ihre ganz eigene und damit ihre Mitte. Der Film bringt so gehörig zum Klingen, wonach wir uns sehnen: Dass es nämlich zwischen uns stimmt. Dass wir nicht sang- und klanglos untergehen, sondern aufeinander hören und miteinander übereinstimmen.

Liebende können sich anhimmeln. Trauernde auch.

weißt du wo
weißt du wo
der himmel ist
außen oder innen
eine handbreit
rechts und links
du bist mitten drinnen

weißt du wo
der himmel ist
nicht so tief verborgen
einen sprung
aus dir heraus
aus dem haus der sorgen

weißt du wo
der himmel ist
nicht so hoch da oben

sag doch ja
zu dir und mir
du bist aufgehoben
(Wilhelm Willms)

RISIKO!

Manche sind himmelweit weg von der Faszination des Himmels. Und anderen ist deswegen himmelangst!

Thema: Sommerzeit

Es ist bezeichnend, dass ausgerechnet in der Mitte des Jahres keine großen Glaubensfeste liegen. Sie wird gemeinhin sogar die »festlose« Zeit genannt.

Nachdem in der ersten Hälfte des Kirchenjahres alle Stationen des Lebens Jesu thematisiert werden, folgt in der zweiten Hälfte im Leben der christlichen Gemeinde erst einmal ein Sommerloch, ehe mit Erntedank das Finale eingeläutet wird. Das passt zum Trauerweg durchaus. Der Sommer ist oft auch für Trauergruppen eine Unterbrechung. Viele ziehen sich zurück in »ihren Schatten«.

Die Trauer scheut eher das Sonnenlicht. Und sie friert selbst in der Sommerhitze. Die Erinnerungen an gemeinsame Urlaubsreisen sind besonders schmerzhaft. Der blaue Himmel will so gar nicht passen zum grauenhaften Trauerhorizont. Da wird es schwer, ausgerechnet diese Zeit als Trauerzeit anzubieten.

Einstieg:

Mögliche Fragen zu Beginn:
»Was macht Ihre Trauer, wenn die Sonne scheint?
Wie können Sie mit Ihrer Trauer den Sonnenschein ertragen?«

Verlauf:

Gegenseitige Überlebenstipps können hilfreich und unterhaltsam sein. Sie auszutauschen macht Sinn und ein bisschen Mut, dieser vermeintlichen Hoch-Zeit des Jahres nicht zu entfliehen, sondern zu begegnen.

Zielgedanke:

Die Sonne scheint auch auf unsere Gräber. Die Traurigkeit sucht zwar den Schatten, aber sie kann sich auch erwärmen lassen vom Sonnenlicht, das jeden Tag auf- und untergeht. Ihr Untergang lässt sie aber nicht verschwinden. Sie leuchtet nur woanders.

Vereinbarung:

Mein trauriges Gesicht ab und zu in die Sonne halten.

Geschenk:

Sonnencreme

Material

Die Sonne, die uns sinkt, bringt drüben
den Menschen überm Meer das Licht:
Und immer wird ein Mund sich üben,
der Dank für deine Taten spricht.
(Gerhard Valentin, EG 266,4)

»Seht die Vögel unter dem Himmel an: sie säen nicht, sie ernten nicht, sie sammeln nicht in die Scheunen; und euer himmlischer Vater ernährt sie doch. Seid ihr denn nicht viel mehr als sie? Schaut die Lilien auf dem Felde an, wie sie wachsen: Sie arbeiten nicht, auch spinnen sie nicht. Ich sage euch, dass auch Salomo in aller seiner Herrlichkeit nicht gekleidet gewesen ist wie eine von ihnen. Wenn nun Gott das Gras auf dem Felde so kleidet, das doch heute steht und morgen in den Ofen geworfen wird: Sollte er das nicht viel mehr für euch tun, ihr Kleingläubigen?«
(Matthäus 6,26.28b-30)

»Die mit Tränen säen,
werden mit Freuden ernten.
Sie gehen hin und weinen
und streuen ihren Samen
und kommen mit Freuden
und bringen ihre Garben.«
(Psalm 126,5-6)

Mondnacht
Es war, als hätt der Himmel
die Erde still geküsst
dass sie im Blütenschimmer
von ihm nun träumen müsst.

Die Luft ging durch die Felder,
die Ähren wogten sacht,
es rauschten leis die Wälder,
so sternklar war die Nacht.

Und meine Seele spannte
weit ihre Flügel aus,
flog durch die stillen Lande,
als flöge sie nach Haus.
(Josef von Eichendorff)

RISIKO!

Frisch verletzte Trauernde werden »aus der Sonne gehen«!

Thema: Herbst und Erntedank

Kann es sein, dass die Trauer dankbar macht? Ist es denkbar, dass wir mit trauernden Menschen ein eigenes Erntedankfest feiern können? Hat die Trauer Platz für ihre Früchte? Für das, was durch sie in und an uns reifen kann?

Ja, ist die Trauer selbst womöglich eine Frucht, eine Frucht der Liebe, die durch bittere Zeiten der Angst und Gefahr zu einem Ziel führt, das belohnt, bereichert, stärkt und nährt, lebendig macht? Das Thema ist waghalsig und riskant. Es ist gewiss erst nach einem lange gemeinsam gegangenen Trauerweg angemessen. Aber es ist nicht ausgeschlossen, es ist nicht undenkbar, es ist im Gegenteil ausgesprochen zielführend. Denn Trauernde werden nach einem weiten Weg rückblickend zugestehen, dass sie verändert und gereift aus dem hervorgehen, was ihnen an bitterschwerer Last zugemutet war.

Einstieg:

Impuls: »In den Kirchen wird demnächst Erntedank gefeiert. Das setzt voraus, dass es etwas zu ernten gab. Gute Früchte unserer Mühe auf allen Feldern unseres Lebens. Auch auf dem Feld der Trauer? Ist auf Gottes Acker auch etwas gewachsen aus dem Verlust, der Angst, dem Tod? Wie können Sie als Trauernde Ernte erfahren, für die es sich zu danken lohnt?«

Verlauf:

Auf dem Tisch, in einer gestalteten Mitte steht ein großer Korb mit bunten Früchten. Das versteht sich von selbst und muss nicht eigens erklärt werden. Alle Teilnehmenden bekommen ausgeschnittene Früchte als Symbole in die Hand. Darauf sollen sie im Laufe des Gespräches persönliche »Früchte ihrer Trauer« schreiben.

Zielgedanke:

Jede Trauer wächst und verwandelt sich. Jede Trauer vollzieht einen langsamen und mitunter kaum wahrnehmbaren Reifungsprozess. Der ist oft schmerzhaft und mühsam, aber er ist stark und wesentlich. Die reif gewordene Trauer ist selbst eine Frucht, die es zu ernten gilt. Sie schmeckt nach Liebeskummer und Dankbarkeit, sie riecht gut, sie duftet nach Leben und Freude, sie wird zunehmend genießbar und stärkt mehr, als sie schwächt. Jede Trauer hat irgendwann ihren Lohn verdient. Und macht aus der defizitären Trauer einen Gewinn.

Vereinbarung:

Ich trage die Früchte meiner Trauer nach Hause zu meinem Dankaltar.

Geschenk:

Kleines Körbchen

Material

Gott sei Dank!
Dass ich meine Trauer so weit ertragen konnte.
Dass mich meine Trauer so weit getragen hat.
Dass ich mit meiner Trauer leben kann.
Dass meine Trauer mein Leben vertieft hat.
Dass ich und meine Trauer gut befreundet sind.
Dass meine Trauer und ich sich aufeinander verlassen können.

Dass meine Trauer mich hat wachsen und reifen lassen.
Dass ich mein Leben so wertschätzen gelernt habe.
Dank meiner Trauer bin ich geworden, was ich heute bin.
Gott sei Dank, dass sie so mit mir gegangen ist, meine liebe Not.
Hat aus meinen Tränen Perlen gemacht.
Aus meiner Angst viel Vertrauen.
Verzagtheit hat mir Mut gemacht.
Und ich bin dankbar.
Und anders.
Aber da!

Danke sehr!
Danke sehr!
Sonnenstrahl und Regenbogen, sanfter Wind und Wasserwellen, Sand am Meer – Danke sehr!
Wiesental und Bergewalten, steiler Weg und Wälderweise, Sternenmeer – Danke sehr!
Lebensliebe und Vertrauen, auf schmalem Grad viel bewahrt und noch mehr – Danke sehr!
Glaubenslust und Hoffnungsschimmer, warmes Herz und Wandelmut, hin und her – Danke sehr!

Bis hierher hat mich Gott gebracht durch seine große Güte.
Bis hierher hat er Tag und Nacht bewahrt Herz und Gemüte,
bis hierher hat er mich erfreut,
bis hierher hat er mich geleit,
bis hierher mir geholfen.
(Ämilie Juliane von Schwarzburg-Rudolfstadt, EG 329,1)

RISIKO!

Nur eine durch und durch gereifte Trauer wird sich zum Dank durchringen können.

Thema: Tod und Ewigkeit

Am Ende des Kirchenjahres ist in den Regel die Nachfrage nach Trauerbegleitung groß. Die Gruppen füllen sich zusehends. Neue Gruppen entstehen. Viele Trauernde, die sich zwischenzeitlich verabschiedet und oder zurückgezogen hatten, kommen zurück, spüren ihren Gesprächsbedarf und den Wert der Gemeinschaft mit Gleichgesinnten. Und das Thema am Ende passt zu der Befindlichkeit. Es wird der Toten gedacht, die Friedhöfe sind belebt und gepflegte Gräber leuchten auf. Grund genug, die Botschaft vom Ende zu thematisieren. Da kommt es uns doch überraschend und vielsagend vor, dass der letzte Sonntag gleich zwei Namen hat.

Einstieg:

Impulsfrage: »Wissen Sie wie der letzte Sonntag im Kirchenjahr heißt?«

Verlauf:

Bemerkenswert ist ja, dass dieser letzte Sonntag sowohl Totensonntag als auch Ewigkeitssonntag genannt wird. Diese Doppelbotschaft gilt es zu erklären und zu erläutern.

Zielgedanke:

Der Tod allein bleibt nicht das letzte Wort. Es kommt noch etwas, wenn wir gehen. Der Schlusspunkt wird zum Doppelpunkt!

Vereinbarung:

Grablicht zum Friedhof bringen.

Geschenk:

Grablicht

Material

Der Friedhofskranz und der Adventskranz haben die gleiche Herkunftsgeschichte: Sie sind Nachfolger der Siegerkränze für die Sporterfolge in der Antike.

Ausgang und Eingang

Der Letzte macht bekanntlich das Licht aus. Landauf, landab wird am letzten Sonntag im Kirchenjahr in den evangelischen Kirchen der Verstorbenen gedacht. Dunkle Zeiten. Kurze Tage. Lange Nächte. Kaum Hoffnungsschimmer. Viele Gemeinden laden sogar ganz bewusst die trauernden Angehörigen zum Gottesdienst ein. Es werden Namen verlesen, Kerzen angezündet und viele Tränen vergossen. Was für ein Sonntag! Er nimmt ernst und er nimmt

wahr, dass wir endlich sind, wie das Jahr, wie das Grün, wie das Blatt im Wind. Nichts ist unbegrenzt. Nichts endlos. Nichts unsterblich. Der Tod ist Teil des Lebenskreises. Und er nimmt sich seinen Platz – wem sag ich das.
Der Tod behauptet sich – und wie – manchmal brutal, manchmal friedlich, immer schmerzhaft! Wir stellen uns diesem Ende. Wir schauen es an. Wir geben ihm sein Recht und seinen Platz. Aber nicht ohne Protest. Nicht ohne Einspruch. Nicht ohne etwas dagegenzusetzen. Dieser besondere Sonntag hat nämlich nicht nur den einen Namen. Er heißt ja nicht nur Totensonntag, sondern auch Ewigkeitssonntag. Was für ein zweiter Name! Er benennt das größte Geheimnis unseres Lebens und unseres Sterbens. Es gibt mehr, als es gibt. Wir sind mehr, als wir sind. Es ist nicht nur mit uns aus, wenn es aus ist. Wir sind unterwegs von der Zeit in die Ewigkeit.

Unsere eigentliche Heimat
Wir haben eine sichere Ahnung in uns, dass diese Welt und dieses Leben, das wir jetzt leben, nicht das letzte Wort sind. Wir haben eine Sehnsucht in uns, die uns wie ein Kompass sagt, dass unser Lebensweg mit seinen Leiden und mit dem Tod nur ein Heimweg zu Gott ist. Wir spüren in der Tiefe unserer Seele, dass wir selbst Geist sind und dass wir in diesem auf Raum und Zeit begrenztem Universum nur Pilger sind. Etwas in uns sagt uns, dass unser Zuhause Gott selbst ist.«
(Franz Jalics)

RISIKO!

Bei zunehmender Entkirchlichung kann nicht mehr davon ausgegangen werden, dass alle Anwesenden sich im Kirchenjahr auskennen. Darum achten wir darauf, dass sich niemand von ihnen bloßgestellt oder als kirchenfern überführt fühlt.

Bei Trost

Die 7 Tröstungen des Thomas von Aquin

Wir meinen ja oft, unsere Kompetenz im Umgang mit der Trauer und der Untröstlichkeit sei durch unseren ganzheitlichen Zugang auf dem Höhepunkt der Erkenntnis angekommen. Das Wissen um untrennbare Zusammenhänge von dem, wie sich Körper und Geist gegenseitig beeinflussen, kommt uns modern und aufgeklärt vor. Das ist es womöglich auch, aber es ist nicht neu. Es mag verwundern und überraschen, dass sowohl die Bibel als auch frühe theologische Gelehrte echte Lebenshilfe in Sachen Trost mit tageslichttauglicher Qualität aufbereitet haben. Als treffliches Beispiel sei jetzt der große mittelalterliche Dominikanermönch Thomas von Aquin genannt. Er hat im 13. Jahrhundert bereits erkannt, dass es ganz natürliche menschliche Mittel gibt, die eine heilsame und tröstliche Wirkung haben. Dabei entdeckte er sieben Tröstungen, die Leib und Seele zusammenhalten und aufrichten. In seiner »Summe der Theologie« sagt er in seiner 38. Quaestio: »Werden Schmerz und Trauer durch jede Lust gemildert? Werden sie durch Weinen gemildert? Oder durch das Mitleid der Freunde? Ob durch die Schau der Wahrheit? Ob durch Schlaf und Bäder?« Und an einer anderen Stelle spricht er vom Gebet als Heilmittel. Seine sieben Tröstungen sind verblüffend körperbetont und nicht etwa nur hochgeistige Feldaufschwünge des Intellekts oder der Frömmigkeit (vgl.: Deutsche Thomasausgabe, Band 10, quaestio 38). Es geht um ganzheitliche Beziehungspflege, um eine Ethik der Zuwendung zu sich selbst, zueinander und zu Gott. Dabei wird dankbar auf die geglückte Schöpfung geschaut, auf das, was Lust und Laune macht, das irdische Vergnügen wird wertgeschätzt ohne schlechtes Gewissen. Schließlich hat Gott selbst nach seiner »Schöpfungswoche« sich einen »freien Tag« gegönnt. Da hat eben alles seine Zeit. Und es sind nicht nur Tod und Leid und Trauer zu begehen, sondern auch Lebensfreude und Erfüllung. Und so reihen sich sieben Wohltaten mit enormer Trostqualität aneinander, denen wir uns jetzt zuwenden:

- Lust und Freude
- Freundschaft

- Tränen
- Schlaf
- Bad
- Gebet
- Wahrheit

Thema: Lust und Freude

Kann es für einen trauernden Menschen noch Lebenslust und Freude geben? Ist es nicht schon von vornherein ein verfehlter Versuch billiger Vertröstung, überhaupt von Freude zu sprechen? Unangebracht, ja unanständig, unhöflich gar mag es uns vorkommen, im Gespräch mit Trostlosen an die Potenz der Freude zu erinnern. Ist nicht chronische Lustlosigkeit das Kennzeichen der Trauer? Das mag durchaus lange Zeit so sein, aber dem trostlos trauernden Gemüt wird dennoch die Sehnsucht danach nicht vollends abhandenkommen. Gerade weil der Tod und das Sterben alle Lebensfreude getilgt zu haben scheinen, weiß jede arme Seele insgeheim um das Geheimnis und die Dynamik der Freude und vermisst sie sehr. Deshalb kann und darf am Ende eines langen Begleitens von Trauernden gewagt werden, an die Freude als Lebenskraft zu erinnern und sie womöglich mit kleinen Selbstversuchen wiederzubeleben.

Einstieg:

»›Froh zu sein bedarf es wenig und wer froh ist, ist ein König!‹ Kennen Sie den Kanon? Möchten Sie gerne wieder König/Königin sein?

Verlauf:

Die Reaktion wird so ambivalent wie turbulent sein. Freude ist im Land der Trauer für viele ein Tabu. Andere sind längst dabei, wieder Freude zu empfinden. Am besten kann es gelingen, wenn es sich um eine Gruppe handelt, die sich gerne trifft, freundschaftliche Beziehungen geknüpft hat und sich auf die regelmäßigen Treffen freut. Dann ist die Freude sozusagen »auf frischer Tat ertappt« und legalisiert. Einzelne werden womöglich über die kleinen Freuden berichten, die ihnen in der Familie, in der Natur, beim allmählichen Einüben des alltäglichen Lebens »passieren«, also über den Weg laufen.

Zielgedanke:

Die Freude am Leben und die Trauer schließen sich nicht aus. Sie sind Geschwister und wohnen zusammen im Trauerhaus.

Vereinbarung:

Einander eine Freude machen! (»Womit kann ich dir eine Freude machen?)
Das bedeutet: Freude daran haben, einem anderen eine Freude zu machen.

Geschenk:

Kleine Windräder

Material

»Da merkte ich, dass es nichts Besseres dabei gibt als fröhlich sein und sich gütlich tun in seinem Leben. Denn ein Mensch, der da isst und trinkt und hat guten Mut bei all seinem Mühen, das ist eine Gabe Gottes.«
(Prediger 3,12-13)

Eine Freude machen
Ich habe sie als einen untröstlichen Menschen kennen gelernt. Es war ihr 80. Geburtstag. Sie war allein. Wie immer. Meistens. Ich hatte mich angemeldet. Sie hatte mich erwartet. Sie hatte darauf bestanden, dass ich zum Nachmittagskaffee komme. Wir hatten uns zuvor noch nie gesehen. Sie sei keine Kirchgängerin, sagte sie ohne schlechtes Gewissen. Sie war wohltuend ehrlich und herzlich. Aber traurig. Todtraurig. Seit dem Krieg, in dem ihr Mann gefallen war. Da war ihr Leben zu Ende, sagt sie. Die Tochter, der Sohn, die Enkel sind weit weg. Sie lebt zurückgezogen und in Dauer-Trauer. Und sie hat keinen Appetit, kocht sich selten, isst im Stehen eine Kleinigkeit. Das Talent zur Freude aber hat sie nicht verloren. Meinen Besuch feiert sie. Als Gastgeberin blüht sie auf. Ich frage sie, ob ich öfter zum Essen kommen soll, ob das eine Freude für sie wäre? Sie strahlt mich an und fragt ungläubig, ob ich das wirklich ernst meine. Wir vereinbaren einen festen Besuchstag im Monat. Jeweils an einem Freitag, wenn ich sowieso gegenüber in der Kita bin. So gegen 13 Uhr, schlägt sie vor. Es beginnt, ihr Freude zu machen. Das hat Folgen. Mit

der Zeit spielt sich folgendes Ritual ein: Zwei Tage vorher, am Mittwoch, macht sie den Hausputz. Das muss sein, wenn Besuch kommt, sagt sie. Donnerstags geht sie zum Friseur. Und wenn ich am Freitag klingele, empfängt sie mich in weißer Schürze an der Tür – freudestrahlend. Es gibt Dampfnudeln. Immer. In allen Variationen. Pfälzer Spezialität. Streng gehütetes Hausrezept. Wir sitzen im Esszimmer zur Feier des Tages. Ich bin für das Tischgebet zuständig und sie für das Servieren. Wir essen und reden und lachen und weinen. Das volle Programm. Und dann verabschiedet sie mich. Sie weiß, dass ich noch viel vor habe und sie auch. Wenn ich nämlich weggegangen bin, dann packt sie den Rest der Dampfnudeln ein und macht sich selbst auf die Socken, besucht andere alte und einsame Leute in ihrer Straße und bringt ihnen Dampfnudeln und Freude vorbei. Tröstlich für alle.

RISIKO!

Lebensfreude ist manchen Trauernden verdächtig. Sie empfinden sie als Verrat an den Verstorbenen. Noch.

Thema: Freundschaft

Wenn Trauernde mindestens einen guten Freund, eine gute Freundin haben, dann wird sie auf dem gemeinsamen Trauerweg stark auf die Probe gestellt.

Aber wenn die Freundschaft zu etwas taugt, dann zur Weggefährtenschaft durch schwere Zeiten. Anders als Familie können Freunde besser Abstand und Nähe dosieren und haben mehr Spielräume, in Freiheit auszusprechen, was zu sagen notwendig ist, auch wenn es schwerfällt. Oft fangen Menschen, die sich in Trauergruppen begegnen, an, sich zu befreunden. Mitunter werden daraus Freundschaften fürs Leben. Denn die Offenheit, das gegenseitige Vertrauen, die Zumutungen der unberechenbaren Befindlichkeiten, die Brutalität des Todes – all das gibt von Anfang an eine solche Tiefe und eine Echtheit, die sich alles zumutet, nichts erspart, alles abverlangt aber auch alles zugesteht. Weil Trauernde in ihrer Lage die Chance zum Erlangen einmaliger Empathie erleben, können sie mit größter anzunehmender Nähe Beileid geben und empfangen. Freundschaft ist ja vor allem Teilnahme und Teilgabe am Leben – dem eigenen und dem der Anderen.

Einstieg:
»›Ein Freund, ein guter Freund, das ist das Beste, was es gibt auf der Welt …‹ –
So singen die Drei von der Tankstelle. Damit hat Rühmann ganze Generationen von Freunden gerührt. Was bedeutet Freundschaft in Ihrer Trauer?«

Verlauf:
Wenn es in der Gruppe bereits enge Freundschaften gibt, dann wird das Gespräch leicht in Gang kommen. Auch diejenigen, deren bestehenden Freundschaften sich in den zurückliegenden Wochen und Monaten der Trauer bewährt haben, werden gerne mitreden. Stumm und traurig könnten diejenigen reagieren,, deren Freundinnen und Freunde angesichts des Trauerfalls die Flucht ergriffen haben. Und diejenigen, denen es nicht gelungen ist, in der Trauergruppe Anschluss zu finden.

Zielgedanke:
Den Trauerweg geht man besser zu zweit als allein.

Vereinbarung:
Freunde endlich einmal umarmen und sich gegenseitig beglückwünschen

Geschenk:
Karte mit Kalenderspruch (siehe Material)

Material
Kalenderspruch:

Freunde sind wie Sterne.
Man sieht sie nicht immer,
aber sie sind immer da.

In meinem Dunkel
sei mir Begleiter
sei Hörender ohne Urteil
reich mir deine Hand
und geh an meiner Seite
such mit mir
(Petra Würth)

Einer, der bei mir bleibt
Einmal werde ich unter den vielen einen Freund finden,
der bei mir bleibt, der auf mich wartet, wenn ich fortgehe,
der noch da ist, wenn ich zurückkomme.

Er hat Zeit für mich, wenn ich ihn brauche,
er hört zu, unabgelenkt, er ist mir zugewandt
in Distanz und Liebe.

Er hat Vertrauen zu mir, er erwartet Gutes
und läßt sich nicht beirren
durch mein Versagen.

Er gibt mir Spielraum und Freiheit zu sein,
der ich bin,
er knüpft seine Freundschaft nicht an Bedingungen.

Er ist wahrhaftig und täuscht mich nicht,
er sagt mir meine Fehler und Schwächen zur richtigen Zeit,
behutsam und hilfreich.

Er wird mir verzeihen.

Er hat Sorge und Angst um mich,
wenn ich verzweifelt bin und
nicht den richtigen Weg gehe.

Er behält die Hoffnung, wenn ich sie aufgebe.

Wenn ein anderer solch einen Freund sucht,
will ich für ihn dieser Freund sein.
(Ingeborg Kiefel)

»Ein treuer Freund ist ein starker Schutz; wer den findet, der findet einen großen Schatz. Ein treuer Freund ist nicht mit Gold aufzuwiegen, und sein Wert ist nicht hoch genug zu schätzen. Ein treuer Freund ist ein Trost im Leben; ihn findet, wer den Herrn fürchtet. Denn wer den Herrn fürchtet, der wird auch gute Freundschaft halten; und wie er ist, so wird auch sein Nächster sein.«
(Jesus Sirach 6,14-17)

RISIKO!

 Viele haben keine Freunde in der Not.

Thema: Tränen

Wer weint, gewinnt. Kann das sein? Wie lange galten doch Tränen als Ausdruck für Schwäche und Verlust der Selbstkontrolle. Und dennoch habe ich in der Begleitung Trauernder nie um die Menschen gebangt, die geweint haben. Besorgt war ich immer sehr um die, die es nicht taten. Tränen trösten nämlich. Das hat der Kirchenvater Thomas von Aquin gewusst, als er bei der Zusammenstellung seiner 7 Tröstungen die Tränen und die Trostkapazität des Weinens thematisiert hat. Und trotzdem entschuldigen sich Trauernde selbst unter ihresgleichen, wenn sie weinen. Dabei sind Tränen für die Kommunikation der Trauer unersetzlich wertvoll und transportieren das Unsagbare entlastend. Wer weinen kann, kommt mit seiner Trauer in Kontakt und erlebt sie als kraftvolle Äußerung der Seelennot.

Einstieg:

Frage zum Auftakt des Gesprächs: »Können Sie gut weinen? Sind Tränen für Sie peinlich oder wertvoll? Wie reagieren Sie, wenn jemand in Ihrer Nähe weint? Lösen Tränen bei Ihnen Rettungsversuche aus?«

Verlauf:

Menschen, die schon einen erheblichen Trauerprozess hinter sich haben, schämen sich für ihre Tränen nicht (mehr). Sie wissen längst, dass es eher eine Gnade ist, weinen zu können, weil es die kummerschwere Seele entlastet.

Und darüber können sie dann auch selbstbewusst sprechen. Deshalb ist dieses Thema relevant und vielversprechend einzubringen. Tränen sind der Rede wert!

Zielgedanke:

Weinen ist ein wertvoller Ausdruck der Trauer. Sie sind zu begrüßen und nicht zu verdrängen. Wenn trauernde Menschen (endlich) weinen können, sind sie dabei, ihrer Trauer auf die Spur zu kommen und sie anzunehmen. Tränen sind Ermutigung und respektable Tröster.

Vereinbarung:

Tränen bei sich selbst und anderen wie ein Geschenk wertschätzen. Positiv über Tränen sprechen und Trauernde zum Weinen ermutigen.

Geschenk:

Klaviermusik von Modest Mussorgsky: »Eine Träne«

Material

Weinen Sie, Herr Müller, weinen Sie, Fräulein Schmidt, haben Sie keine Angst, Ihr Gesicht nass zu machen, Ihre Hände, Ihr Taschentusch. Tränen sind nicht schmutzig, genieren Sie sich nicht. Bewahren Sie nicht Haltung, das war lange genug befohlen. Ihr Mund braucht das nicht mehr: Stolz und die Zähne zusammengebissen. Ihre Augen haben vergessen, was das soll: Gefasstheit und geradeaus, werfen Sie das weg. Weinen Sie, tun Sie nicht so als ob, auch Leiden will gelernt sein. Weinen Sie, es ist eine Sache der Drüsen, die anschwellen können und salziges Wasser produzieren, Wasser, das bitter schmeckt in den Mundwinkeln und das die Wimpern ausgehen lässt. ... Weinen Sie, es macht hübscher, sagen manche, manche meinen auch, es macht alt vor der Zeit, die roten Lider und die geschwollene Nase, es lässt sich nicht verbergen, jeder erkennt es, kein Puder hilft Ihnen und kein Make-Up – aber lässt es sich denn verbergen, wie tränenlos ein Gesicht war? ... Weinen Sie, auch Sokrates weinte über seinen Freund, und Jesaja über sein Volk, und sogar Alexander soll geweint haben über ein Unrecht, das er getan. Und Jesus aus Nazareth weinte, als er auf einem Hügel stand und auf die Stadt sah, in der wir wohnen, Sie und ich. Weinen Sie, denn so ihr nicht werdet wie die Kinder, die haben so viel Tränen, zum Hinfallen welche und zum Gestochenwerden von einer Wespe und als der Luftballon platzte und als es Wirsing gab. Die Schmetterlinge sterben aus, weinen Sie ... Weinen Sie, Sie brauchen nicht erst ins Kino zu gehen, weinen Sie in Ihrem Haus, für sich ganz allein, es gibt kein Unglück, das Ihre Tränen nicht verdiente ... Weinen Sie ruhig, es ist keine Schande, sich nicht trösten zu lassen mit Krims und Krams, mit Ersatz und mit Sonnenschein, haben Sie keine Angst, sich dem Schmerz zu geben, bei ihm sind Sie nicht schlechter aufgehoben als bei anderen, offen stehen alle seine Türen, er nimmt sie, ohne viele Fragen. Weinen Sie und schonen Sie sich nicht. ... Weinen Sie, sparen Sie nicht Tränen, wer weiß, ob Sie morgen noch Zeit haben, noch Herz haben, noch Mut haben, noch Tränen haben.

(Dorothee Sölle)

Hinweis: Bis zur Liturgiereform gab es in der römisch-katholischen Kirche eine eigene Votivmesse »Um die Gabe der Tränen«. Wenn sie also geradezu agendarischen Rang und Würde haben, dann können sie keine Schwäche sein, sondern eine göttliche Gnadengabe, die verwandelt und stark macht. Sie wird erbeten, um sich für die Gnade der Vergebung würdig zu erweisen. Darum fordert der Apostel Paulus die Gläubigen auch auf: »Weint mit den Weinenden!« (Römer 12,15)

RISIKO!
Es gibt auch das instrumentalisierte Weinen, um die Umgebung unter Druck zu setzen, zu erpressen und die Tränen so gezielt einzusetzen. Das ändert nichts daran, dass das Weinen eine Gabe ist.

Thema: Schlaf

Trauernde sind oft sehr müde, schlafen aber schlecht. Weil sie so hart arbeiten, weil ihre Trauer so viel Energie verbrennt, kostet sie der Tag sehr viel Kraft. Aber sie erleben lange die Nacht nicht mehr als Labsal und Gelegenheit zu regenerieren. Denn sie finden sich am Ende des Tages in der Einsamkeit und Verlassenheit wieder, die von der Betriebsamkeit des Tages leicht überdeckt oder zumindest relativiert worden ist. Aber wenn die Nacht kommt, sind alle gegangen, kehrt die unheimliche Totenstille ein, quält die Einsamkeit, kommen die Ängste hoch. Und selbst wenn dann doch irgendwann der Schlaf kommt, dann ist er selten erquickend und tief, sondern oft unruhig, von schweren Träumen durchwühlt. Und nicht selten kommen dabei die Toten noch einmal zurück, schemenhaft und unheimlich, nah und doch unnahbar zugleich. Kurzum: Der Schlaf ist ein wichtiges Thema. Und es dauert lange, bis er wieder Trostqualität bekommt und willkommen ist.

Einstieg:
»Als Ulrich Wickert noch die ›Tagesthemen‹ moderierte, schloss er jede Sendung mit dem Satz: ›Ich wünsche Ihnen eine geruhsame Nacht!‹ Haben Sie eine Idee, was er damit gemeint hat? Kennen Sie geruhsame Nächte? Schlafen Sie gut?«

Verlauf:
Die Ängste der Nacht sind vielfältig. Trauernde haben da allerhand zu erzählen. Bis hin zu der Todesangst und der Schwierigkeit, sich vollkommen fallen zu lassen.
Alleine sein ist in der Nacht schwerer als am Tag. Zumal zu dem Alleinsein gerade gern der »Besuch im Traum« gespenstisch auftaucht und der Seele Not bereitet. Hier können Leidensgenossen sich gegenseitig gut beraten und austauschen. Das ist wertvoll, weil es die jeweilige individuelle Befindlichkeit relativieren hilft.

Zielgedanke:
Wer hart arbeitet, braucht viel Schlaf. Es ist erstrebenswert, sich den Schlaf als Kraftquelle und Verschonraum zurückzuerobern. Es ist eine Vertrauensübung und letzten Endes immer ein kleines Sterben, »Schlafes Bruder« genannt.

Vereinbarung:
Einschlaftipps ausprobieren.

Geschenk:
Kleines Ruhekissen

Material

Menschen müssen schlafen, um zu überleben. Pausenlos wach sein ist nicht gesund. Die Nacht als heilsame Unterbrechung ist für die Trauer unverzichtbar.

Aber es braucht lange, bis sich der Schlaf wieder freundlich tröstend einstellt. Und bis dahin sind die Nächte eine besondere Herausforderung. Es gibt Menschen, die eine ganze Zeit brauchen, ehe sie sich der Nacht wieder ganz überlassen können. In der Zwischenzeit machen sie alle möglichen und unmöglichen verrückten Sachen. Halten sich bis 22 Uhr im Baumarkt auf, fahren zur Raststätte auf die Autobahn, wo es keine Nacht gibt, irren durch die Gegend und vermeiden das Nachhausekommen, solange es irgendwie geht.

> *Rabbi Schmelke pflegte, damit sein Lernen nicht allzu lange Unterbrechung erleide, nicht anders, als sitzend zu schlafen, den Kopf auf dem Arm und zwischen den Fingern ein brennendes Licht, das ihn wecken sollte, sowie die Flamme seine Hand*

berührte. Als Rabbi Elimelech ihn besuchte, bereitete er ihm ein Ruhebett und bewog ihn mit viel Überredung, sich für ein Weilchen darauf auszustrecken. Dann schloss und verhüllte er das Fenster. Rabbi Schmelke erwachte erst am hellen Morgen. Er merkte, wie lang er geschlafen hatte, aber es reute ihn nicht, denn er empfand eine ungekannte Klarheit. Er ging ins Bethaus und betete der Gemeinde vor, wie es sein Brauch war. Der Gemeinde aber erschien es, als hätte sie ihn noch nie gehört. Als er den Gesang vom Schilfmeer sprach, mussten sie den Saum ihrer Kaftane raffen, dass ihn die rechts und links sich bäumenden Wellen nicht netzten. Später sagte Schmelke zu Elimelech: »Jetzt erst habe ich erfahren, dass man Gott auch mit dem Schlafe dienen kann.«

(Martin Buber)

Ein passender Text dazu ist der »Strickmuster-Spruch fürs Kopfkissen« von Mascha Kaléko, zu finden unter: *https://lyricstranslate.com/de/mascha-kal%C3%A9ko-strickmuster-spruch-f%C3%BCrs-kopfkissen-lyrics.html* (Aufruf 17.02.2022).

RISIKO!

Es gibt auch eine Form von Schlaflosigkeit, die Therapie braucht. Es kann sein, dass wir Menschen begegnen, die diesen Hinweis brauchen können.

Thema : Baden

Alles Leben kommt aus dem Wasser. Die ganze Schöpfung entwickelt sich daraus. Und jedes Leben schwimmt zuerst im Mutterleib darin. Wasser ist unser Element der Geborgenheit. Es kann aber auch sehr bedrohlich sein und uns überfluten. Es beeindruckt enorm, dass bereits ein Mönch des 13. Jahrhunderts, Thomas von Aquin, die heilsame Wirkung des Wassers als Trostquelle qualifiziert und anpreist. Schon er weiß, dass Baden der Seele gut tut. Ob im Badesee oder in der Badewanne ist egal. Es beruhigt, entspannt, stimuliert positiv, bringt ein gutes Körpergefühl, das sich auch auf die Stimmung auswirkt. Baden ist gemütlich und gut fürs Gemüt! Auch Schwimmen kann helfen, kann entkrampfen, lockern, kann tragen, macht lebendig und wird so ein Gegengewicht zur Trauerschwere. Wasser bringt Reinigung, Erfrischung und Tröstung.

Einstieg:

Eine große gefüllte Waschschüssel steht da. Mit Handtuch und Seife. Das erzielt Aufmerksamkeit. Es wird die Teilnehmenden zuerst ans Händewaschen erinnern. Hygiene ist ja gerade wieder stark im Bewusstsein. »AHA!«, sagen dann womöglich welche und fragen sich, was das mit der Trauer zu tun haben könnte. Und schon ist die Aufmerksamkeit gewonnen.

Verlauf:

Wir waschen uns. Täglich. Dusche oder Badewanne gehören in jedes Badezimmer. Es kann der Frage nachgegangen werden, ob wir uns im Zustand der Trauer anders waschen als vorher? Es kann erzählt werden, dass ein alter Tröster schon im 13. Jahrhundert angeraten hat, Bäder zunehmen gegen die Tristesse der Trauer. Erfahrungen damit werden ausgetauscht. Vielleicht hat jemand das Schwimmen als regelmäßiges Hobby – und kann davon berichten. Über Weihwasser und Taufwasser kann gesprochen werden.
Und wenn es sich um eine ganz vertraute Gruppe handelt, kann auch die Geschichte von der Fußwaschung Jesu erzählt werden – und Freiwillige können sich anschließend gegenseitig die Füße waschen. Das ist als Gruppenerlebnis grandios, aber auch waghalsig.

Zielgedanke:

Wasser ist eine Wohltat. Baden, Waschen, Schwimmen kann tröstliche Wirkung haben. Es muss ja nicht gleich eine Kneipp-Kur sein ...

Vereinbarung:

Wie in guten alten Zeiten am nächsten Samstag ein gemütliches Vollbad nehmen.

Geschenk:

Kleines Handtuch

Material

Jesus wäscht seinen Freunden nicht den Kopf, sondern die Füße.

Kurz vor seinem Tod macht er das. An dem Abend, an dem sie das letzte Mahl, Brot und Wein, teilen. Als er aufsteht und das tut, was normalerweise ein Diener übernimmt, da wundern sich die Jünger und Petrus weigert sich sogar. Aber Jesus will unbedingt zeigen, wie Gottes Liebe und Fürsorge sich anfühlen und ausdrücken, wie nahe er seinen Leuten sein will. Bis heute ist es Tradition, dass der Papst an Gründonnerstag anderen die Füße wäscht.

Badetag
Wir sind mit allen Wassern gewaschen. Solange wir leben. Kaum sind wir auf der Welt, ziehen sie uns durch die Wanne. Und selbst wenn wir einmal tot sind, werden wir noch einmal gewaschen. Waschen ist ein Teil unserer Existenz. Täglich mehrmals. Das man sich ordentlich waschen muss, das ist ein Teil unserer Erziehung. Wenn wir verreisen, packen wir die Sachen zum Waschen mit ein in den Kulturbeutel. Waschen und Pflegen und Sauberkeit, das ist ein Stück unseres Menschseins. Das gibt uns auch Würde und Sicherheit. Wer einmal längere Zeit daran gehindert war, wegen Krankheit womöglich nicht vom Bett aufstehen konnte, weiß genau, wie gut das tut, endlich wieder einmal unter der Dusche zu stehen. Das ist Lebensqualität. Da spürt man sich. Kein Wunder, dass Wasserriten auch in den Religionen eine große Rolle spielen. Rein sein vor Gott, Schmutz und Schuld loswerden. Das gehört zur spirituellen Existenz. Und so ist auch die Taufe nichts anderes als ein Zeichen der Reinigung und des Abwischens aller Schandflecken. Ja, es ist sogar am Anfang der Kirchengeschichte noch mehr als Ganzkörpertaufe (wie sie heute noch von den meisten Freikirchen vollzogen wird), mit totalem Untertauchen eindrucksvoll. Soll es doch bedeuten: Ohne Gott gehe ich unter, ohne Jesus bin ich verloren, steht mir das Wasser bis zum Hals, aber durch ihn werde ich wieder herausgezogen aus dem Untergang in ein neues Leben vor und nach dem Tod. So symbolisiert das Taufwasser, dass wir nicht untergehen, sondern leben sollen. Trotz Kummer und Leid.

RISIKO!

Waschen und Baden sind sehr persönliche Themen Trauern auch. Wir bewegen uns also bei der Thematik »auf dünnem Eis«. Da ist unser Fingerspitzengefühl gefragt.

Thema: Wahrheit

Ja, die Trauer und die Wahrheit sind weit davon entfernt, befreundet zu sein. Bis aus Kummer, Leid und Krankheit ein Sterben und schließlich der Tod wird, müssen viele Menschen weite Leidens- und Abschiedswege gehen. Das fängt womöglich mit einem Unwohlsein an, wird zum Verdacht und schließlich zur Diagnose. Und auf jeder Etappe wird es schwieriger, mit der Wahrheit umzugehen. Wer kann wann die ganze Wahrheit sagen und ertragen? Die Wahrheit am Krankenbett und an der Haustür gehört zu den schwierigsten Herausforderungen überhaupt. Und wenn dann zwischen OP und Therapie und Besserung und Rückschlägen »der Tod immer mit am Küchentisch sitzt, seinen Kaffee trinkt und stumm auf die Uhr schaut«, wie Benedict Wells in seinem Roman »Hard Land« es ausdrückt, dann ist immer die Frage, welche Wahrheit in welcher Dosis zwischen den Familienmitgliedern ausgesprochen werden kann. Ohne Illusion und Verdrängung, ohne Hoffnung auf das Wunder und Verschweigen eines Teils der Wahrheit wird das Ganze lieblos und unbarmherzig.

Einstieg:

Provokation: »Muss man immer die Wahrheit sagen? Oder: Muss man nicht auch manchmal die Wahrheit verschweigen, beschönigen, übersehen, verdrängen? Wie ist es mit der Wahrheit der Krankheit zum Tode? – Wie sind Sie mit der ganzen Wahrheit umgegangen?«
Ein Erfahrungsaustausch ist hier schnell in Gang zu bringen. Das Thema hat so viel Sprengkraft und aufregende Ambivalenz. Dazu können alle Trauernden etwas sagen.

Verlauf:

Ganz individuell wird mit der Wahrheit des Leidens und des Sterbens umgegangen. Wie sollte es auch anders sein. Es hilft ungemein, sich den Unterschiedlichkeiten zu stellen und die Optionen des jeweils verkraftbaren Quantums anzuschauen. Am Ende aber wird sich immer die Wahrheit behaupten.

Zielgedanke:

Erst wenn wir der Wahrheit, der ganzen Wahrheit des Faktischen ins Auge blicken, fangen wir an, unserer Trauer über den Weg zu trauen. Sie auszusprechen und anzusprechen, mitzuteilen und zu teilen, festzustellen und gelten zu lassen, bringt Stärke und Kraft und Wahrhaftigkeit. Und am Ende: Trost, ehrliche, identische, erträgliche Nähe zueinander und zu sich selbst.

Vereinbarung:

Bei sich herausfinden: Welche Wahrheiten sind schmerzhaft? Welche Wahrheiten sind tröstlich? Welche sind beides? Beispiel: Die Lücke bleibt, aber die Liebe auch!

Geschenk:

Text/Vers (siehe Material)

Material

Nichts als die Wahrheit?

Die Wahrheit macht Angst. Sie ist so voller Wucht und Härte oft. Wenn sie so ganz und gar dominant und bedrohlich sich vor uns aufbaut. Da möchte man lieber nicht näherkommen, lieber der Wahrheit aus dem Wege gehen. Aber die Wahrheit ist in Wahrheit ein »Scheinriese«! Der Schriftsteller Michael Ende hat in seinem einzigartigen Buch über Jim Knopf und Lukas den Lokomotivführer unter anderem den sogenannten »Scheinriesen« präsentiert. Der wirkt von Weitem ungemein bedrohlich, weil er Übergröße hat, riesig eben daherkommt, unheimlich, bedrohlich. Lukas und Jim kriegen es mit der Angst zu tun, bei diesem Anblick. Aber sie nähern sich der Wahrheit immer mehr vorsichtig an und schließlich entdecken sie ein Geheimnis: Je geringer der Abstand wird, umso kleiner wirkt der Riese. Und als sie ihm schließlich gegenüberstehen, unterhalten sie sich erleichtert auf Augenhöhe.

Manche Wahrheiten machen auf uns von Weitem den Eindruck einer überwältigenden Dominanz und Gefahr. Wenn wir ihr dann begegnen, stellt sich heraus, dass wir ihr durchaus gewachsen sind. Natürlich sollen sich Trauernde nichts vormachen und wahrhaftig anerkennen, dass die Toten nicht wiederkommen, dass das gemeinsame Leben vorbei ist, dass nichts mehr wird, wie es war, dass die Lücke bleibt – aber die Liebe auch und die Verbindung und der Wert dessen, was wir geteilt und überwunden und gefeiert haben. Und am Ende, wenn wir der ganzen Wahrheit ins Auge sehen, werden wir auch unsere eigene Größe und Grenze und Endlichkeit anschauen und annehmen und es damit aushalten. Und dann werden wir anfangen, getroster zu sein.

Es gehört Mut dazu, sich so zu geben, wie man wirklich ist. Es gehört Mut dazu, ganz ehrlich, aufrichtig, wahr zu sein.
(Sören Kierkegaard)

Es gibt wenig aufrichtige Freunde. Die Nachfrage ist auch gering!
(Marie von Ebner-Eschenbach)

Besser ist, es gibt Skandal, als die Wahrheit kommt zu kurz!
(Martin Luther)

RISIKO!

Es gibt subjektive Wahrheiten, die mitunter der Wirklichkeit widersprechen und trotzdem ihr Recht haben.

Thema: Beten

Auch in der Trauer ist Platz für Freude. Insbesondere weil sie vermisst wird. Gerade die Trauer muss raus aus der Isolation und der Einsamkeit. Sie braucht den Echoraum der Freundschaft. Dann müssen keine heimlichen Tränen geweint werden, sondern die Trauernden öffnen und finden sich weinend in der Nähe des Gegenübers, das die Tränen sieht und erträgt. Dass die Müdigkeit in einen erholsamen Schlaf mündet, das tröstet genauso wie die Pflege und Erholung des Körpers im Wasser. Der Mut zur Wahrheit, die frei macht und wandelmutig, kann endlich ohne Fluchtbewegung bei sich bleiben. All diese Tröstungen münden schließlich darin, nicht ganz und gar bei sich allein zu bleiben, sondern neben der Beziehungspflege zu sich selbst, zum Freund und der Freundin auch zu Gott zu finden.

Einstieg:

»›Da hilf nur noch beten!‹, sagt das Sprichwort. Hat es Recht? Stimmt das auch für Sie als Trauernde? Macht beten nicht noch kleiner und schwächer? Lehrt etwa Trauer-Not beten? Wenn ja, was für ein Beten ist das? Wie sehen Sie das für sich?« Ist es Bitte, Klage, Protest oder gar Dank? Oder auch stumm?«

Was und wie beten Menschen, die in die Trauer gefallen sind?

Verlauf:
Je nach Gebetsbiografie werden sich große Unterschiede auftun. Am lautesten werden die Stimmen sein, für die Gebet sinnlos und vor allem »erwiesenermaßen« zwecklos, weil erfolglos ist. Sonst wäre der Tod ja nicht passiert. Oder?
Andere werden, gerade weil die Not so groß geworden ist, im Gebet den letzten Halt gesucht haben. Aber sie werden es nicht triumphal berichten, weil sie sich vielleicht trotzdem als Verlierer fühlen.

Zielgedanke:
Der Sinn und die Bedeutung des Betens erweisen sich nicht darin, erhört zu werden, verschont, unversehrt, geheilt. Der »Erfolg« des Gebetes ist das Heraustreten aus dem Teufelskreis der Einsamkeit in einen Dialog mit einem, der größer ist als wir selbst und unser Elend. Das ist aber nicht plausibel zu machen, sondern nur zu bezeugen, also eine Frage der Einstellung.

Vereinbarung:
Beten ausprobieren

Geschenk:
Ein Gebet zum »Ausprobieren« (siehe Material)

Material

> *»Aber sei nur stille zu Gott, meine Seele; denn er ist meine Hoffnung. Er ist mein Fels, meine Hilfe und mein Schutz, dass ich nicht wanken werde. Bei Gott ist mein Heil und meine Ehre, der Fels meiner Stärke, meine Zuversicht ist bei Gott. Hoffet auf ihn allezeit, liebe Leute, schüttet euer Herz vor ihm aus; Gott ist unsere Zuversicht.«*
> *(Psalm 62,6-9)*

> *»Herr, hast du mich für immer vergessen?*
> *Wie lange willst du dich denn noch verbergen?*
> *Wie lange sollen mich die Sorgen quälen,*
> *der Kummer Tag für Tag an meinem Herzen nagen?*
> *Wie lange dürfen meine Feinde mich noch bedrängen?*

Sieh mich doch wieder an, Herr!
Gib mir doch Antwort, du mein Gott!
Mach es wieder hell vor meinen Augen,
damit ich nicht in Todesnacht versinke!«
(Psalm 13,2-4, GNB)

Ich lege es in Gottes Hand, was er mit mir einst vorhat, und ich weiß, es wird das Rechte sein. Ich bin sorglos, was das Leben nach dem Tod anbetrifft, weil Gott schon für mich sorgen wird. Jetzt aber, hier und heute auf der Erde, muss und will ich leben. Da muss ich überlegen, etwas tun und mich entscheiden. Ich darf wohl glauben an die Ewigkeit ...doch darf ich darüber die Erde nicht vergessen, die Lebenden, die kleinen und großen Pflichten an jedem Tag.
(Hannelore Frank)

Glaubensgespräch
manchmal glaube ich Dir Deine Liebe und dass Du mich trägst
sogar brauchst
womöglich
manchmal ist alles dunkel
die zögernde Seele verharrt im großen Vielleicht
auch nicht
Du kannst nichts beweisen ich kann nichts beweisen nur
weitergehen
gottwärts wo ichs vermute wag ich den Sprung
Du kommst mir entgegen Gott
manchmal
satt werde ich nie
wer weiß
(Carola Moosbach)

RISIKO!

Vielen Menschen ist das Beten fremd, sogar unmöglich. Das verdient Respekt. Sie sollen nicht bedrängt werden, aber sie sollen wissen, dass man vor Gott auch zweifeln und schweigen kann.

Bücher

(Im Dialog zu lesen)

Trauernde lesen lange nichts. Oder nur sehr wenig. Selbst wenn sie vor ihrem Trauerfall viel gelesen haben, verliert sich das erst einmal vollkommen. So wie für viele Fernsehen, Kino, Musik, Hobbies erst einmal tabu sind, so fällt das Lesen auch einfach in einen Bereich völliger Vergessenheit. Das ist deshalb so eindeutig, weil die Trauer lange Zeit sehr kurzatmig und unstet flattert. Sie huscht hin und her, sie irrt verwirrt umher, sie ist ruhelos und kann nicht gut verweilen. Die Aufmerksamkeit und die Muße, die ein Buch braucht, um mit uns zu sprechen und uns hineinzunehmen in eine Geschichte, die erst einmal nicht unsere ist, fehlt lange. Und doch wird wieder eine Zeit kommen, in der auch trauernde Menschen anfangen zu lesen. Anfangs sind es nur kurze Texte, Gedichte vielleicht, Lieder, Verse. Die Dosierung zum Wiederentdecken des Schonraums eines Buches muss klein beginnen. Das unendliche Kreisen um die eigene Befindlichkeit hat sich oft mit einer solchen Eigendynamik breit gemacht, dass in der Wahrnehmung und in der Bereitschaft mit der Aufmerksamkeit einmal wieder von sich abzusehen, lange Zeit verloren scheint. Erst wenn es gelingt, glaubhaft darzustellen, dass der Blick in ein Buch dem Blick in einen Spiegel gleicht, beginnt die Neugier und das Interesse wieder zu wachsen. Und dann kann etwas sehr heilsames und psychohygienisch Klärendes seinen Anfang nehmen, nämlich das Zur-Kenntnis – nehmen anderer Trauerfälle, die mir sehr vertraut vorkommen, weil sie meinem Ergehen so ähnlich sind. Es tritt im Grunde dieselbe Bewegung ein, wie beim Einsteigen in den Dialog mit einem einzelnen Gesprächspartner oder erstrecht mit einer ganzen Gruppe von Gleich-Betroffenen. Dass es andere Menschen gibt, die, wie ich, Tod und Sterben, Abschied und Verlust erlebt haben, das macht mein Ergehen nicht ungeschehen, aber es relativiert es und hilft aus der Isolation. Gleichzeitig erweist sich bald das Lesen als Schonraum, als wohltuende Unterbrechung, als Pausenzeit. Unbewusst kann sich die von dem Kummerschmerz überstrapazierte Seele etwas erholen, abgelenkt und »unterhalten« vom Reiz des fremden Leides, das doch dem Meinen so sehr ähnlich ist.

Hat eine trauernde Person erst einmal angefangen, sich einem Buch zu öffnen und mit ihm »verwickelt« zu werden, fangen auch wieder neue Möglichkeiten des Dialoges an. Bücher, die dem Phänomen der Trauer auf der Spur sind, führen tatsächlich in einer wohltuenden Doppelbewegung von der individuellen engen Sicht weg, öffnen den Horizont, um dann verändert wieder bei sich selbst anzukommen. Mit dem Lesen fängt die Trauer an »zu reisen«. Sie kommt endlich »vor die Tür«, geht aus sich heraus, blickt über den eigenen Zaun in eine lange vergessene Weite. Sie betritt das Hoheitsgebiet anderer Trauerbiografien und ebnet sich so selber einen Weg, der die eigene Trauerarbeit vorwärts bringt. Es kann womöglich Jahre dauern, bis dieser Aufbruch gelingt. Aber er verspricht in jedem Fall eine neue Zeit im Umgang mit dem erlittenen und noch immer zu erleidenden Schicksal. Die Herangehensweise kann sehr unterschiedlich gestaltet sein:

Das kann gemeinsam in einem Dialog oder sogar in Gruppengesprächen geschehen. Ich selber habe Bücher in der seelsorglichen Begleitung einzelner Personen oft bei gemeinsamen Spaziergängen besprochen. Andere in Auszügen mit Trauergruppen. Ich habe auch erlebt, dass sich Trauernde ein Buch geschenkt haben, das ihnen selber gut getan hat, um es dann noch einmal mit einem Gegenüber anzuschauen. Wenn ich Menschen mit Briefen längere Zeit begleite, schreibe ich ihnen oft Passagen ab, die mir vielsagend zu sein scheinen. Um Appetit zu machen, kann auch eine Leseprobe bei einem Treffen vorgestellt und ausgewertet werden. Kurzum, ich möchte anregen, gute Bücher, die sich mit der Thematik Tod, Trauer, Trost und Hoffnung beschäftigen nach einer geraumen Zeit der Begleitung gemeinsam zu lesen. Im Literaturverzeichnis sind viele hervorragende Vorschläge genannt.

Vorstellen kann ich hier etwas ausführlicher nur Sieben. Die Präsentation folgt jetzt nicht mehr dem bisherigen Schema eines vorgeschlagenen Ablaufs einer Begegnung, sondern besteht aus einer kurzen Inhaltsangabe und gezielten Hinweisen auf im jeweiligen Buch angesprochene Themen (mit Seitenangabe). Vorstellen und exemplarisch besprechen will ich hier in der Reihenfolge ihres Erscheinens:

- Mitch Albom, Dienstags bei Morrie, Die Lehre meines Lebens, 1998
- Eric Emmanuel Schmitt, Oskar und die Dame in Rosa, 2002
- Barbara Pachl-Eberhart, vier minus drei, 2010
- Esther Maria Magnis, Gott braucht dich nicht, Eine Bekehrung, 2012
- Isabel Bogdan, Laufen, 2019
- Benedict Wells, Hard Land, 2021
- Thea Dorn, Trost, Briefe an Max, 2021

Mitch Albom, Dienstags bei Morrie – Die Lehre meines Lebens

Inhalt

Eine wahre Geschichte. Der Sportkolumnist, Musiker, Radiomoderator und TV-Journalist aus Michigan, Mitch Albom, Jahrgang 1958, besucht nach 16 Jahren erstmals wieder seinen alten Lieblingsprofessor Morrie Schwartz. Der ist inzwischen schwer erkrankt und weiß, dass er bald sterben wird. So sehr ihn die tödliche Krankheit bereits gezeichnet hat, so hat er darüber doch seine Würde bewahrt und seinen Mut nicht verloren. Und so vereinbaren die beiden, sich jeweils dienstags zu treffen, vierzehn Wochen lang. Sie führen hinreißend offene Gespräche über das Leben, die Kultur, Ehe und Familie, Verzeihen, Glück und Abschied, Reue und Angst. Diese fest vereinbarte Verabredung zum regelmäßigen Austausch nennen die beiden ihr »letztes Projekt« . Es bringt die beiden Freunde einander näher und hilft ihnen zum Sterben und zum Leben.

Es ist wie so oft: Der, der meint, dem Sterbenden Kraft und Trost spenden zu müssen, bekommt stattdessen für sich selbst eine neue Sicht auf das Leben und wird beschenkt mit Liebe und Selbsterkenntnis.

Das Buch ist kurzweilig und Trauer-Lese-Tauglich. Es kann abschnittsweise gelesen und besprochen werden. Auch in Auswahl. Das Motiv der regelmäßigen Treffen und dem Besprechen eines bestimmten Themas legt als Ansprechpartner TRAUERGRUPPEN nahe. Dabei ist es naheliegend, sich dann selbst den besprochenen Themen im Austausch zuzuwenden.

Aspekte zum gezielten Nachlesen:

1. Selbstmitleid

Wer eine tödliche Krankheit erleiden muss, darf diese schwere Last auch betrauern. Niemand muss heroisch über sich hinauswachsen. Selbstmitleid ist ein Menschenrecht. Aber es darf nicht alle anderen Gefühle überwuchern. Morrie schildert seinem Dienstagsfreund, wie er sich am Morgen eine gewisse Mitleidszeit zugesteht und diese auch tränenreich auslebt. Aber dann entscheidet er, sich mit seiner ganzen Aufmerksamkeit dem Guten zuzuwenden, das es auch noch in seinem dem Ende zugehenden Leben gibt: Besuch, Geschichten, verbleibende Zeit, sich zu verabschieden.

So gelingt es ihm, das Selbstmitleid in gebührendem Rahmen zuzulassen und doch gleichzeitig zu relativieren und in seine Schranken zu weisen. (Seite 72)

2. Sterben lernen, um leben zu lernen

Dass sich der Mensch im Grunde für unsterblich hält, das wissen wir spätestens seit Sigmund Freud. Das Paradoxon tragen alle in sich: zu wissen, dass wir sterben müssen, es aber nicht wirklich zu glauben. Morrie ist aber der Meinung, dass es nicht nur töricht ist, die eigene Sterblichkeit zu verdrängen, sondern dass es sogar daran hindert, wirklich bewusst zu leben. Von daher vertritt er die kühne These, dass das Bejahen der eigenen Sterblichkeit die Voraussetzung dafür ist zu lernen, wie man lebt. (Seite 98)

3. Vom Wert der Familie

Für viele Leidende und Trauernde ist der Wert der Familie eine wahre Entdeckung. Es gehört zu den wirklich wunderbaren »Nebenwirkungen« schwerer Zeiten, dass sie in der Tat einen neuen Zugang unter den Angehörigen ermöglichen. Das ist (leider) nicht immer der Fall. Aber doch birgt die Not ein ungeheuer wertvolles Potenzial, sich als Familie neu zu entdecken und schätzen zu lernen. Mitunter ist es sogar der Anfang einer bis dahin vollkommen vernachlässigten Anteilnahme und Anteilgabe. Oftmals gehen deshalb Familien gestärkt und eng verbunden die ihnen zugemuteten schweren Wege gemeinsam. (Seite 107)

4. Vom Wert der Vergebung
Im Hinblick auf die Endlichkeit des Lebens bekommen die gegenseitige Vergebung und die vollzogene Versöhnung einen ganz hoher Stellenwert. Morrie schildert auf bewegende Weise eine ehemals enge Freundschaft zu einem Ehepaar. Auf schmerzhaft enttäuschendem Wege verlieren sie sich aber aus den Augen. Als Morrie angesichts seines nahenden Endes dem dringenden Bedürfnis nach Aussprache und Vergebung nachkommt, erfährt er vom Tod des ehemaligen Freundes. Jetzt ist es für Vergebung zu spät. Das tut weh. Umso wichtiger wird es dann, zumindest mit sich selber versöhnt zu sein. (Seite 188)

Eric Emmanuel Schmitt, Oskar und die Dame in Rosa

Inhalt

Dieses zauberhafte Büchlein ist so ergreifend, so unfassbar traurig und liebevoll, an vielen Stellen erfrischend komisch und an manchen Stellen zum Niederknien. Wann haben uns schon einmal 100 Seiten so vollkommen vorbehaltlos offen das Thema Tod und Sterben nahegebracht, ohne uns in den Abgrund zu stürzen?

Oscar ist erst zehn, aber er ist todkrank. Er hat Leukämie. Und das weiß er auch. Die Eltern und Ärzte wissen es auch, aber sie verdrängen es und reden nicht offen. Da bringt Oma Rosa als ehrenamtliche Besucherin das Ende der Sprachlosigkeit ins Krankenhaus. Sie schafft es, ein Vertrauensverhältnis zu dem kleinen Jungen aufzubauen, über alles ohne Tabu nachzudenken, und sie ermutigt Oscar, 13 Briefe an den lieben Gott zu schreiben. Das macht er auf Du und Du, völlig unverkrampft, wie mit einem guten Freund, dem man alles sagen kann. Alles, was ihn umtreibt an Gefühlen und Eindrücken, bringt er zu Papier: Liebe, Schmerz, Freude und Verlust.

Wann wurde jemals die Krankheit und der Tod eines Kindes so ganz ohne Sentimentalität, so unerschrocken thematisiert?

Und dann die grandiose Idee, sich jeden verbleibenden Tag wie zehn Jahre seines Lebens vorzustellen, sodass Oscar auf wundersame Weise tatsächlich im Zeitraffer ein ganzes Menschenleben entlangfliegt, von der ersten Liebe, über Eifersucht, Midlife-Crisis und das Alter bis zum Sterben in Frieden.

Dass dieses Buch schon in 15. Auflage seit 2002 erschienen ist, gibt ihm Recht. Es ist eines der besten Trauerbücher.

Als ZIELGRUPPE kommen besonders trauernde Eltern in Betracht. Aber es ist wegen seiner betörenden Schlichtheit für alle Interessierten gut geeignet.

Aspekte zum gezielten Nachlesen:

1. Der Tod als Tabu
Dass ein Kind sterben muss, dass die Medizin machtlos scheint, dass Ärzte und Pflegepersonal überfordert sind, die Eltern erst recht, das wird in diesem Büchlein offenbar. Aber es wird nicht bloßgestellt, vielmehr menschlich wahr und wahrhaftig angesprochen. Nachzulesen auf den Seiten 16 und 17.

2. Gottesbeziehung
Oma Rosa ermutigt den kleinen Oskar, Briefe an Gott zu schreiben. Und das tut er dann völlig unverkrampft, so als würde er einem guten Freund schreiben, um ihn auf dem Laufenden zu halten. Die Idee wird auf Seite 20 schön beschrieben.

3. Kreuz tragen
Oma Rosa hat eine unfassbare Idee. Sie schlägt Oskar einen Besuch bei Gott vor. Oskar ist sprachlos und kann es kaum fassen, dass Gott auch im Krankenhaus sein soll. Sie gehen in die Kapelle. Es folgt eine der bewegendsten Szenen des ganzen Buches. Beim Betreten des Sakralraumes sieht Oskar das Kruzifix und erschrickt. Wie kann es sein, dass der helfen soll, der so da hängt. Beide setzen sich in die erste Reihe und Oma Rosa fragt Oskar, wie er sich einen guten Freund vorstellt, der ihn wirklich versteht. Ob es ein Held sein soll, den nichts umhauen kann, der weder Leid noch Tod zu fürchten hat, oder ob es einer sein soll, der das alles kennt und dem man nichts erklären muss. Oskar entscheidet sich für den Mann am Kreuz. (Seite 63)

4. Coaching für den hilflosen Helfer
Für den behandelnden Arzt, Dr. Düsseldorf, ist Oskar eine Herausforderung. Nachdem alle medizinischen Methoden und Versuche einer Heilung fehlgeschlagen sind, kommt es zu einem unfassbar offenen Dialog zwischen den beiden. Oskar redet seinem Doktor gut zu und überzeugt ihn, dass es nicht gut ist, wenn er sich mit Schuldgefühlen überfordert. (Seite 95)

5. Wer hilft wem?
Es ist ja ein bekanntes und doch immer wieder verblüffendes Phänomen, dass Sterbebegleitung eine enorme Herausforderung ist, die hart an die Grenzen führt und manchmal auch darüber hinaus, andererseits aber so dermaßen bereichernd und erfüllend sein kann wie kaum eine andere Form der Begegnung von Menschen. So ist auch hier nach dem Tod des kleinen Oskars der Dank bei Oma Rosa groß. (Seite 104)

Barbara Pachl-Eberhart, vier minus drei

Inhalt

Das ist ein erschütternd-aufrichtiges Buch einer Frau, die von einem Tag auf den anderen ihre Familie durch einen tragischen Verkehrsunfall verliert. Ihr Mann und ihre beiden Kinder sterben an einem unbeschrankten Bahnübergang ganz in der Nähe ihres gerade bezogenen Eigenheims. Zwei Jahre danach schreibt sie alles auf. Wie sie mit Mut und Wut, mit Offenheit und Zurückgezogenheit, mit Schmerz und Trauer einen Weg zurück ins Leben findet. Das ist kein Roman. Das ist das Protokoll eines Weltuntergangs.

Eigentlich können es nur Menschen wirklich erahnen, die selbst einen Trauerweg haben gehen müssen und schon ziemlich lange damit vertraut sind. Es kann durchaus ganz gelesen werden, mit regelmäßigem Austausch und Gespräch. Es können aber die nachfolgend angesprochenen Aspekte auch schon ausreichen, um dieses authentische Trauertagebuch zu einem Gewinn zu machen auf der Suche nach einer Rückkehr in das Leben, das komplett ein anderes geworden ist.

ZIELGRUPPE mit besonderer Betroffenheit dürften Menschen sein, denen ebenfalls durch einen tragischen Unglücksfall Angehörige genommen wurden.

Aspekte zum gezielten Nachlesen:

1. Nicht loslassen, sondern verbunden bleiben
Die Trauerforschung hat es längst entdeckt. Es geht nicht wirklich um ein Loslassen der Verstorbenen als erstrebenswertes Ziel eines Trauerweges. Erst recht nicht, wenn es ein Tod »vor der Zeit« ist, wenn das gemeinsame Leben erst begonnen hatte und längst nicht

zusammen gelebt werden konnte. Dann geht es darum, den oder die Verstorbenen in guter und erträglicher Weise bei sich zu behalten und in das neu zu entdeckende Leben zu integrieren. (Seite 12)

2. Erinnerung bleibt

Viele Trauernde haben die Befürchtung, dass ihnen mit der Zeit wertvolle Erinnerungen an gemeinsame Erlebnisse und geteilte Lebenszeit verloren gehen, irgendwie entgleiten könnten. Ihnen macht die Angst, auf diese Weise den Tod und das Sterben ein weiteres Mal zu erleiden, schwer zu schaffen. Hier kann die Autorin eine wunderbare Ratgeberin sein. Sie berichtet nämlich, wie sie sich erfolgreich vergewissert hat, dass nichts verloren geht. Sie hat die wertvolle Erfahrung gemacht, dass sie sich der liebevollen Erinnerungen gewiss sein darf, ohne alles sozusagen gleichzeitig präsent vor Augen zu haben.

Sie muss das Vorhandenbleiben der Erinnerungen nicht mehr kontrollieren und überwachen, weil sie inzwischen weiß, dass ihr das bewusst zugelassene neue Leben immer wieder Anstoß dafür ist, bestimmte Geschehnisse und Augenblicke an die Oberfläche getragen zu bekommen. Sie nennt die Erinnerung ein »Kaleidoskop«, das in immer neuen Kombinationen andere Bilder entstehen lässt. Das führt sie gegenwärtig in eine beruhigte Gelassenheit im Umgang mit den Schätzen der Vergangenheit. (Seite 18)

3. Trauer-Dauer

Viele Trauernde sehnen das Ende ihrer Trauer herbei. Sie hoffen, dass es eines Tages endlich geschafft ist. Sie verwechseln die Trauer mit einer lästigen Krankheit, die es möglichst zu bekämpfen und schließlich zu überwinden gilt. Dem widerspricht die Autorin vehement. Sie bezeichnet ihre Trauer als »weise Lehrmeisterin«, die ihr immer wieder neue Lektionen zumutet. Sie hält darum ein Ende der Trauerdauer gar nicht für erstrebenswert. Im Gegenteil! (Seite 68)

4. Kleidung

Weil es so oft Thema in der Trauerbegleitung ist, bekommt die authentische Schilderung vom Umgang mit der Kleidung einen besonderen Wert. Die zurückgelassene Kleidung des verstorbenen Mannes trägt die Autorin mit entschlossener Hingabe. (Seite 84)

5. Noch nicht bereit für die Welt
Gerade weil die Umgebung in der Regel die Trauernden fürsorglich mit der Forderung belagert, endlich wieder in das »normale Leben« zurückzukehren, braucht es immer auch eine Ermutigung, sich genau diesem Drängen zu verweigern. Das Buch gibt da wertvolle Hilfe zum Widerstand gegen alle unverschämte Nötigung, sich dem Leben zu öffnen. Dass Trauernde ein Recht darauf haben, vorerst verschlossen zu bleiben, ist eine wertvolle Bereicherung. (Seite 122)

6. Der Schmerz bleibt ein Gast auf Zeit
Eindrucksvoll schildert Barbara Pachl-Eberhart ihre Erfahrung mit dem immer wieder hereinstürmenden Schmerz. Er überfällt sie immer, wenn sie alleine und deshalb so angreifbar ist. Aber sie hat die Erfahrung gemacht, dass er sich an die Regeln eines Gastes hält: Er kommt, aber er geht auch wieder. (Seite 150) Und er bringt immer auch ein Gastgeschenk mit. (Seite 151)

Esther Maria Magnis, Gott braucht dich nicht – Eine Bekehrung

Inhalt
Es ist eine Katastrophe, nicht an Gott zu glauben. Es aber zu tun ist nicht weniger katastrophal. Dieses Buch ist so schonungslos ehrlich und so unfassbar religionskritisch, wie komplett gottvoll. Es entlarvt die Kirchenkulisse schonungslos. Es ist anstrengend realistisch in der Wahrnehmung religiöser Scheinwelten. Es kommt nie zu einem guten Schluss. Es bleibt anstrengend und existenziell bis auf die letzte Seite. Der »liebe Gott« ist alles andere als lieb, schon gar nicht harmlos oder irgendwie zu begreifen. Die Autorin lässt an ihrer Glaubensbiographie hautnah teilhaben: wie sie sich mit Gott trifft, erst recht, wie sie sich von ihm verabschiedet, auch, wie sie ihn wiederfindet – aber nie leicht, einfach so, irgendwie selig. Immer müh-selig. Tod und Sterben des Vaters und des Bruders mit der ganzen brutalen Wucht werden nicht verharmlost oder beschönigt. Ester Maria Magnis erlaubt ihrer Leserschaft, ganz nah an ihre Trauer und Verzweiflung heranzukommen. Sie gibt Anteil an diesem zermürbenden Ringen mit Gott angesichts der ausbleibenden Hilfe und Verschonung vor Tod und Abschied. In einer ungewohnt weltlichen Sprache kommt alles authentisch an die Oberfläche, was eine gute Beziehung

(auch) ausmacht: Distanz und Nähe, Streit und Friede, Vertrauen und Protest, Liebe und Kummer. Dass es sich um eine Bekehrung handelt, macht daraus kein happy end. – Ob Christ oder Atheist, dieses Buch ist für alle, die es sich nicht nehmen lassen, unermüdlich der Frage nach dem Sinn und Ziel menschlichen Lebens auf den Grund zu gehen. Es kann zudem für Trauernde eine Sprachhilfe sein und eine Ermutigung, mit gebotener Frechheit und unverschämtem Mut die Grenzerfahrungen anzuschauen und ertragen zu lernen.

ZIELGRUPPE könnten vor allem jene Menschen sein, denen ihr Glaube wichtig ist, sie aber gerade deshalb daran hindert, ihre Trauer mit der ganzen Wucht auszuleben. Ihnen erscheint es unanständig und gottlos zu sein, auch die Empörung, die Wut und den Zweifel an Gott zuzulassen. Das Buch ist, so gesehen, eine Anleitung zum emanzipierten Umgang mit dem Allmächtigen, der Menschen mitunter so ohnmächtig macht.

Aspekte zum gezielten Nachlesen:

1. »Wir müssen euch etwas sagen ...«

Die Momente, in denen eine schlimme Nachricht eine Familie überfällt, sind den Trauernden lange noch präsent. Der Tag, an dem die Diagnose kam, der Unfall passierte, und der alles auf einen Schlag auf den Kopf gestellt hat, bleibt für immer im Gedächtnis. Diese Tage heißen »Stichtage«, weil sie zustechen. Es kann darum eine lohnende Gesprächsrunde mit und unter Trauernden einleiten, eine solche Szene anzuschauen. Esther Maria Magnis schildert eindrucksvoll den Moment (sie ist damals gerade 15 Jahre alt), da die Eltern von der tödlichen Krankheit des Vaters am Mittagstisch zu sprechen beginnen. (Seite 33)

2. Der Krebsblick

Wenn die Diagnose Krebs erst einmal in der Welt ist, dann ist nichts mehr, wie es zuvor war. Es gibt zwar immer wieder den verzweifelten Versuch der Familie, in das alte Leben zurückzusteuern, vertraute Rituale zu wiederholen, Normalität zu pflegen, aber die unmittelbar Betroffenen können da nur noch bedingt »mitspielen«. Ihnen wird das Leben der Anderen zur Banalität, die sie unmöglich teilen können. So schildert die Autorin eine Szene in einer Pizzeria. Alle Familienmitglieder sitzen an einem Tisch. Plötzlich treffen sich die

Blicke von Vater und Tochter, und Esther Maria sieht das Flattern und die Fluchtgedanken, schon ehe er aufsteht und rausgeht. Sie nennt diesen unsagbar traurigen und vom Erschrecken geprägten Gesichtsausdruck den »Krebsblick«. Den hatte sie bis dahin noch nicht gekannt. Nun würde sie ihn immer öfter sehen. Sie folgt ihrem Vater, der draußen auf der Straße um Fassung ringt, und nimmt seine Hand, überwältigt von Liebe und Traurigkeit. (Seite 52)

3. Papa stirbt – und der Glaube mit ihm
Die Autorin schildert, wie sie ihrer Schwester wutentbrannt widerspricht, als diese behauptet, dass der Vater sterben wird. Weil nicht sein kann, was nicht sein darf, stürzt sich das Mädchen in einen fatalen Kinderglauben an den lieben Gott, der Gebete erhört und den Vater wieder gesund werden lässt. Mit dieser absurden Logik setzt sie alles auf eine Karte. Vater bedeutet Leben. Stirbt der Vater, ist auch das Leben vorbei. Und zwar das Leben aller Familienmitglieder. Und so kommt es dramatisch zum Zusammenbruch des Glaubenshauses, als der Vater tot in der Klinik aufgebahrt liegt – und mit ihm auch der Glaube, auch Gott gestorben ist. (Seiten 70-75)

Dieser verlorene Glaube schlägt dann um in blanken Hass. Ja, die ganze Existenz der Tochter definiert sich auf einmal im Widerstand gegen Gott, der ihr alles schuldig geblieben ist und dessen Liebe sich als blanker Irrtum erwiesen hat. (Seiten 103-108 und 195)

4. Kennt auch dich
Es ist ein langer Weg, bis die Autorin wieder anfängt, ihre Gottesbeziehung aufzunehmen und sich neu anzufreunden mit diesem rätselhaften, ganz anderen Vater im Himmel. Es ist interessant, dass es ausgerechnet ein Lied aus Kindertagen ist, das die Keimkraft für ein neu aufblühendes Glaubenspflänzchen besitzt. »Weißt du, wieviel Sternlein stehen....« singt die Autorin am Bett der Oma, als ihr auf einmal die Wendung »Gott, der Herr, hat sie gezählet, dass ihm auch nicht eines fehlet, kennt auch dich und hat dich lieb ....« begegnet und plötzlich eine neue, zweite Naivität aufblüht: erinnert und wieder geholt als unzerstörbare Geborgenheit trotz allem. (Seite 174)

Benedict Wells, Hard Land

Inhalt

Es geht um das Erwachsenwerden. Um die Entdeckung des Lebens überhaupt. Die Hauptfigur, Sam, ist zu Beginn 15 Jahre alt, komplett ahnungslos und aussichtslos mit seinen Niederlagen beschäftigt. Das betrifft nicht nur die Schule und seinen Freundeskreis, den es erst einmal gar nicht gibt, sondern auch seine Familie: Er hat eine viel ältere Schwester, die als Papas Liebling schon ausgezogen und auf allen Ebenen unerreichbar ist. Und dann geht es vor allem um seine Mutter. Die ist todkrank und stirbt auch bald.

Neben den atemberaubenden Schritten ins Erwachsenenleben wird die Leserschaft nicht nur in diese Biographie eines jungen Mannes hinein geführt, sondern nimmt Anteil auch an seiner Konfrontation mit dem Sterben und dem Tod. Die Trauer aus der Perspektive der Pubertät und des Erwachsenwerdens. Das macht diesen Roman zu einem ganz besonderen Trauerlabor.

ZIELGRUPPE könnten demnach trauernde Jugendliche sein, die eine starke Affinität zu der Gegensatzerfahrung von Aufbruch und Abbruch des Lebens fast zerreißt.

Aspekte zum gezielten Nachlesen:

1. Das elendig lange Sterben

Wenn erst einmal die Ansage eines bevorstehenden Endes ins Elternhaus eingezogen ist, sitzt der Tod immer mit am Tisch. Der Junge ist 11 Jahre alt, als seine Mutter den Hirntumor bekommt. Man kann nicht andauernd die Luft anhalten. Trotz schlechter Prognose lebt die Mutter weiter. Und die Tatsache, dass das Sterben angesagt ist, aber nicht passiert, ist total zermürbend. Alles geht weiter: Arbeit, Schule, Lachen, Streiten, Fernsehen … und alle warten auf schlechte Nachrichten. Es droht Erstickungsgefahr …. (Seite 34)

2. Wiedersehen?

Die Frage beschäftigt alle Trauernden regelmäßig: Werden wir unsere Verstorbenen wiedersehen? Diese Sehnsucht ist da und doch unheimlich weit weg. Trotzdem kann Sam seine Mutter nach deren Tod noch immer spüren. Er fühlt ihre Nähe noch deutlich. Die Frage, wo unsere Toten sind, wenn sie nicht mehr hier unter uns sind, die wird auf allen Trauerwegen wiederholt. (Seite 223)

3. Unsicherheit
Selbst die besten Freunde tun sich schwer. Sie wissen nicht, wie sie mit Sam umgehen sollen. Symptomatisch dafür ist eine eindrucksvolle Szene, als die Freunde den trauernden Sam in seinem Versteck ausfindig machen, in das er sich von seiner Familie zurückgezogen hat. Jetzt wollen sie ihn trösten, wissen aber nicht wie – mit verständnisvollen Blicken, mit Umarmen, mit Scherzen, mit Fragen nach der Mutter, mit Schweigen, mit Essen, mit Albernheiten. (Seite 231)

4. Trauermarathon
Eine Quintessenz des Buches ist die immer mehr zur Gewissheit reifende Erkenntnis, dass Trauer nicht vorübergeht, nicht im Sprint zu bewältigen ist, sondern bis auf Weiteres Tag für Tag präsent bleibt. Ein Marathon eben. (Seite 274)

Thea Dorn, Trost – Briefe an Max

Inhalt
Die Journalistin Johanna steht nach dem Corona-Tod ihrer Mutter trostlos am Abgrund. Da sie nicht gottgläubig ist, sucht sie einen philosophischen Trost-Ansatz. Dazu wird sie an- und aufgeregt durch ihren alten philosophischen Lehrer Max, der ihr regelmäßig seltsam-vielsagende Postkarten schickt, auf die Johanna leidenschaftlich antwortet. Thea Dorn gelingt es, das herzzerreißende Ringen einer Frau abzubilden, die sich, ohne Rücksicht auf sich selbst, den existenziellen Fragen einer aus den Fugen geratenen Pandemie-Zeit stellt.

Schonungslos offen stellt sie sich den zentralen Fragen der Endlichkeit unseres Lebens, der Angst vor dem Tod und der Sehnsucht nach einem glücklichen Leben. Als sie die erste Karte von Max erhält, ist sie gerade in die Trauer um ihre Mutter gefallen. Seine Frage »Wie geht es Dir?« klingt zwar harmlos-fürsorglich, löst aber bei Johanna eine solche Wut und Verzweiflung aus, die sich bei ihr durch das erzwungene einsame Sterben der Mutter angestaut hat. Und damit beginnt eine spannende Selbstreflexion, die mit ihrer authentischen Unmittelbarkeit in ihren Bann zieht.

ZIELGRUPPE: Interessant macht dieses Buch die unmittelbare Nähe zur Pandemie. Es wäre also besonders für das Gespräch mit Angehörigen geeignet, die Menschen durch Corona verloren haben.

Aspekte zum gezielten Nachlesen:

1. Der tödliche Irrtum
Die Mutter stirbt an ihrem verdammten Leichtsinn im Umgang mit dem Virus. Obwohl 84-jährig, hält sie sich für unsterblich und das Virus für ein Gerücht. Diese Form des Trauerfalls bringt die Hinterbliebenen in eine besondere Situation. Sie zu beschreiben wird gegenwärtig immer wichtiger. (Seite 9-13)

2. Gefühlschaos
Thea Dorn gelingt es eindrucksstark, den Ausbruch chaotischer Gefühlswallungen zu beschreiben: die Schuldgefühle und Selbstvorwürfe (Seite 13), Ihre Wut und ihren Zorn – auch wegen der coronabedingten Besuchssperren im Krankenhaus (Seiten 14 und 16). Wie gut das Beileid der Weggefährten tut, trotz Abstandsregeln und Maskenpflicht. (Seite 22)

3. Trostlos
Die Autorin pocht auf das Recht, ja die Pflicht einer zutiefst Trauernden zum Untröstlichsein. Dass dies die Gefahr mit sich bringt, den Verstand zu verlieren, schließt sie nicht aus.

4. Die Nähe der Verstorbenen suchen
Es macht die Trauer so menschlich und geradezu liebenswert, dass sie als Gefühl der Sehnsucht nach Nähe und Vertrautheit sich selbst ihren Trost sucht. Das tut sie zum Beispiel durch das Aufstöbern des Geruches, der an die Verstorbene erinnert. In diesem Fall sind es die Rauchutensilien und Zimmerpflanzen der Mutter (Seite 44). Oder der seidene Morgenmantel, in den sich die Tochter einwickelt und sich so festzuhalten sucht (Seite 59).

5. Trauerpause
Immer wieder erschrecken Trauernde über sich selbst, wenn sie sozusagen »aus Versehen« einmal aufgehört haben zu trauern. Wenn es plötzlich an einem Tag etwas gegeben hat, was sie so abgelenkt und

besetzt hat, dass sie für Stunden mit ihren Gedanken weit weg von den Toten, mitten im Leben gewesen sind. Und wenn sie aus einem bösen – schönen Traum erwachen, erfasst sie sofort ein schlechtes Gewissen ob dieser Absenzen. Hier macht die trauernde Tochter Picknick am Lieblingssee, genießt den Fahrtwind und die Sonne, das kalte Wasser und die leise schwappenden Wellen, das Wolkenspiel und die Entenfamilie – und nennt es einen »schönen Tag«. Und es scheint ihr überhaupt nichts auszumachen, dass ihre Trauer diese Pause macht (Seite 123).

6. Trost
Thea Dorn hat den Mut, das Phänomen Trost vollmundig zu umschreiben. Wenn also trauernde Menschen darüber nachdenken und sich womöglich darüber austauschen wollen, was ihnen Trost bedeutet, dann könnten sie hier reichlich inspiriert und angeregt werden. Aus vollem Herzen lieben und doch loslassen können, das ist nur eine der Umschreibungen. Auf jeden Fall braucht Trost eine unbedingte Voraussetzung: Bereitschaft! (Seite 168)

Isabel Bogdan, LAUFEN

Inhalt

Wenn uns eine Lebenssituation aus der Bahn wirft, wir die Koordinaten unserer Lebensbalance gänzlich entrissen bekommen, dann kann es sein, dass wir alles nur noch »zum Davonlaufen« finden. Und exakt so geht es der Hauptperson dieses Buches. Wir treffen auf eine Frau, die einen erschütternden Verlust zu beklagen hat. Ihr Lebensgefährte nimmt sich das Leben und reißt das ihre gleich komplett mit in den Abgrund. Sie ist eine Musikerin und eine Läuferin.

Ihre Atemlosigkeit bildet das Buch dabei so atemberaubend ab, weil es »ohne Punkt und Komma« immerzu aneinanderreiht, was in dieser trauernden Witwe pausenlos vor sich geht. Beim Lesen gerät man deshalb unausweichlich ebenfalls in Atemnot. Die Mischung aus gekränkter Liebe, verlässlicher Freundschaft, heilloser Wut, hingebungsvollem Musizieren und tatsächlich unverwüstlichem Humor kann es mit der Verzweiflung aufnehmen. Es ist berührend, wie wir auf diese Art und Weise Anteil nehmen können an der allmählichen Gesundung von Leib und Seele.

Auch hier kann es völlig ausreichen, die nachfolgend angedeuteten Aspekte nachzulesen und so Abschnitte des Buches mit anderen zu teilen. Es ist aber mindestens genauso ratsam, das ganze Buch miteinander zu lesen und auf sich wirken zu lassen. Interessant wäre zum Beispiel, die Teilnehmenden jeweils eine Passage für sich auswählen zu lassen, die sie am meisten beeindruckt hat. Das auf dieser Basis geführte Gespräch könnte einen sehr spannenden »Verlauf« nehmen.

ZIELGRUPPE könnten hier primär von Suizid Betroffene sein. Interessant wäre der Versuch, tatsächlich eine Trauergruppe zu begleiten, die regelmäßig miteinander läuft.

Ich habe viele Trauerbegleitungen während gemeinsamer Spaziergänge gemacht. Die Bewegung entspannt, die gemeinsame Blickrichtung entlastet, das unterschiedliche Tempo geht sensibel auf den Gesprächsverlauf ein, es gibt Reize und Anregungen von »außerhalb«, die unterbrechen und Pause gönnen, es gibt ein klares Zeitfenster durch den vereinbarten Weg und das Ziel.

Aspekte zum gezielten Nachlesen:

1. Endlich tut der Körper weh
Trauernde sind oft pausenlos mit sich beschäftigt und kreisen um immer gleiche Fragen und Themen. Es gibt nur ganz wenig Möglichkeiten, sich selbst zu entkommen. Laufen ist dann eine super Lösung. Sobald es anstrengend und schmerzhaft wird, kommt man weg von der ganzen Grübelei, spürt sich selbst, der Körper rebelliert und bringt es an den Tag, dass man noch lebt. (Seite 8)

2. Alles zum ersten Mal alleine machen
Das erste Trauerjahr ist alleine deshalb schon eine Zumutung, weil es unentwegt Mutproben zu bestehen gibt. Alles findet nämlich gnadenlos statt: Geburtstage, Sommerurlaub, Miete zahlen für zwei, Weihnachten, Silvester, der Todestag. Dieser Premieren-Parcours hat es in sich. (Seite 19)

3. Den anderen beim Normalsein zusehen
Bist du allein, siehst du nur noch Paare Hand in Hand spazieren gehen. Isabel Bogdan beschreibt hinreißend, wie sie unter dem Anblick vom Glück der anderen leidet. (Seite 47)

4. Neues Zuhause
Sie wechselt die Wohnung. Aber es ist kein Zuhause mehr da. Denn Zuhause, das ist der andere Mensch, den ich verloren habe. Sie nennt die neue Wohnung ein »Loch«, in dem sie niemand mehr berührt oder gar küsst. Da bleiben nur noch die Schlafanzüge. (Seite 31 und 47)

5. Darüber hinwegkommen?
Bestimmte Formulierungen sind für Trauernde Menschen unerträglich. Für die Autorin ist es neben »Das Leben geht weiter« und »Er ist jetzt in einer besseren Welt« der bescheuerte Ausdruck vom »Darüber hinwegkommen«. Kein Mensch kann das schaffen. Es wird bestenfalls ein bisschen weniger schlimm – auch weil man irgendwann eine Hornhaut auf der Seele hat. (Seiten 53, 83, 85, 179, 191)

6. Warum Suizid?
Das ist die schwerste Frage. Zusammen mit den beiden kurzen Abschiedssätzen, die er ihr hinterlassen hat – dass er mit seiner Entscheidung (sich das Leben zu nehmen) glücklich ist und sie es auch sein soll –, liegt hier das Epizentrum der Trauer. Ihre Wut und ihre Verzweiflung über diese kranke, dumme und egoistische Haltung macht sie fast wahnsinnig. Dieser Tod fühlt sich für sie an wie ein »scharfkantiger Klotz«. Sie fragt sich, warum er sie nicht hat ganz normal verlassen können. Undenkbar ist für sie, darüber nicht mehr todtraurig zu sein. (Seite 86 und 89)

7. Fluchtschlafen geht nicht mehr
Früher konnte sie sich in den Schlaf flüchten und alles Bedrohliche wegschlafen. Sorgen, Probleme, Aufgeregtheiten vor wichtigen Prüfungen und Auftritten als Musikerin oder auch wenn sie Liebeskummer hatte, alles hat sie mit Schlaf zugedeckt. Danach war es nicht weg, aber besser. Das funktioniert nach seinem Tod einfach nicht mehr. (Seite 137)

Zum Abschluss

Nachwort

»Trost ist die wundersame Fähigkeit, alles, was man ist und was man hat, aus vollem Herzen zu lieben – und es freimütig ziehen zu lassen, wenn es davonziehen will.« (Thea Dorn, Trost, 168) Das ist eine der vielen Facetten des Trostes, die dieses Buch enthält, das aber nicht mit »Trost«, sondern mit »Mein Beileid« überschrieben ist.

Gespannt habe ich auf dieses Buch gewartet. Als Freunde waren wir im Gespräch, zuletzt durch die gemeinsame Arbeit an »Weiter Fragen«. Ich wusste, wie intensiv Ludwig Burgdörfer immer neu Trauernde begleitet. Den Inhalt des neuen Projekts bekam ich dann erst zu Gesicht, als er mir das fast fertige Werk zum Lesen überreichte.

Drei Eindrücke zuerst. Das ist ein ganz überzeugend persönliches Buch. Immer neu wird deutlich: Hier schreibt jemand, der mit vielen Kontakt hält, jemand, der sich dem Schmerz ausgesetzt hat und keinen vorschnellen Trost anbietet und der so sein »Beileid« riskiert. Die Erfahrung von vierzig Jahren des Umgangs mit Trauernden durchzieht das ganze Werk und gibt ihm Gewicht.

Zugleich, das ist das andere, bietet dieses Werkbuch ein wahres Füllhorn von Anregungen für die Begleitung von Trauernden. Voll von Sachhinweisen, anregenden Materialen, Zitaten, literarischen Anstößen.

Das Dritte: Bei den 16 Hauptmotiven geht Burgdörfer jedes Thema jeweils in sieben Schritten durch. Was zunächst etwas schematisch wirken könnte, erweist sich als sinnvolles Geländer für die Struktur der Trauergespräche. Dem Einstieg (1) lässt er Hilfen zum Verlauf (2) und zum möglichen Zielgedanken (3) des Gesprächs folgen. Er besteht auf einer klaren Begrenzung und gibt Raum für mögliche weitere Verabredungen (4). Besonders originell ist die Idee, jeweils ein kleines Geschenk zu übergeben (5), etwa einen kleinen Rettungsring gegen das Untergehen oder eine Hautcreme beim Thema Trauerproviant. Eine Art Geschenk bietet auch das Material (6), in bunter Mischung Bibelzitate, Werbesprüche, Gebets- und Lied-Texte, nicht selten in Burgdörfers eigener Formulierung. Zuletzt besinnt er sich auf mögliche Risiken (7) eines Themas und erweist damit seinen Respekt vor dem Unabsehbaren jedes Trauerprozesses.

Ich will hier kein Resümee versuchen. Lieber hebe ich einige Motive hervor, die besonders einleuchten und anspornen.

Besonders wichtig in diesem Werk: Trauern braucht seine Zeit. Sie spottet einer klaren Folge von Phasen, wie wir sie seit Kübler-Ross kennengelernt haben. Burgdörfer lässt diese Zeit und die Offenheit für die Wiederkehr von überwunden geglaubten Abschiedsschmerzen. Die Gegensätze können immer wieder aufbrechen. Er fokussiert die Aufmerksamkeit auf einen gemeinsamen Weg. Sorgfältig unterscheidet er das persönliche Beileid von einem unverbindlichen Mitleid. In mehreren Themen zeigt er mögliche Entwicklungen im Trauerprozess: »Zwischenbilanzen«, »Pausen für die Trauer«, »Kraftquellen«.

Originell finde ich die Liedvorschläge und ihren Gebrauch. Altvertraute Kirchenlieder werden wir hier nicht finden. Zwar schätzt Burgdörfer für die Treffen von Trauergruppen durchaus die Wirkung von klassischer Musik. Doch stellt er im Abschnitt »Trauerlieder« lauter neuere Lieder vor: von Herbert Grönemeyer (»Der Weg«) und Karat (»Über 7 Brücken«), von Peter Maffay (»Ewig«) und Andreas Gabalier (»Amoi seg ma uns wieder«), von Udo Lindenberg (»Hinterm Horizont«), Eric Clapton (»Tears in Heaven«) und Der Graf (»So wie es ist«). Burgdörfer macht darauf aufmerksam, wie etwa bei Lindenbergs »Hinterm Horizont geht's weiter« jenseits konventioneller Kirchensprache, ja ohne direktes Wort von Gott, Jenseits, ewiges Leben und Himmel ein »komplett unreligiöses Glaubensbekenntnis« zu entdecken ist.

Im Umgang mit den biblischen Leid- und Hoffnungstexten zeigt sich Burgdörfer vorsichtig. Bewusst an den Anfang rückt er eine eindringliche Doppel-Meditation über das Gethsemane-Drama und die Emmaus-Erzählung: Jesus, der in einsamem Kampf den Weg zur Lebenshingabe sucht und Jesus als österlicher Trauerbegleiter. »Wie eine Präambel steht vor allem der jesuanische Weg zur Hingabe und zur Anteilgabe.« Aber die weiteren biblischen Hinweise tauchen eher als Material in den einzelnen Themeninhalten auf und sind, außer einer zweiten Gethsemane- Betrachtung, nicht mehr ausführlich in die Trauermotive einbezogen.

Die Vorstellung von Literatur, von meist neueren Büchern, die in den Dialog der Gruppe eingebracht werden können, möchte ich besonders hervorheben. Lesenswert sind alle sieben. Burgdörfer erinnert zuerst an Eric Emmanuel Schmitts zauberhaftes »Oskar und die Dame in Rosa«, über das Sterben des zehnjährigen Oskar und die liebevolle Begleitung, die er durch eine ältere Dame erlebt. Sie geht auf das ein, was den Eltern so schwer fällt. Die letzten drei Tage hatte Oskar ein Schild auf seinen Nachttisch gestellt, mit dem Satz »Nur der liebe Gott darf mich wecken.«

Ganz anders das jüngste Buch: Thea Dorns vehemente Auseinandersetzung mit dem Tod ihrer Mutter (»Trost« 2021), aus dem ich am Anfang zitiere.

Ich lese »Mein Beileid« als ein ergreifendes und zugleich sachlich reiches Begleitwerk für viele, die Trauernden beistehen wollen. Ich selber lerne vieles daraus. Vor allem die Geduld und den Verzicht auf rasche Fortschritte in der Bewältigung von Leid. Aber auch das Vertrauen, dass mit anderen durchlebte Trauer Früchte bringen kann. In einem Gebet zu Erntedank (»Trauerzeiten«) formuliert Burgdörfer sogar: »Gott sei Dank! / Dass ich meine Trauer so weit ertragen konnte. / Dass mich meine Trauer so weit getragen hat. / Dass ich mit meiner Trauer leben kann. / Dass meine Trauer mein Leben vertieft hat.«(259)

Dr. Klaus Bümlein

Dank

»Warum tut es nur so weh?«, hat mich eine Frau einmal nach einem Abend in der Trauergruppe gefragt. Sie hatte ihren Mann wenige Wochen zuvor durch einen plötzlichen Herztod verloren. Ihre Goldene Hochzeit hätte unmittelbar bevorgestanden. »Es tut so weh, weil Sie Ihren Mann so liebhaben!«, habe ich ihr geantwortet. »Das stimmt!«, war ihre spontane Antwort. In dem Moment war uns beiden klar, dass jede Trauer nur so groß und gewaltig sein kann, wie es zuvor die Liebe gewesen ist, ja auch weiterhin noch bleibt.

Wenn wir in der Liebe eine atemberaubende Fülle unseres Lebens finden, dann hat dieses Glück irgendwann eine herzzerreißende Trauer zur Folge. Der unausweichliche Abschied, der uns irgendwann zugemutet wird, spiegelt das ganze Ausmaß des Liebhabens. Je erfüllter das Gemeinsame, umso leerer das Einsame! Trauer ist nichts weniger als das Echo der Liebe. Gerade wenn wir uns guttun auf einem geteilten Lebensweg, tut es uns so weh, wenn wir ohne das Gegenüber weitergehen sollen. Darum ist die Begleitung von trauernden Menschen ein Privileg, ein Geschenk, eine Besonderheit, weil sie uns in die Nähe der Liebe führt.

Dass ich diese Erfahrung als Seelsorger hinlänglich machen durfte, erfüllt mich mit großer Dankbarkeit. Deshalb gilt an dieser Stelle mein herzlicher Dank zuerst den Menschen, mit denen ich auf ihrem Trauerweg ein Stück Gefährtenschaft teilen durfte und die mich tatsächlich in das Hoheitsgebiet ihres liebevollen Trauerlandes eingeladen haben. Alle wertvollen Gedanken, Fragen, Überlegungen, alle Aussagen und vorläufigen Erkenntnisse, die in diesem Werkbuch ihren Niederschlag gefunden haben, verdanken sich diesen intensiven Begegnungen.

Nie habe ich Trauerarbeit mit Gruppen alleine gemacht. Es gebieten der Respekt und die Verantwortung, wie ich meine, diese herausfordernde Krisenbegleitung immer zu zweit zu wagen, damit gegenseitige Ergänzung und Korrektur ebenso möglich sind wie Feedback, Aufarbeitung und Reflexion. Darum gilt mein Dank der Psychologin Marthe Kuhm. Sie war lange Jahre Referentin und Leiterin der Evangelischen Familienbildungsstätte »Haus der Familie« in Landau, unter dessen Dach meine Trauerarbeit jahrzehntelang verortet gewesen ist. Aus der Praxis dieser gemeinsamen Zeit ist auch 2005 das Buch »Trauern braucht seine Zeit – Täglicher Begleiter durch das erste Trauerjahr« gewachsen. Es ist gerade in 6. Auflage erschienen.

Marthe Kuhms Nachfolgerin ist meine Frau Susanne. Mit ihr habe ich in wohltuender Partnerschaft diese Arbeit fortsetzen dürfen. Ihr danke ich besonders für diese wertvolle zweisame Grenzerfahrung – und dafür, dass sie das ganze Entstehen dieses Werkbuches liebevoll und kompetent begleitet hat.

Bedanken will ich mich auch ausdrücklich bei meinen beiden Kollegen und freundschaftlich verbundenen Weggefährten Oberkirchenrat i.R. Dr. Klaus Bümlein und Pfarrer i.R. Wolfgang Roth (Lehrsupervisor DGfP) für die würdige Rahmung dieses Buches durch die fachkundige Darstellung der Trauerforschung und das wertschätzend resümierende Nachwort.

Dass dieses Buchprojekt überhaupt auf den Weg gebracht werden konnte, verdanke ich meiner durch Pfarrer Erhard Domay seinerzeit hergestellten langjährigen Verbindung zum Gütersloher Verlagshaus durch die permanente Zusammenarbeit für »Gottesdienst Praxis« (Predigthilfen). Den Kontakt zu Herrn Diedrich Steen hat dankenswerter Weise meine Kollegin Dr. Sigrun Welke-Holtmann vermittelt.

Ganz besonders dankbar und beeindruckt bin ich von der außerordentlich vertrauensvollen und konstruktiven Zusammenarbeit mit Marcus Beier, der als Lektor des Gütersloher Verlagshauses einfühlsam und kompetent mein Manuskript bearbeitet und in Absprache mit mir korrigiert hat. Dabei hat uns besonders das Lesen »zwischen den Zeilen« verbunden.

Und weil Trauer nun einmal Arbeit ist, wünsche ich dem Buch jetzt viele, hoffentlich hilfreiche Werkstatt-Einsätze.

Landau, im Februar 2022
Dr. Ludwig Burgdörfer

Verwendete und empfohlene Literatur

Hanna Ahrens, Das Leben leise wieder lernen. Nach Krisen, Trennung und Verlust, Brunnen Verlag, Gießen 1996

Mitch Albom, Die fünf Menschen, die dir im Himmel begegnen, Goldmann Verlag, München 2004

Mitch Albom, Dienstags bei Morrie. Die Lehre eines Lebens, Goldmann Verlag, München 1998

Ewald Arenz, Der große Sommer, Roman, Dumont Verlag, Köln 2021

Gabriele von Arnim, Das Leben ist ein vorübergehender Zustand, Rowohlt Verlag, Hamburg 2021

Klaus Berger, Ist mit dem Tod alles aus?, Gütersloher Verlagshaus, Gütersloh 2003

Marianne und Christoph Bevier, Selig sind die Trauernden, Verlag Vandenhoeck & Ruprecht, Göttingen 2020

Lis Bickel, Daniela Tausch-Flammer (Hg.), In meinem Herzen die Trauer, Verlag Herder, Freiburg i.Br. 1998

Rudolf Bohren, Trost. Predigten, Neukirchener Verlag, Neukirchen-Vluyn

Matthias Brandt, BLACKBIRD, Verlag Kiepenheuer & Witsch, Köln 2019

Sylvia Brathuhn, Christoph Drolshagen, Ida Lamp, Catrina E Schneider (Hg.), Manchmal wird das Wort zum Zeichen. Texte für schwere Stunden, Gütersloher Verlagshaus, Gütersloh 2005

Diana Broeckhoven, Ein Tag mit Herrn Jules, C.H. Beck Verlag, München 2005

Rudolf Bultmann, Aus Zeit wird Ewigkeit. Trauerpredigten, Ev. Verlagshaus, Leipzig 2018

Klaus Bümlein, Ludwig Burgdörfer, Weiterfragen. In Glaube und Zweifel – Impulse zum fragenden Christsein, Verlagshaus Speyer, Speyer 2020

Ludwig Burgdörfer, Bete sich, wer kann. Heiter-Nachdenkliches über Gott und die Welt, Brunnen Verlag, Gießen 2015

Ludwig Burgdörfer, Nichts ist unmöglich. Heiteres zum Geburtstag, Agentur des Rauhen Hauses Hamburg, Norderstedt 2019

Ludwig Burgdörfer, Marthe Kuhm, Trauern braucht seine Zeit, Brunnen Verlag, Gießen 2020

Jorgos Canacakis, Ich begleite dich durch deine Trauer, Kreuz Verlag, Stuttgart 2007

Paola Cognetti, Acht Berge, Penguin Verlag, München 2021

Delphine De Vigan, Dankbarkeiten, DuMont Buchverlag, Köln 2021

Joan Didion, Das Jahr magischen Denkens, Ullstein Buchverlage, Berlin 2021

Jürgen Domian, Interview mit dem Tod, Gütersloher Verlagshaus, Gütersloh 2012

Thea Dorn, Trost. Briefe an Max, Penguin Verlag, München 2021

Brigitte Enzner-Probst, Heimkommen, Claudius Verlag, München 2004

Evangelischer Diakonieverein Berlin-Zehlendorf e.V., Auf unserem Weg des Lebens. Gebete zur Begleitung, Verlag für Buchhandlung der Evangelischen Gesellschaft, Stuttgart 2012

Joachim Feige, Renate Spennhoff (Hg.), Ja zu jedem Tag. Biblische Texte, Gebete und Betrachtungen, Aussaat Verlag, Neukirchen-Vluyn 2000

Thomas Frister, Lass deine Klage hören. Mit Verlusten umgehen, Quell Verlag, Stuttgart 1991

Julie Fritsch, Ilse Sherokee, Unendlich ist der Schmerz. Eltern trauern um ihr Kind, Kösel Verlag, München 1995

Sabine Gäbe, Wenn mir die Worte fehlen. Texte für den Umgang mit Tod und Sterben, Gütersloher Verlagshaus, Gütersloh 2002

Petra Gaidetzka, Es bleibt die Hoffnung. Zuspruch für Trauernde, Matthias-Grünewald-Verlag, Mainz 1998

Heiderose Gärtner-Schultz, Der richtige Satz zur richtigen Zeit, Verlag Vandenhoeck & Ruprecht, Göttingen 2017

Hans van der Geest, Unter vier Augen. Beispiele gelungener Seelsorge, Theologischer Verlag Zürich, Zürich 1981

Arno Geiger, Der alte König in seinem Exil, Carl Hanser Verlag, München 2011

Liliane Giudice, Ohne meinen Mann. Aufzeichnungen einer Witwe, Kreuz Verlag, Stuttgart 1970

David Grossmann, Aus der Zeit fallen, Fischer Taschenbuch Verlag, Frankfurt a.M. 2016

Anselm Grün, Die sieben Tröstungen. Was Leib und Seele neue Kraft gibt, Verlag Herder, Freiburg i.Br. 2015

Felix Grützner, Trauer und Bewegung. Von der Kraft der Körperlichkeit, Verlag Vandenhoeck & Ruprecht, Göttingen 2001

Romano Guardini, Die Lebensalter, Topos-Taschenbuch-Verlag, Würzburg 1967

Tilmann Haberer, Von der Anmut der Welt Entwurf einer integralen Theologie, Gütersloher Verlagshaus, Gütersloh 2021

Axel Hacke, Wozu wir da sind, Goldmann Verlag, München 2021

Johann Christoph Hampe (Hg.), Das Geschenk der Tränen, Quell-Verlag, Stuttgart 1988

Beate Joesten, Stark wie der Tod ist die Liebe. Bericht von einem Abschied, Kreuz Verlag, Stuttgart. 1985

Roland Kachler, Hypnosystemische Trauerbegleitung. Ein Leitfaden für die Praxis, Carl-Auer Verlag, Heidelberg 2020

Verena Kast, Trauern. Phasen und Chancen des psychischen Prozesses, Kreuz Verlag, Stuttgart 1982, erweiterte Neuausgabe Freiburg i.Br. 2020

Wolfhart Koeppen, Renate Spennhof, Waldemar Wolf, Spuren des Lebens. Biblische Texte, Gebete und Betrachtungen, Schriftenmissionsverlag, Neukirchen-Vluyn 1990

Elisabeth Kübler-Ross, Interviews mit Sterbenden, Verlag Herder, Freiburg i.Br. 2018

Elisabeth Kübler-Ross, Verstehen, was Sterbende sagen wollen, Gütersloher Verlagshaus, Gütersloh 1987

Elisabeth Kübler-Ross, (Hrsg.), Reif werden zum Tode, Kreuz Verlag, Stuttgart 1976

Hans Küng, Glücklich sterben, Piper Verlag, München 2014

Kerstin Lammer, Beratung mit religiöser Kompetenz. Beiträge zu pastoralpsychologische Seelsorge und Supervision, Neukirchner Theologie, Vandenhoeck & Ruprecht Neukirchener, Göttingen 2012 2012

Kerstin Lammer, Trauer verstehen. Formen, Erklärungen, Hilfen, Neukirchner Verlagshaus, Neukirchen-Vluyn 2004

Landeskirchenrat der Ev. Kirche der Pfalz (Hg.), Kirchenagende, VII: Dic Bestattung, Verlagshaus Speyer, Speyer 2019

Ernst Lange, Nicht an den Tod glauben. Praktische Konsequenzen aus Ostern, Kaiser Traktate 67, Chr. Kaiser Verlag, München 1982

Arnold Langenmayer, Trauerbegleitung, Verlag Vandenhoeck & Ruprecht, Göttingen 1999

Britta Laubvogel, Jost Wetter-Parasie, Wenn die Liebe Trauer trägt. Was beim Abschiednehmen von einem lieben Menschen hilft, Brunnen Verlag, Gießen 2012

Liturgische Konferenz, Neues Evangelisches Pastorale. Texte, Gebete und kleine liturgische Formen für die Seelsorge, Gütersloher Verlagshaus, Gütersloh 2019

Hannah Lothrop, Gute Hoffnung – jähes Ende. Fehlgeburt, Totgeburt und Verluste in der frühen Lebenszeit – Begleitung und neue Hoffnung für Eltern, Kösel Verlag, München 2005

Esther Maria Magnis, Gott braucht dich nicht. Eine Bekehrung, Rowohlt Taschenbuch Verlag, Reinbeck bei Hamburg 2021

Pascal Mercier, Das Gewicht der Worte. Roman, btb Verlag, München 2021

Joachim Meyerhoff, Ach diese Lücke, diese entsetzliche Lücke, Verlag Kiepenheuer & Witsch, Köln 2020

Jürgen Moltmann, Auferstanden in das ewige Leben, Gütersloher Verlagshaus, Gütersloh 2020

Margarethe Müller-Bähr, Essencen, Gedanken, Gedichte und eine Geschichte, August von Goethe Literaturverlag, Frankfurt a.M. 2009

Jörg Müller, Was kränkt, macht krank, J. F. Steinkopf Verlag, Kiel 2002

Monika Müller, Matthias Schnegg, Unwiederbringlich – Vom Sinn der Trauer. Hilfen bei Verlust und Tod, Verlag Herder, Freiburg i.Br. 1997

Antje Sabine Naegeli, Die Nacht ist voller Sterne. Gebete in dunklen Stunden, Verlag Herder, Freiburg i.Br. 1994

Antje Sabine Naegeli, Umarme mich. Gebete voller Hoffnung, Verlag Herder, Freiburg i.Br. 2010

Regine Neufeld, Viel zu kurz und doch für immer. Was wir durch den Tod unseres Kindes über uns, das Leben und Gott gelernt haben, Gerth Medien, Asslar 2019

Christiane Olbrich (Hg.), Schenk dir Zeit. Texte, Bilder, Lieder, Evangelischer Presseverband für Baden e.V., Karlsruhe 1999

Maggie O´Farrel, Judith und Hamnet, Piper Verlag, München 2020

Gert Otto, Tod und Trauer brauchen Sprache, Radius-Verlag, Stuttgart 2008

Barbara Pachl-Eberhart, vier minus drei. Wie ich nach dem Verlust meiner Familie zu einem neuen Leben fand, Integral Verlag, München 2010

Chris Paul, Ich lebe mit meiner Trauer, Gütersloher Verlagshaus, Gütersloh 2017

Chris Paul, Warum hast du uns das angetan? Ein Begleitbuch für Trauernde nach einem Suizid, Gütersloher Verlagshaus, Gütersloh 2018

Waltraud Pisarski, Auch am Abend wird es licht sein. Die Kunst zu leben und zu sterben, Claudius Verlag, München 2005

Heribert Prantl, Not und Gebot. Grundrechte in Quarantäne, C.H. Beck Verlag, München 2021

Monika Renz, Zeugnisse Sterbender. Todesnähe als Wandlung und letzte Reifung, Junfermann Verlag, Paderborn 2001

Hannelore Risch, Gott tröstet. Von der Kraft, die Trauer zu überwinden, Brockhaus Verlag, Wuppertal 1989

Kurt Rommel, Mut zum Trauern, Quell-Verlag, Stuttgart 1995

Michael Schibilsky, Trauerwege. Beratung für helfende Berufe, Patmos Verlag, Düsseldorf 1992

Ferdinand von Schirach, Gott. Ein Theaterstück, Luchterhand Verlag, München 2020

Christoph Schlingensief, So schön wie hier kanns im Himmel gar nicht sein. Tagebuch einer Krebserkrankung, Verlag Kiepenheuer & Witsch, Köln 2009

Eric Emmanuel Schmitt, Oskar und die Dame in Rosa, S. Fischer Verlag, Frankfurt a.M. 2005

Gunda Schneider-Flume, Leben ist kostbar. Wider die Tyrannei des gelingenden Lebens, Verlag Vandenhoeck & Ruprecht, Göttingen 2002

Elke Schöpfler (Hg.), Sterbende begleiten lernen. Das Celler Modell zur Vorbereitung Ehrenamtlicher in der Sterbebegleitung, Gütersloher Verlagshaus, Gütersloh 2004

Helga Schubert, Vom Aufstehen. Ein Leben in Geschichten, dtv Verlagsgesellschaft, München 2021

Friedemann Schulz von Thun, Erfülltes Leben. Ein kleines Modell für eine große Idee, Carl Hanser Verlag München 2021

Jürgen Schwarz, Es wächst das Tröstende, Verlag am Eschbach, Eschbach 1999

Robert Seethaler, Der letzte Satz. Roman, Hanser Verlag, 5. Aufl. Berlin 2020

Edgar Selge, Hast du uns endlich gefunden, Rowohlt Verlag, Hamburg 2021

Dorothee Sölle, Fulbert Steffensky, Wider den Luxus der Hoffnungslosigkeit, Kreuz Verlag Stuttgart 1995; Verlag Herder, TB-Ausgabe Freiburg i.Br. 2013

Monika Specht-Tomann, Doris Tropper, Zeit zu Trauern. Kinder und Erwachsene verstehen und begleiten, Patmos Verlag, Düsseldorf 2001

Ingo Sperl, Ein Horizont der Hoffnung. Hilfen auf dem Weg der Trauer, Deutsche Bibelgesellschaft, Stuttgart 1984

Dietrich Stollberg, Wenn Gott menschlich wäre ... Auf dem Wege zu einer seelsogerlichen Theologie, Kreuz Verlag, Stuttgart 1978

Süddeutsche Zeitung GmbH, Schlaflosigkeit, München 2020

Helmut Tacke, Glaubenshilfe als Lebenshilfe, Neukirchner Verlag, Neukirchen-Vluyn 1993

Daniela Tausch-Flammer, Sterbenden nahe sein. Was können wir noch tun? Verlag Herder, Freiburg i.Br. 1994

Helmut Thielicke, Das Schweigen Gottes, Quell-Verlag, Stuttgart 1988

Lew Tolstoj, Der Tod des Iwan Iljitsch. Eine Erzählung Insel Verlag, Frankfurt a. M., 2002

Rudolf Walter (Hg.), Lob der sieben Tröstungen, Verlag Herder, Freiburg i.Br. 1982

Maxie Wander, Leben wäre eine prima Alternative, dtv Verlagsgesellschaft, München 2003

Broonie Ware, 5 Dinge, die Sterbende am meisten bereuen. Einsichten, die Ihr Leben verändern werden, Arkana Verlag, München 2013

Helwig Wegner-Nord, Ohne Himmel ist die Erde ziemlich grau. Denkanstösse, Hoffnungstexte, Glaubenswelten, Verlagshaus Speyer, Speyer 2021

Petra Wirth, Ein Ort für meine Tränen. Trauerzeiten im Leben, Kawohl Verlag, Wesel 2006

Waldemar Wolf (Hg.), Glaubwürdig. Gedanken, Geschichten, Gebete, Aussaat Verlag, Neukirchen-Vluyn 2006

Waldemar Wolf, Renate Spennhoff (Hg.), Zusammen wachsen. Gedanken, Geschichten, Gebete, Aussaat Verlag, Neukirchen-Vluyn 1999

Alan D. Wolfelt, Für Zeiten der Trauer. Wie ich anderen helfen kann – 100 praktische Anregungen, Kreuz Verlag, Stuttgart 2002

James William Worden, Beratung und Therapie in Trauerfällen. Ein Handbuch, Hogrefe Verlag, 5. Aufl. Bern 2017

Irvin D. Yalom / Marilyn Yalom, Unzertrennlich. Über den Tod und das Leben, btb Verlag, München 2021

Liste der Geschenke und Symbole

(außer Texte, Zitate, Lieder)

ANFÄNGER – Schild
Ansichtskarten
Baumscheiben (klein)
Bilderalbum (leer)
Bilderrahmen (mehrfach)
BIN IM GARTEN-Schild
Blatt
Blumensamen
Bunte Herbstblätter
Briefmarken
Briefpapier
Brustbeutel
Feder
Fragezeichen
Grablichte (mehrfach)
Gutscheine
Hammer
Handtuch
Haus (klein)
Hautcreme
Herz (aus Glas, Stein, Holz …)
Kalender
Kerzen
Kompass
Körbchen
Kreuz (klein)
Leeres Blatt
Lupe
Metermaß
Mullbinde
Nuss
Nussknacker
Pausen-Schild
Papier-Taschentücher (Packung)
Perlen des Glaubens
Puzzle
Gießkännchen
Regenbogen-Symbol
Rettungsring
Rosa Brille
Rote Karte
Ruhekissen
Sanduhr
Salböl
Schatzkästchen (mehrfach)
Schirm
Schild – BIN IM GARTEN
Schneemann
Schlafmütze
Schlüssel
Schnuller
»Schuldscheine«
Schritte-Zähler
Seifenblasen
Sonnenblume
Sonnencreme
Sonnenuhr
Spiegel (klein)
Stein
Stofftasche
Stofftaschentuch
Streichholzschachtel (leer, beklebt)
Streichholzschachteln
Stützräder
Süßigkeiten
Tagebuch (mehrfach)
Taschenlampe
Tonscherben
Traubenzucker
Trillerpfeife
Trost-Pflaster
Türklinke
Volle Streichholzschachtel
Vorhängeschloss (klein)
Wanderkarte
Wecker
Windrad
Wunschzettel
Wurfpfeil
Zielscheibe

Textnachweise

S. 16 Martin Gotthard Schneider, Kommt der Tod ins Nachbarhaus © Erbengemeinschaft MG Schneider; **S. 55-56** Barbara Pachl-Eberhart, Vier minus drei © 2010 Integral Verlag, München, in der Penguin Random House Verlagsgruppe GmbH; **S. 57** Dieter Trautwein, Komm Herr, segne uns, © Strube Verlag München; **S. 67** Martin Gotthard Schneider, Diesen Tag, Herr, Gustav Bosse Verlag / © Bärenreiter-Verlag, Kassel; **S. 71** Gerhard Rombach, Bis bald © Gerhard Rombach; **S. 71** Monika Minder, Nähe, © Monika Minder, www.monika-minder.ch; **S. 81** und **85** Meine Zeit steht in deinen Händen, Text & Melodie: Peter Strauch © 1981 SCM Hänssler, Holzgerlingen; **S. 86** Es gibt Leute © Claudia Malzahn; **S. 88-89** Totenlied für Jürgen Fuchs (1999) © Wolf Biermann; **S. 89** Ik st voor U, Ich steh vor dir mit leeren Händen, Zenetti, Lothar (OT: Oosterhuis, Huub), Verlag Herder, Freiburg; **S. 91** Wir sind immer zugleich, Mit Genehmigung des Radius-Verlags entnommen aus: Henning Luther: Religion und Alltag. Bausteine zu einer Praktischen Theologie des Subjekts © 2014 by Radius-Verlag, Stuttgart; **S. 94** Mein Glaube heißt TROTZDEM © Ida Lamp; **S. 96** Ich weiß, mein Tod wird kommen © Sylvia Brathuhn; **S. 97** Wie danke ich dir, © Antje Sabine Naegeli; **S. 101** Christoph Drolshagen »Warum, wozu«, aus Brathuhn, Drolshagen, Lamp, Schnieder (hg.), Manchmal wird das Wort zum Zeichen, Gütersloher Verlagshaus, 2005; **S. 101-102** Golgatha © Eva Zeller; **S. 102** Wir haben so viel gebetet © Martin Gutl; **S. 109** Gebet von Lutz Friedrichs in: Liturgische Konferenz (Hg.): Neues Evangelisches Pastorale. Texte, Gebete und kleine liturgische Formen für die Seelsorge, 5. Auflage, Gütersloh 2014, 80.; **S. 119** Schöpfer meiner Stunden und meiner Jahre, Jörg Zink: Wie wir beten können. Neu bearbeitete, erweiterte Ausgabe, Hamburg: Verlag Kreuz 2018 S. 75; **S. 121** Kurz-Gebet mit Psalm 1, © Pfarrer Theophil Tobler, www.christliche-gebete.ch; **S. 127** Entwurf für ein Osterlied, aus: Rudolf Otto Wiemer, Ernstfall, I.F. Steinkopf Verlag, 1973; **S. 131** Harte Nüsse © Rüdiger Lorenz; **S. 136** Gebet © Ulrike Wagner-Rau in: Neues Evangelisches Pastorale, hrsg. von der Liturgischen Konferenz, 5. überarbeitete und erweiterte Auflage 2014, S. 143; **S. 150** Feder Stein © Sepp Mall, Landschaft mit Tieren unter Sträuchern hingeduckt, Innsbruck: Haymon Verlag, 1998; **S. 154** Gebrochenes Herz – schmerzende Seele, Julie Fritsch, Ilse Sherokee, Unendlich ist der Schmerz… © Kösel Verlag, München, in der Penguin Random House Verlagsgruppe GmbH; **S. 158** © Christa Spilling-Nöker: Sich nicht mehr vor der Welt verschließen aus: Martin Schmeißer (Hg.): Einen Engel schick ich dir. Ein immerwährender Eschbacher Kalender © Verlag am Eschbach in der Verlagsgruppe Patmos der Schwabenverlag AG, 2001; **S. 162-163** Leg mein Gesicht frei, aus: Zu wem rede ich? © Huub Oosterhuis; **S. 175** Gebet, Jörg Zink: Wie wir beten können. Neu bearbeitete, erweiterte Ausgabe, Hamburg: Verlag Kreuz 2018 S. 173; **S. 179** Seht hin, er ist allein im Garten, Friedrich Walz © Strube Verlag, München; **S. 198-199** Zünde eine Kerze an! Text und Melodie: Martin Buchholz © 2020 beim Urheber; **S. 207** Seifenblasen © Ewald Patz; Seifenblase © Thomas S. Lutter; **S. 218** Zwei Menschen, aus: Lothar Zenetti, Auf Seiner Spur. Texte gläubiger Zuversicht © Matthias Grünewald Verlag. Verlagsgruppe Patmos in der Schwabenverlag AG, Ostfildern 2011. www.verlagsgruppe-patmos.de; **S. 224** Über das Recht, untröstlich zu sein, Thea Dorn. Trost. Briefe an Max © 2021 Penguin Verlag, München, in der Penguin Random House Verlagsgruppe GmbH; **S. 226** Herr, in deiner Hand ändert sich die Welt, Quelle unbekannt © Erben Jörg Zink; **S. 235** Du fragst mich, ob ich bei Trost bin? Thea Dorn. Trost. Briefe an Max © 2021 Penguin Verlag, München, in der Penguin Random House Verlagsgruppe GmbH; **S. 239-240** Nach allem, was ich schon berichtet habe, Thea Dorn. Trost. Briefe an Max © 2021 Penguin Verlag, München, in der Penguin Random House Verlagsgruppe GmbH; **S. 240** Die Dinge, die dem Verstorbenen gehört haben, Chris Paul © Gütersloher Verlagshaus in der Penguin Random House Verlagsgruppe; Wecke dein Herz, das kummerschwere, © Antje Sabine Naegeli; **S. 245** Lea © Rose Volz-Schmidt; Das ist übrigens das Wichtigste, aus: Hanns Dieter Hüsch. Ein gütiges Machtwort, S. 165 © tvd-Verlag Düsseldorf, 2006; **S. 245-246** Wie wohltuend ist ein Mensch. Uwe Böschemeyer, Ich verstehe Dich. Du verstehst mich: Von der Kunst, miteinander sprechen zu können. Hamburg, Ellert & Richter Verlag, 2002; **S. 248** Jeder Tag ist grau. Ulrike Wagner-Rau in: Neues Evangelisches Pastorale, hrsg. von der Liturgischen Konferenz, 5. überarbeitete und erweiterte Auflage 2014, S. 77; **S. 251-252** Zwillingsbrüder © Klaus Berger; **S. 253-254** Mark Twain. Aus: Typisch! Kleine Geschichten für andere Zeiten, 2005. Hamburg: Andere Zeiten e.V., www.anderezeiten.de; **S. 256** Wird's besser? Erich Kästner, »Zum Neuen Jahr« aus: »Kurz und Bündig. Epigramme«. © Atrium Verlag, Zürich 1948 und Thomas Kästner; **S. 261** Gott, du bist uns voraus, © Friedrich Karl Barth, Gerhard Grenz und Peter Horst; **S. 264** Hasten, Ulrich Schaffer aus: Einblicke – Ausblicke. Biblische Texte, Gebete und Betrachtungen. Wolfhart Koeppen, Renate Spennhoff (Hrsg.), © Verlag Katholisches Bibelwerk, 1985; **S. 266** Kennst du diese plötzlichen Sekunden, Hanns Dieter Hüsch © tvd-Verlag Düsseldorf; **S. 271** Am Ende die Rechnung, aus: Lothar Zenetti, Auf Seiner Spur. Texte gläubiger Zuversicht © Matthias Grünewald Verlag. Verlagsgruppe Patmos in der Schwabenverlag AG, Ostfildern 2011. www.verlagsgruppe-patmos.de; **S. 281** Verheißung, aus: Lothar Zenetti, Auf Seiner Spur. Texte gläubiger Zuversicht © Matthias Grünewald Verlag. Verlagsgruppe Patmos in der Schwabenverlag AG, Ostfildern 2011. www.verlagsgruppe-patmos.de; **S. 283** Nachher, © Kurt Marti, aus: Zärtlichkeit und Schmerz. Notizen. Luchterhand 1979; **S. 286** Der unbegreifliche Gott © Antje Sabine Naegeli; **S. 297-298** Wilhelm Willms, weißt du wo. Aus: ders. Der geerdete himmel, © 1974 Butzon & Bercker GmbH, Kevelaer, 7. Aufl. 1986, 12.19, www.bube.de; **S. 299** Die Sonne, die uns sinkt. Gerhard Valentin © Strube Verlag, München; **S. 304** Unsere eigentliche Heimat, aus: Franz Jalics, Der kontemplative Weg, Ignatianische Impulse Bd. 14, Echter Verlag, Würzburg, 8. Auflage 2019, S. 13; **S. 312** Weinen Sie, Herr Müller. Dorothee Sölle © Dorothee Sölle, Fulbert Steffensky, Wider den Luxus der Hoffnungslosigkeit, Kreuz Verlag Stuttgart 1995; Verlag Herder, TB-Ausgabe Freiburg i.Br. 2013 **S. 322** Glaubensgespräch, aus: Carola Moosbach, Ins leuchtende Du. Aufstandsgebete und Gottespoesie, Berlin 2021

Sofern nicht anders angezeigt, entstammen die Bibelstellen in diesem Werk aus:
Lutherbibel, revidiert 2017, © 2016 Deutsche Bibelgesellschaft, Stuttgart

Des weiteren wurde verwendet:
Gute Nachricht Bibel, revidierte Fassung, durchgesehene Ausgabe,
© 2000 Deutsche Bibelgesellschaft, Stuttgart. (GNB)

MIX
Papier aus verantwortungsvollen Quellen
FSC® C014496

Klimaneutral*
Druckprodukt
ClimatePartner.com/14044-1912-1001

Penguin Random House Verlagsgruppe FSC® N001967

1. Auflage

Umschlagmotiv: © Annett Seidler – Adobe Stock.com
Druck und Bindung: GGP Media GmbH, Pößneck
Printed in Germany
ISBN 978-3-579-07191-6
www.gtvh.de